2022年广西壮族自治区高等职业学校课程思政示范课程
2020年桂林师范高等专科学校第二批课程思政示范课程

新编古代汉语简明教程

主编　张俊杰　王钟坤　周公平　龚　蓓　覃　晋

天津出版传媒集团
天津科学技术出版社

图书在版编目（CIP）数据

新编古代汉语简明教程 / 张俊杰等主编. -- 天津 : 天津科学技术出版社, 2023.3
ISBN 978-7-5742-0923-7

Ⅰ. ①新… Ⅱ. ①张… Ⅲ. ①古汉语 - 教材 Ⅳ. ①H109.2

中国国家版本馆CIP数据核字(2023)第042967号

新编古代汉语简明教程
XINBIAN GUDAI HANYU JIANMING JIAOCHENG

责任编辑：宋佳霖
责任印制：兰　毅

出　　版：天津出版传媒集团
　　　　　天津科学技术出版社
地　　址：天津市西康路35号
邮　　编：300051
电　　话：（022）23332490
网　　址：www.tjkjcbs.com.cn
发　　行：新华书店经销
印　　刷：定州启航印刷有限公司

开本 787×1092　1/16　印张 17.5　字数 360 000
2023年3月第1版第1次印刷

定价：98.00元

前　言

进入中国特色社会主义新时代以来，习近平总书记在不同场合多次强调思政工作的重要性。例如，2019 年 3 月，习近平总书记在主持召开的学校思想政治理论课教师座谈会上发表重要讲话，指出："要坚持显性教育和隐性教育相统一，挖掘其他课程和教学方式中蕴含的思想政治教育资源，实现全员全程全方位育人。"

古代汉语是高等院校开设的一门以中国古代书面语中的文言文为教学对象的基础课程，旨在通过本课程的学习，使学生掌握古代汉语的基础知识和基本理论，培养他们从事汉语言文字学研究的能力和从事文言文教学的能力。古代汉语还是一门具有深厚传统文化背景的语言课程，它不仅能够提高学生的语言文字素养，还能够拓宽学生的文化视野，让学生感受中华民族博大精深的语言文化，引发学生的知识共鸣、情感共鸣、价值共鸣，从而使学生树立健康向上的学习态度，增强"四个意识"、坚定"四个自信"、做到"两个维护"。因此，古代汉语课程的学习能够和思政课程形成"同向同行、协同育人"的教育格局，对于学生思想道德素养和文化底蕴的提升、健康人格的养成及正确的世界观、人生观、价值观的形成都有非常重要的作用，因此古代汉语教师要深入研究课程的思政切入点，采用灵活多样的方法，让思政教育入脑、入心、入行。

本书吸取了国内同类研究及教材的优点，注意了知识性与思想性的结合、知识性与实践性的结合、线上线下的结合。本书奇数章由专题的语言常识组成，并在下一章进行若干篇课文的讲解。课文有详注和无标点的白文两类。白文可供教师补充讲授或学生课后阅读，增加学生练习的机会。白文为繁体字，目的是让学生了解与熟悉繁体字。每个单元都有"学习任务"，和单元课文密切相关，通过任务驱动，便于学生掌握重点知识，同时对思政切入点也有所帮助。课后都有一定数量的实操训练，学生通过课后实操训练，提高解决实际问题的能力。可以登录如下网址，访问学习平台，免费注册学习，查看实操训练答案。（http://mooc1.chaoxing.com/course/217581847.html）

古代汉语学习平台提供了与本课程相关的知识拓展资料，如课文的知识点归纳、译文、各单元课后实操训练答案、在线测试，教师授课视频音频，以及实现师生互动、生生互动的答疑、讨论等。

本书由张俊杰、王钟坤、周公平、龚蓓、覃晋编写，张俊杰负责统稿修订，周公平负责学习平台建设。由于作者水平有限，书中难免有不足之处，敬请读者批评指正。

目　录

第一章　文字

第一节　汉字的起源

【学习任务】

了解汉字的起源，认识汉字产生的源头、汉字形成的大致时间。汉字的形成，充分体现了中华民族伟大的创造力，反对历史虚无主义，坚定“文化自信”。

一、汉字起源概述

（一）汉字起源的传说

中华文明源远流长、博大精深，其中汉字是世界上使用时间最久、空间最广、人数最多的文字之一，也是世界上唯一没有中断过的文字形式。汉字的创制和应用不仅推进了中华文化的发展，还对世界文化的发展产生了深远的影响。考古和文献记载说明至少在四五千年以前，汉字就已经诞生并日趋成熟了。约公元前 14 世纪殷商后期出现的“甲骨文”被认为是汉字的第一种形式，也是目前所见到的最早的、最系统的文字。从六书的角度看，甲骨文采用了象形、指事、会意、形声等造字方法。事实表明，甲骨文已经是相当成熟的文字体系，那么笔者可以据此推断，甲骨文时代距离汉字的起源和形成，已有较长的历史了。关于汉字的起源，主要有两个问题：①汉字是怎么产生的？②汉字是什么时候产生的？对于这两个问题，早在战国时期就有人进行过探索，两千多年来不断有人进行研究，并提出了种种推测。

关于汉字起源的传说，流传较广泛的，有以下五种：

1. 结绳记事

在文字产生之前，人们为了帮助记忆，采用过各式各样的记事方法，其中使用较多的是结绳和契刻。中国古籍文献中，关于结绳记事的记载较多。《周易·系辞传》中说：“上古结绳而治，后世圣人易之以书契。”意思是上古时代的人们用打绳结的方式来帮助记忆，后来，圣人用文字取代了绳结。孔颖达引郑玄注说：“古者无文字，结绳为约，事大，大结其绳；事小，小结其绳。”在中华人民共和国成立前，我国的一些少数民族，也使用过绳结记事的方法。例如，云南独龙族人外出时，也曾在绳子上打结来计算日子。每走一天，就打一个结。我国西南彝族，一般人不识字，就是用结绳的办法来帮助记事的。

不只中国，全世界许多地区，都曾结绳记事。笔者认为，结绳只能帮助人们记忆某些事情，不能进行思想和情感的交流，所以不可能产生文字，只能说它是文字产生前的孕育阶段。

2. 契刻记事

所谓契刻记事，是指用刀在竹、木、骨、角等材料上契刻以记事。契刻的目的主要是用来记录数目。汉朝刘熙在《释名·释书契》中说：“契，刻也，刻识其数也。”清楚地说明契就是刻，契刻的目的是帮助人们记忆数目。因为人们订立契约关系时，数目是最重要的，也是最容易引起争端的因素。于是，人们就用契刻的方法，将数目用特定的线条做记号，刻在竹片或木片上，作为双方的“契约”。后来人们把契约从中间分开，分成两份，双方各执一半，以两者吻合为凭。契刻与结绳均是帮助记忆的方法，与创造文字无关。

3. 八卦说

八卦是上古巫人用作吉凶占卜的一种特殊符号。孔安国在《尚书》序里说：“古者伏羲氏之王天下也，始画八卦，造书契以代结绳之政。”宋代郑樵在《通志·六书略》中写道：“文字便从（通‘纵’）不便衡。坎、离、坤，衡卦也，以之为字则必从。故坎从而后成‘水’，离必从而后成‘火’，坤必从而后成‘川’。”根据郑樵的说法，由于八卦符号的纵横变化，便形成了各种各样的汉字，但这种看法很难令人信服。有限的卦爻符号，是难以演化出众多的原始汉字的。不过，不能排除汉字构形与八卦爻象在文化方面的某些联系。

4. 河图洛书说

《周易·系辞上》有“河出图，洛出书，圣人则之”之说。河图与洛书是中国古代流传下来的两幅神秘图案，历来被认为是河洛文化的滥觞。相传，上古伏羲氏时，洛阳东北孟津县境内的黄河中浮出龙马，背负“河图”，献给伏羲，伏羲依此而演成八卦，后为《周易》来源。又相传，大禹时，洛阳西洛宁县洛河中浮出神龟，背驮“洛书”，献给大禹。大禹依此治水成功，遂划天下为九州。

“河出图，洛出书”只是远古时期的神话故事，它很有可能体现文字或先于文字的某种符号开始出现在河洛一带，并不反映文字的真实起源。

文字是人类创造出来的。文字神赐说是唯心主义的文字观，是不成立的。后人宣扬文字神赐说，目的是增加文字的神秘性。

5. 仓颉造字

在有关汉字起源的传说中，仓颉造字说在古书中多有记载。最早提及仓颉者，是战国时期的荀卿。《荀子·解蔽》中说："好书者众矣，而仓颉独传者，壹也。"《吕氏春秋》和《韩非子》在荀子的基础上，又有所引申，其主要观点是"仓颉作书"。《吕氏春秋·君守篇》中记载"奚仲作车，仓颉作书"，《韩非子·五蠹》中也记载"古者，仓颉之作书也"。李斯在《仓颉篇》中说："仓颉作书，以教后诣。"汉代后，《淮南子·本经训》中载"昔者仓颉作书，而天雨粟，鬼夜哭"。东汉王充的《论衡·骨相篇》载："仓颉四目，为黄帝史。"已从"仓颉造字"发展为"仓颉四目"，开始神化。

东汉学者许慎在《说文解字·叙》中阐明了仓颉造字的方法和作用，代表了当时学者的意见，"黄帝之史仓颉，见鸟兽蹄，迒之迹，知分理之可相别异也，初造书契，百工以乂，万品以察仓颉之初作书，盖依类象形，谓之文，其后形声相益谓之字"。这段话指出了文字是适应社会需要而产生的；仓颉根据符号相互别异的原理来造字，是受到狩猎劳动实践中观察鸟兽不同足迹的启迪，不但表明了文字的发明与生产劳动有关，而且揭示了创造文字所需要的知识基础和心理基础。所谓仓颉造字其实只是个传说，文字不可能是一个人创造的，大量的异体字存在说明，汉字并非由一人一手创造而成。汉字是中华民族在长期的实践中由劳动人民共同创造的，是集体智慧的结晶。

（二）汉字的源头

郭沫若在《古代文字之辩证的发展》中说："文字在结构上有两个系统，一个是刻画系统（六书中的'指事'），另一个是图形系统（六书中的'象形'）。"

1. 刻画符号

自 20 世纪 50 年代以来，我国考古工作者陆续发现和辨识出许多刻画或绘制在原始氏族社会晚期陶器上的记事符号。

1987 年，考古工作者在河南省贾湖村东侧裴李岗文化遗址中发掘出了甲骨契刻符号，经碳 14 测定，遗址距今约 8 000 年。契刻符号的形状与商代甲骨文有许多相似之处，引起学术界关注，是目前我国最早的文字符号，如图 1-1 所示。

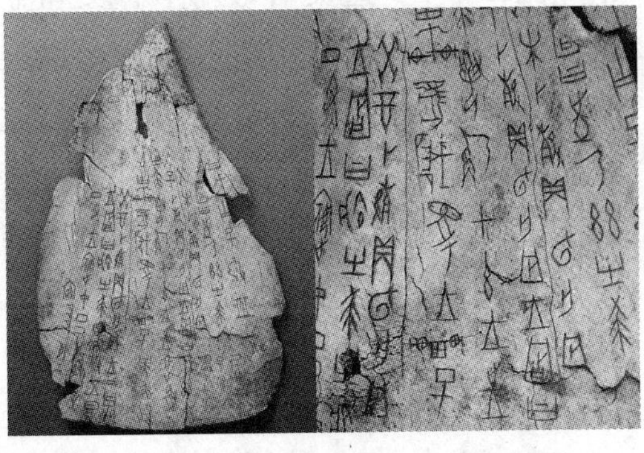

图 1-1 贾湖刻符图片（距今约 8 000 年）

2013 年，甘肃省秦安大地湾文化遗址考古的研究成果表明，遗址一期出土的陶器上共发现了十几种彩绘符号，这些符号比过去国内最早发现的西安半坡陶器刻画符号的时间早了 1 000 多年，且有一些符号与半坡符号基本一样。虽然这些神秘符号的意义至今未能破解，但专家们认为，它们可能就是中国最早的文字雏形。

1954 年，从西安半坡村距今 6 000 年的新石器时代人类居住遗址中，发现了 113 个刻画符号。这一时期出土的刻画符号从刻画笔画到刻画部位，再到刻画内容都呈现出一定的规律和特点。其后在陕西宝鸡北首岭、长安五楼、合阳莘村、铜川李家沟、黄陵桥山和临潼姜寨、零口、垣头等仰韶文化遗址中，又曾多次发现刻画符号，其中以姜寨最多，共发现 129 个约 40 种符号，有的与半坡遗址中出土的符号相同（图 1–2）。

图 1–2　仰韶文化半坡遗址出土的刻画符号（距今 7 000 ～ 5 000 年）

契刻记号主要是用来记数，其次是用来提示事件。记号字的字形跟它所代表的词没有内在联系，难记难认，不容易被接受。事实上，自源文字在形成过程中都较少造记号字。古汉字使用少量几何形符号：一、二、三、四、五、六、七、八、十，个别也可能取象于结绳。

1959 年，在山东省莒县陵阳河和诸城前寨遗址发现了 4 个刻画在陶缸口沿外侧的象形符号，其距今约 4 500 年（图 1–3）。这类符号与甲骨文和金文中某些形体非常相近，有些学者甚至把它们作为文字进行考释。唐兰曾把第一个字释为“戉”，第二个字释为“斤”；第三个字和第四个字像两个以上的物体符号组合而成的会意字，唐兰将第三个字释为上日下火的“炅”，于省吾将第四个字释为上日下山的“旦”。裘锡圭指出：“把这类符号看作原始文字是根据不足的，把它们直接看作古汉字的前身就更不妥当了。”

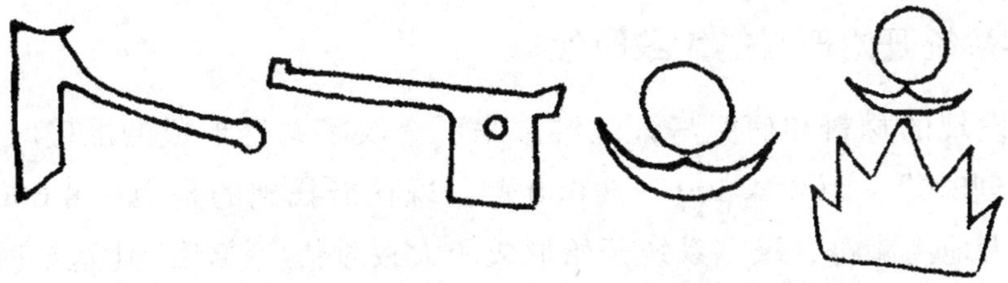

图 1-3　大汶口文化晚期陶尊上的符号（距今约 4 500 年）

笔者认为，这 4 个图形之所以刻在陶器上，可能是作为制器者的一种氏族标记，如石斧形标记可能代表善制石斧的氏族；也有可能这些标记是作为原始先民的图腾，因为图腾的实体可以是动物、植物，也可以是工具和自然现象。但这些图形符号已经懂得有目的地去描摹实物，并且懂得将描摹的实物做出组合安排，因此说它们与汉字起源有某些联系，是可以的。

2. 图画符号

汉字源于图画，已经为学术界普遍接受。很早以前，古人就已经有了“书画同源”的论述。宋代郑樵《通志·六画略》中说：“书与画同出。”

在文字产生之前，人们曾经用画图画和做图解的办法来记事和传递信息。通常把这种图画称为图画文字。原始汉字本身即具有浓厚的图画特征。

商周时期的甲骨文、金文中仍保存了一定数量的象形字，尤其是金文中某些象形字的形体与原始绘画没有太大的差别。

文字虽起源于图画，但图画并不等于文字，因为构成图画文字的各个部分并没有和语言中的语词对应起来，它只是用图像化的手段传达或记录了一定的信息。直到现代，仍然有一些民族通过图画来表情达意，或者由于某种原因，不能用文字而被迫采用图画来传达信息。只有当图画具备了一定的读音和含义时，才可以变成文字。唐兰在《中国文字学》中说：“文字的产生，本是很自然的，几万年前旧石器时代的人类，已经有很好的绘画，这些画大抵是动物和人像，这是文字的前驱。”

随着时间的推移，这样的图画越来越多，画得也就不那么逼真了。这样的图画慢慢向文字方向偏移，最终导致文字从图画中分离出来。这样，图画就分了家，分成原有的、逼真的图画和成为文字符号的图画文字。图画文字进一步发展为象形文字。正如唐兰先生在《中国文字学》中所说：“文字本于图画，最初的文字是可以读出来的图画，但图画却不一定都能读。后来，文字跟图画渐渐分歧，差别逐渐显著，文字不再是图画的，而是书写的。而书写的技术不需要逼真的描绘，只要把特点写出来，大致不错，使人能认识就够了。”这就是原始的文字。

二、汉字系统开始形成的大致时代

根据目前发现的材料和研究考证的结果来看，汉字系统形成的准确时间无法判断。汉字系统的初创时代，距今 4 500 ～ 8 000 年。现在能找到的是距今 8 000 年左右的贾湖刻符、秦安大地湾陶符，汉字系统开始形成的大致时代应该不会比这个时代晚。

现在能见到的最早的文字体系是殷墟甲骨文，这时的汉字体系不但能够完整地记录语言，而且在有些方面已经相当成熟。殷墟甲骨文的单字数量已达 4 000 左右。自商以后，各时代所使用的汉字数量大致都在此范畴之内。由此可见，当时人们利用四五千个文字是可以把自己的语言记录下来的。甲骨文既是象形字也是表音字，因为这一时期大部分的文字都是从图画中演变而来，所以它的象形程度比较高，又因为大部分文字是刻在龟甲或兽骨上，材质较硬，因此字的笔画较细，直笔比较多。

【课后实操训练】

阅读下面的材料，曾松友的观点，是否正确，谈谈你的不同看法。

曾松友在《中国原始社会之探究》中说："吾国殷代所用的八卦符号和巴比伦、亚述所用的楔形文发生一个密切的关系，拉恭比锡以为中国的八卦就是巴比伦的楔形文，这虽然说得过火，但也不是完全没有根据的，……其文字的组织不是很相同吗？"

第二节　汉字的演变

【学习任务】

掌握汉字字体演变的阶段及其特点，充分感受汉字的悠久、神奇、有趣和美丽，激发对汉字的热爱之情；增强规范用字的意识；提高民族自豪感，坚定"文化自信"。

汉字虽然历经数千年的发展和演变，但始终属于表意文字体系。汉字的演变主要是指汉字形体的演变。汉字形体的演变，包括两个方面：一是汉字形体的变化（字体的演变）；二是汉字结构的变化（字形的变化）。从商代到现在，汉字形体经过多次演变，形成了多种字体，其中甲骨文、金文、篆书、隶书和楷书是具有代表性的字体。

从甲骨文到楷书，有形体方面的变化，也有结构方面的变化。这两种变化是密切联系的，其中以形体的变化占主要地位。例如，甲骨文的"囿"是象形字，字形像一块方形的地，分成几垄，长着菜苗或树苗；金文则变为形声字，以"口"为形旁，"有"为声旁。既有结构方式和结构成分的变化，又有笔画姿态的变化。从金文到楷书，"囿"的结构没有变化，笔画姿态却有了很大变化。

鉴于秦是汉字发展史上的重要转变期，所以以秦为界把汉字形体的演变分为两个阶段：一是秦以前文字，即先秦文字；二是秦以后文字。就汉字形体而言，先秦文字属于古文字范畴，它包括甲骨文、金文、六国古文、秦国篆书；秦以后文字属于今文字范畴，它包括隶书、楷书、草书、行书。笔者把古文字称为形象音节表意文字，把今文字称为符号音节表意文字。

下面具体介绍汉字的形体演变过程。

一、汉字形体的演变

（一）古文字阶段

1. 殷商文字的代表——甲骨文

甲骨文是目前已知的最早的汉字体系，出土于河南安阳殷墟遗址（今河南安阳小屯村）。因它是刻写在龟甲和牛、羊等兽骨上的文字，因而称“甲骨文”（图 1-4）。因所刻文字内容是有关占卜的，所以又叫“卜辞”“占卜文字”。文字是用刀刻写的，所以又叫“契刻辞”“刻文”。出土地在殷墟，所以又叫“殷墟文字”。商代统治者迷信尚神，事无巨细，均要进行占卜以问凶吉。他们把每次占卜的内容有时连同应验的结果都刻在特制的龟甲兽骨上（也有少数是非占卜的记事刻辞）。这些特殊的文字资料随着殷商王朝的灭亡和殷都（今河南安阳小屯村）的夷为废墟而长期埋没于地下。1899 年，清朝人王懿荣首次发现甲骨文，此后安阳殷墟、陕西、山东等地出土了大量商周时代甲骨，其中商代有字的甲骨约 15 万片，单字记 4 400 个以上，已经识别的字在 1 500 个以上。甲骨文不仅是研究商朝历史较为珍贵的第一手资料，还是研究古汉字和上占汉语最宝贵、最直接的资料。从字体的数量和结构来看，甲骨文是目前所能见到的较系统、成熟的文字，但字形还多不规范，因而具有不同于成熟阶段汉字的特点：以象形字、象意字为主，大量使用假借字，形声字约有 20%。

图 1-4 龟甲骨片

这些象形字、象意字虽然对所象之物都经过了高度的抽象，与图画已有本质的区别，但也有不少字依然保留着很强的图画性，如表 1-1 所示。

表 1-1　有图画性的象形字、象意字

贝	门	龟	日	月	山	水	火	鱼	车
	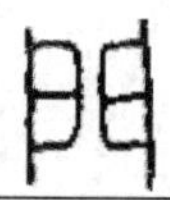					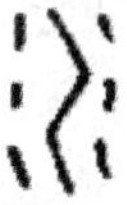			

甲骨文研究始于清末，刘鹗的《铁云藏龟》是第一部甲骨文著录，孙诒让的《契文举例》则是第一部考释甲骨文专著，开始了科学古文字学的研究。其后，名家辈出，考释文字，研究古史，做出了不小的贡献。考释方面集大成的著作有于省吾的《甲骨文字诂林》，资料方面较丰富的著作有郭沫若的《甲骨文合集》，工具书方面有孙海波的《甲骨文编》、徐中舒的《甲骨文字典》，综合研究著作有陈梦家的《殷墟卜辞综述》，等等。这些著作为学习、研究甲骨文提供了便利。

在甲骨文研究领域，对甲骨文做出重大贡献，被后人称为“甲骨四堂”的四位学者及其代表作是，罗振玉（号雪堂）著有《殷墟书契前编》、王国维（号观堂）著有《观堂集林》、董作宾（字彦堂）著有《殷虚文字甲编》和《殷墟文字乙编》、郭沫若（字鼎堂）著有《甲骨文字研究》。

商代文字除甲骨文外，还有金文、陶文和石刻文。如后母戊鼎铭文字体笔势雄健，形体丰腴，笔画的起止多显露锋芒，间用肥笔。

2. 西周文字的代表——金文

现在所能看到的西周汉字有金文、甲骨文、陶文等，其中又以金文为代表。

金文是指铸刻在殷周青铜器上的铭文。所谓青铜，就是铜和锡、铅的合金。中国在夏代就已进入青铜时代，青铜的冶炼和青铜器的制造技术十分发达。因为古人称铜为金，所以青铜器上的铭文也叫作“金文”。又因为古人常用钟（一种乐器）和鼎（一种礼器）作为青铜器的总名，所以青铜器上的铭文又叫作“钟鼎文”。金文从商代中晚期开始出现，数量较少。周代青铜器上的文字数量明显增加。据容庚在《金文编》中的记载，金文单字总数有 3 722 个，其中 2 420 个字可以识别。金文延续的时间很长，但长篇铭文主要出现在西周和春秋时代，因此一般把金文看作西周和春秋时代的通用文体。春秋中期以前的文字与西周晚期没有太显著的区别，春秋中后期则有较大差异，诸国文字普遍出现长条化和整齐化的趋势。

3. 战国文字

战国文字的材料众多，字体也较为异样，因而无论哪一种附着物上的字体，都不能代表这一时期的所有文字，所以这一时期的文字不能像商代甲骨文、西周金文那样以其附着物来命名，只好以时代来标称，统称为战国文字。

（1）六国古文。六国文字又称古文，指的是战国时期韩、赵、魏、齐、楚、燕六国以及一些小国的文字。古文的名称始自许慎的《说文解字·叙》。《说文解字》中共收录古文500余字，其来源是孔壁中的古文经。这些儒家经典抄录于秦代之前，应该就是用当时通行的文字书写的。《说文解字》所录古文与出土的六国文字十分接近，而与西周铜器上的铭文相比则差别显著。所以，古文当即指战国时代的六国文字。

现在所能见到的六国文字，除《说文解字》保留的古文外，主要有战国时期六国的铜器铭文，以及玺印、货币、兵器、简帛上的文字。战国时期的铜器铭文主要用来记录制作器物的主管官吏、制器工匠的姓名及制器时间。长篇铭文渐少，但并非没有，曾侯乙墓出土的编钟上标有和乐律相关的铭文2 800多字。中山王墓出土的鼎有469个字，壶有450个字。目前已知的最早的有文字的简帛出现在战国时代。西晋时曾在汲县魏襄王墓中发现大量竹简，上边都写有文字，其中有《竹书纪年》《穆天子传》等书。这些书现在还有传本，但竹简及其上边的文字没能保存下来，现已无法知道这些文字的写法了。后来又在长沙、信阳、江陵等楚墓及曾侯乙墓中发现一批竹简，其中不少是楚国文字。1993年10月，在湖北省荆门市郭店一号楚墓发现一批竹简，共804枚，为竹质墨迹。其中，字简730枚，共计13 000多个楚国文字。六国古文资料还有《三体石经》。曹魏正始年间，用古文、小篆、隶书三种字体将《尚书》《春秋》和部分《左传》刻在石碑上，故称三体石经。石经古文与《说文解字》中收录的古文相似，当是同一系统。

六国文字形体上的显著特点是俗体的流行。俗体中常见的是简体，简体流行是文字的使用越来越频繁地反映。六国文字的笔道通常比春秋以前的文字平直，这也是一种简化。由于存在大量的往往相当剧烈的简化现象，以及数量不算太少的繁化现象，六国文字的面貌就跟西周晚期和春秋时代的文字大不相同了。另一个特点是文字异形。战国时代，由于国家分裂，连年战乱，各自为政，本来统一的金文字体，在这个时期因周王室衰微，草体、俗体大量涌现，文字异形现象严重。六国古文为什么会“异形”纷呈呢？首先，汉字发展到了金文时，其结构仍然不稳定，仍需要进一步简化、符号化、方折化。战国时期，文字演变的脚步继续向前，异形字的产生就不足为奇了，因为它是汉字发展过程中的产物。其次，西周、春秋时代使用的正体是金文，但是日常使用的草体、俗体也与之并存，诸侯国更是如此，特别到了战国时代，各诸侯国的汉字使用失去了周朝礼制的约束，再加上草体、俗体更便于书写，于是各国文字就在原来金文俗体、草体的基础上进一步发展。最后，各诸侯国使用竹简、玉石、玺印、布帛及其陶制品等书写材料，汉字也因书写材料与书写工具的不同而在字体上发生变化。

从历史发展的角度看，战国文字多歧异的特点，从反面促进了秦代对文字的统一和改革，也为后来汉字形体的突变——隶变准备了条件。

（2）秦系文字。秦系文字指春秋战国时代秦国的文字。秦国在周平王东迁以后，占据了西周故地，因此多承袭西周的制度及文化，文字也是直接承袭西周的文字。

西周末年，周宣王大史籀作《史籀篇》，作为学童识字之书，并用以统一周王朝的文字。《汉书·艺文志》中说："周宣王太史作大篆十五篇，建武时亡六篇矣。"《说文解字·叙》中也说："斯作《仓颉篇》，皆取史籀大篆。"《史籀篇》所用字体，依班固、许慎说即为大篆。宣王之后不久便开始了幽王之乱，平王东迁，大篆字体大概只行于王畿，并没有得到广泛推行，尤其是在东方。然而秦国占据周王朝故址，直接承袭了大篆字体。秦国在春秋战国初期所用字体应当就是史籀大篆。《说文解字》中收集了 223 个字，其中有些字体与西周金文相类。

目前发现的秦国文字，有石鼓文和诅楚文等石刻文字。唐初在天兴县（今陕西凤翔）发现 10 个石碣，因石碣形状像鼓，故又称为石鼓。每个石鼓上刻着 70 字左右的铭文。石鼓上大约有 600 字，但到唐宋时已经残缺，现在还不到 300 字。现存最早有北宋拓本，存 490 余字。石鼓文从笔法、形体上均与西周金文有明显的继承关系。石鼓文的字体，上乘西周金文，下启秦代小篆。

秦系文字最重要的是小篆。小篆字体在李斯前已经存在，而且行用多时。保存小篆最丰富的著作是《说文解字》。《说文解字》共收录了 9 353 个汉字，是了解小篆的宝贵资料，同时是解读甲骨文、金文不可或缺的桥梁。小篆是秦国文字继承西周晚期金文而一脉相承的字体。它们的共同点是形体规整匀称，笔画婉转流畅，而象形程度不断降低。

公元前 221 年秦始皇统一中国后，采取了一系列巩固统一的措施。

由于东方六国文字各异，秦始皇为消除文字上的差异，命丞相李斯等人统一文字，规定以笔画规整的小篆作为通用文字。《说文解字·叙》中说："秦始皇帝初兼天下，丞相李斯乃奏同之，罢其不与秦文合者。斯作《仓颉篇》，中车府令赵高作《爰历篇》，太史令胡毋敬作《博学篇》，皆取史籀大篆，或颇省改，所谓小篆者也。" 所谓"省改"，实际上就是笔画结构的简化。与甲骨文、金文相比，小篆的字形有两个非常显著的变化：一是古文字中的象形字、象意字被进一步抽象化、线条化、规整化，从而也就更加符号化了；二是固定了偏旁部首的位置和写法，基本上做到了定型化。经过整理的标准篆书体的体式排列整齐、行笔圆转、线条匀净而长，呈现出庄严美丽的风格。只要将小篆与籀文相比，这种简化的迹象就看得十分清楚了。

秦始皇统一文字，结束了春秋战国以来汉字形体杂乱的局面。这对维护多民族国家的统一，促进各地区政治、经济、文化的发展，具有深远的历史意义。

（二）今文字阶段

今文字阶段从形体来划分，可以分为隶书和楷书；从历史发展的时间来划分，可以分为两汉文字、魏晋及其以后文字。

1. 两汉文字的代表——隶书

隶书基本是由篆书演化来的，主要将篆书圆转的笔画改为方折，书写速度更快。隶书是在篆书基础上，为适应书写便捷的需要产生的字体。隶书分“秦隶”（也叫“古隶”）和“汉隶”（也叫“今隶”），隶书的出现，是古代文字与书法的一大变革。相传隶书为程邈在监狱中整理而成的一种新字体。其实，隶书早在秦始皇之前就在民间广泛流行，只是不叫“隶书”罢了。隶书是在秦国篆书的基础上产生的。战国后期，文字应用越来越多，而篆书笔势圆转，费力费时，人们书写时，为求快，多有草率急就之处，久而久之，形成了草篆。实际上，这就是在孕育一种新字体，这种新字体就是隶书。它是在战国末期秦国篆文草体的基础上形成的字体。这时的隶书称作古隶或秦隶。隶书的形成是时代的产物，是广大民众适应时代需要共同创造的，并不是某个人的独立创造；是民众创造以后被官府采用，而不是官府制成施之于民众。

在湖北省云梦县城西郊睡虎地 11 号秦墓中，就曾发现了大量竹简，共 1 155 枚。内文为墨书秦隶，大多保存完好、字迹清晰，字形工整端秀，笔画浑厚，其点画有明显的起伏变化。书写的时间在战国晚期至秦始皇时期，反映了篆书向隶书转变阶段的情况。程邈对隶书做了一些整理和推广工作。

1980 年出土于四川青川县郝家坪第 50 号战国墓出土的 2 件木牍，为墨书秦隶，笔法流畅，结体错落有致，并有篆籀遗韵，有些字形已体现篆隶之间的转化轨迹。

秦简所代表的隶书还是一种尚未成熟的隶书。汉隶是在秦隶的基础上经过加工、改造和美化而成。西汉宣帝时期趋于成熟。西汉早期的隶书材料主要是马王堆汉墓简书、帛书和临沂银雀山汉墓竹简。居延汉简（武帝晚期至宣帝）反映了古隶演变为八分的过程。这一时期字形的特点是横宽竖短，波势突出。汉熹平石经，东汉晚期碑刻，结体一般都是扁方而规整的，用笔为“挑法”“波势”。

汉字从篆书到隶书的演变，叫作隶变。这是汉字发展史上的重要转折点。它结束了古文字时代，开创了今文字的新时期，使汉字形体发生了质的变化。由形象的音节表意文字阶段，过渡到符号的音节表意文字阶段，彻底改变了古汉字的象形面貌，进一步声化和符号化。

2. 魏晋文字的代表——楷书

楷书是汉字隶楷阶段的重要字体。楷书也叫真书、正书。楷书的“楷”当“楷模”讲，“楷书”的原意就是可以作为楷模的字。楷书形成于汉魏之际，现在能看到的最早的楷书为钟繇书写的楷书。进入南北朝后，楷书就代替了隶书的正统地位。

楷书保存了隶书的结构，去掉了隶书的波挑，字体端庄，书写方便。长期的使用证明楷书是实用性和艺术性结合较好的一种书体，因而一直是官方所采用的正式字体，也成为书法史上最大的流派。

除了甲骨文、金文、篆书、隶书、楷书外，还有草书和行书。草书是书写快速的草率字体，它只要求初具轮廓，不必每笔都很清楚。行书是介于楷书和草书之间的一种字体，书写起来比楷书便利，又比草书易于辨认，从晋宋以来一直是广泛使用的手写体。

从甲骨文到楷书，汉字的形体发生了很大变化。汉字演变的总轮廓是由图画性的象形文字逐渐向纯符号的方块字方向发展。这种演变是渐进的，其过程虽然可以分为若干阶段，但是每种形体的变化往往是交错进行的，同一时期可以有两种或多种形体存在。文字作为记录语言的符号，总是要求书写快速而方便。因此，由繁到简，由难到易，由不便书写到比较便于书写，是汉字发展的总趋势。

二、汉字形体演变过程中的问题

汉字形体演变过程是一个对字形不断进行调整、改造的过程。在这个调整、改造的过程中，不仅体态有变化，更重要的是字的构形也随之改变。字的构形改变，有的步步相因、一脉相承，有的则具有较大的跳跃性，情况非常复杂。这里只择其要，谈谈与学习古代汉语密切相关的几个问题。

（一）简化与繁化

构形的繁复与简单，这是汉字在使用过程中的一对矛盾。文字只是一种记录语言的符号，从书写的角度说，当然是笔画越简单越少为好；但汉字是表意文字，字数众多而又字字独立，如果笔画过于简单，不仅会造成甲字与乙字的难于区别，还会影响构形的表意或标声的效果。比如，皎、皢、皙、皑等字，若省去部首（义符）部分，只用“白”来记录这些词，书写是方便了，但意思却不明了。所以，从表意和标声的角度来说，又是繁比简优越。矛盾的双方交互作用的结果，就造成了汉字在发展、演变过程中时而趋简，时而趋繁，趋简与趋繁交叉出现的复杂现象。但汉字字形发展的总趋势是由繁到简。

简化大致有以下几种情况：

1. 图形线条化、符号化

图形线条化：从甲骨文到篆字的古文字阶段，笔画逐渐形成直笔和圆转两种，汉字的象形程度在不断降低。古文字所使用的字符，大都很像图形，但古人为了书写方便，用平直方正的笔书取代了匀圆曲折的线条，又逐渐变成横、竖、撇、点、折的笔画，如图 1–5 所示。

宋体	甲骨文	小篆	隶变后	宋体	甲骨文	小篆	隶变后
大				木	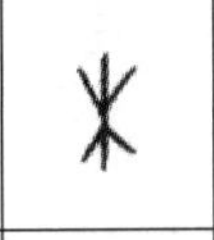		
共				页			
夙				尾			
妥				元			

图 1-5　图形线条化的例子

2. 删繁杂、删重复、保留表意元素

删去字形中繁杂或重复的部分，保留最具表意特征或必要的部分，如图 1-6 所示。

宋体	小篆	隶变后	备注
夏			隶变后，“夏”省去中间，保留其上下特征
舞	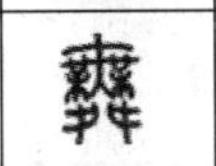	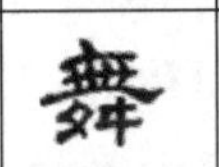	将中间部分篆文复杂的笔画省并为简单的笔画
星			省去两个“日”
雷			省去两个“田”
屈			省去中间部分

图 1-6　删繁杂、删重复、保留表意元素的例子

3. 改变结构类型

改变结构类型的例子如下：小篆从辵的字，如追、逐，隶变以后绝大部分简化为从辶；小篆左边从心的字，如快，隶变简化为从忄。巖，本来是形声字，简化作岩，是会意字。淚，本从水戾声，是形声字，简化后从水目，是会意字。

与简化相反的是文字的繁化。繁化是指为了更明确地表达意义或读音，在原有文字的基础上再加上表意构件或表音构件。具体如下：

它（蛇）、莫（暮）、暴（曝）、然（燃）、止（趾）、州（洲）、北（背）。

益（溢）、景（影）、奉（俸）、竟（境）、反（返）、共（供）、辟（避）。

（二）分化与同化

新词语不断产生，就要求文字作相应的增加。汉字的增加，有时并不需要创造新字，而是在原有相关字的基础上增加必要的表音构件或表意构件，或者改变某字原来的写法。这种现象叫分化。具体如下：

白，有白色的意思。分化出：皎，月之白也；皢，日之白也；皙，人色白也；皑，霜雪之白也。

刀→刁、毋→毌、巳→已、荼→茶。

又如，刀随着读音的改变而分化为刀、刁二字。《韵会》中载：“《说文解字》刀，兵也，都牢切，又丁聊切。本一字而二音，后人作刁以别之而已。”

同化指本来不同的写法，由于同化作用也变得相同了。同化现象主要发生在隶变以后，更表现为偏旁的同化。就是说，原来是不同的偏旁，隶变以后成了相同的偏旁或构件。比如，部首“月”，实际上是由月、肉、舟、丹同化而来。

期，从“月”，“期”声。肌，从“肉”，“几”声。

俞，从“亼”，从“舟”。青，从“生”，从“丹”。

“月”“肉”“舟”“丹”混同为一个偏旁了。

再如，马（馬，四点由四足和尾巴讹变而来）、鱼（魚，四点由尾巴讹变而来）、鸟（鳥，四点由爪和尾巴讹变而来）由不同部首经同化后写法一样了。

春、秦、舂、泰、奏、奉等字的上部，也由不同部首经同化后写法一样了。

（三）循化与讹变

所谓循化，是指汉字在笔画与结构上都是遵循着一定的规律而变化的，它们始终未曾与原有的造字原理截然脱离关系。例如，视、闻、牧、休、森、林、俘等，它们始终保持着原有字形与字义的不同程度的联系。这种系统性、有规律可循的特点，是汉字字形变化中的主流。

讹变是指由于文字使用者在缺乏对文字原有结构和组成偏旁正确理解的情况下，改变了原有构造或改变了原偏旁的现象。例如，“思”，会意兼形声字。在字形上，金文中“思”字的部件“田”原来不是“田”，而是“囟”，指婴儿囟门的“囟”，隶变时，“思”字上部的“囟”被讹变为“田”。

“走”的甲骨文字形像一个人甩开两臂，大步朝前奔跑的样子。《说文解字》写作“”金文在甲骨文的基础上增加了“止”（指脚）而成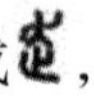，其结构更突出了人跑的特点。跨步摆臂的人形，隶变后写为“”。

“射”字，甲骨文作“”甲骨文像箭在弦上，正要发射的样子。金文加上了一只手（“又”）“”。小篆“弓”讹变为“身”，“又”讹变为“寸”，成了“射”字，就看不出原意了。

汉字从产生开始，就随着社会的进步和汉语的发展而不断发展变化，一直沿用数千年，至今仍能显示出强大的生命力。但它又在演变过程中，搞乱了某些字的形体，这就使得“六书”在很多情况下无从说起，从而增加了汉字由形知音、知义的难度。

【课后实操训练】

汉字简化在中国内地已经是既定的事实了。然而历史上和今天都一直有反对的声音。反对汉字简化的观点如下。①很多汉字在简化时没有考虑字形，这就使一些字不再符合“六书”的规律，破坏了汉字结构。②简化字的笔画差别太小，形体近似的字增多，容易造成辨别的错误，无助于汉字的阅读和书写。请大家讨论一下，上面这些反对意见有没有道理。如果你作为“汉字简化利大于弊”的正方参加一场辩论会，你该怎么阐述自己的观点呢？

第三节　汉字的构造

【学习任务】

了解汉字的形体构造理论，即传统的“六书”，能够熟练运用“六书”的原则分析常用汉字的结构，进而探求其本义，培养分析汉字形体结构的能力、依据字形解说汉字意义的能力，提高规范书写汉字的意识和能力，为研究汉字与阅读古籍创造条件。要深刻感悟“六书”折射出的中华文化，敬畏中华先民伟大的智慧与创造力，坚定文化自信。

汉字是一种表意文字，其字形与字义有着密切的联系。因此，学习古代汉语的词汇离不开对汉字字形的分析，只有具备了有关汉字结构的理论知识，才能更好地了解汉字的字形与它所记录的词的意义的联系，从而了解汉语字词的本义，以及本义与引申义之间的关系，更好地阅读古代文献。

一、“六书”概说

“六书”的说法始见于《周礼》。《周礼·地官·保氏》列举了用来教育周代贵族的“六艺”，其中包括“六书”：“保氏掌谏王恶，而养国子以道，乃教之六艺：一曰五礼，二曰六乐，三曰五射，四曰五驭，五曰六书，六曰九数。”

《周礼》对“六书”未做更多的阐述，所以对它的内容、作用等都不大清楚，但根据这一段文字，可以看出它应是对学生教育的内容，而且似乎是有关语言文字方面的教学。

到了东汉末年，“六书”理论臻于成熟，出现了研究“六书”的三大家：班固、郑众、许慎。他们认为“六书”为汉字的六种造字法，并拟定了“六书”的名目和次序。如下：

班固《汉书·艺文志》：象形、会意、转注、处事、假借、谐声。

郑众《周礼·地官·保氏》注：象形、会意、转注、处事、假借、谐声。

许慎《说文解字·叙》：指事、象形、会意、形声、转注、假借。

三家之说大同小异。郑众虽也列了名目，但由于是随文注经，后世很少采用。据为典要的是班、许两家，其中以许说影响最大。后人一般多采用许慎的名称，班固的次序，即象形、指事、会意、形声、转注、假借。其中，许慎可谓“六书”说的功臣，他以“六书”为指导，剖析了近万个汉字的结构，写成了我国学术史上第一部汉字形义分析的巨著——《说文解字》。他总结和发展了前代的“六书”理论，不但列了名目，而且对“六书”下了定义，举出了例字。“六书”的提出，使人们对千差万别的字形结构有了规律性的认识，对文字学的发展产生了巨大的影响。作为“六书”名称的象形、会意、形声、假借等术语，直到今天仍被人们使用。

二、“六书”分述

（一）象形

许慎说：“象形者，画成其物，随体诘诎，日月是也。”意思是说，要画成所表达的物体，随着物体形状曲折婉转而成，比如“日、月”。这种造字法，所记录的词一般都是名词。象形字来源久远，成为汉字构形的基础。

根据形体构造的方式，象形字可分为两类。一是独体象形字。这类字表现的是词所概括的事物整体，特征鲜明，区别性强，无须为其营造环境、不必烘托陪衬。在象形字中这类独体象形字数量较大，如表 1–2 所示。

表 1–2　独体象形字示例

日	月	禾	鸟	鱼	象	虎	兔	龟	鹿

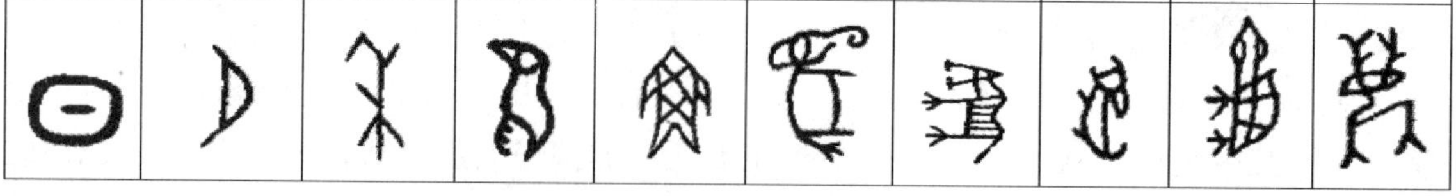

表 1–2　独体象形字示例（续）

牛	木	目	止	女	田	贝	门	衣	车

二是合体象形字，也称依附象形字。这类字表现的是事物的分体，即便是整体，特征也不鲜明，易造成对象间的混淆，需附加背景，用相邻近、相关联的事物加以烘托、陪衬，如表 1–3 所示。

表 1–3　合体象形字示例

身	州	瓜	果	栗	齿	爵	鼎	眉	囿
	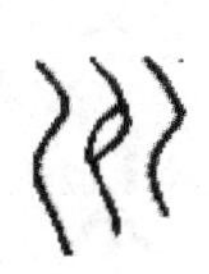	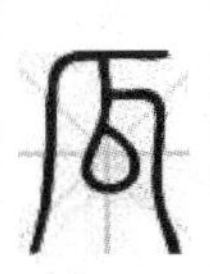							

“身”，字形像侧立的人，突出了她的腹部，一是因为腹部是身躯的主要部分，二是以此与侧身线条化的人字相区别。小篆便以这种象形写法结体。“州”，自上而下的三条曲线是“川”字，表示河流；中间的小圆圈，表示水中有块陆地。“瓜”，字形像藤茎上挂着葫芦状的果实。瓜结在藤茎上，才显示出瓜类。“果”，是果实，要用树来陪衬。“栗”，是外壳带刺的果实，所以用果实上面长刺来表示。“齿”，口里有几枚牙齿，用口陪衬。“爵”，字形像古代酒器的形状，它的下面有三个“足”。“眉”，字形像眼睛上方长着眉毛。《说文解字》：“眉，目上毛也”，以目来烘托。“囿”，字形像一块方形的地，分成几垄，长着菜苗或树苗，以区别“田”。

凡属象形字，无论是独体象形，还是合体象形，它们有共同特征：

第一，大部分的象形文字，除了初期的象形文字之外，大部分都很简单，这是由于书写的需要。文字不是作画，不必工笔细描，面面俱到。例如，人、木、止、日、月、禾、鸟、鱼、象、贝、门、大、天、田、弓、户、夫等。

第二，除了简约性，还要有典型性。简约求表达，典型为区别。造字者善于捕捉词所概括事物的形象特征，以区别其他对象，如眉、瓜、果、车等。

第三，可以是整体象形，也可以是局部象形，以局部代表整体，如羊、牛、衣等。以羊、牛的头、角表示整体的羊、牛，以衣的领襟表示上衣。

（二）指事

许慎说："指事者，视而可识，察而见意，上下是也。"所谓"视而可识"，是说字形一看便能认识，"察而见意"是说仔细观察就能发现意义所在。许氏所举的"上、下"二字，有两处不同于象形。从字形上看，古文"上""下"，都不是某种客观事物的画像，而是抽象的符号；从字义上看，"上""下"不是某种物体的名称，而是一种表示方位关系的比较抽象的概念。所谓"事"，是指它不同于有形的"物"，这是"指事"与"象形"的主要区别。指事字如表 1–4 所示。

表 1–4　指事字示例

一	二	四	五	上	下	本	末	朱	牟

刃	甘	亦	寸	血	曰	母	夫	天	中

根据形体构成方式，指事字可分为三类：

1. 独体指事

这类字不以象形为基础，而是用纯粹的抽象符号构成，不代表具体事物，这类字在汉字中较为少见。如一、二、上、下等。

2. 加体指事

这类字以象形为基础，在象形字上附加指示性符号构成新体。所附加的符号一般不独立使用只参与构字。这些附加的符号在构字中发挥两种作用：

第一，以指示性符号在整体中标明特定部位。

例如，"本"，从木，"木"下加"一"指示树根所在之处，表"树根"之意。"末"以"一"指示树的顶端表示树梢。《说文解字》："木上曰末。从木，一在其上。""朱"，以"一"指在树的里面。《说文解字》："赤心木，松柏属。从木，一在其中。""中"，字形采用"口"作字根。中间的竖表示上下贯通。"母"，字形像给孩子喂奶的样子。

第二，以指示性符号标明难于表现的事物或属性。

例如，"甘"以"一"标明口中含有甜美的食物，表示抽象的味觉。"刃"，从刀，"刀"刃部加"丶"指示刀刃的位置，表"刀刃"之意。"牟"，字形采用"牛"作偏旁，像牛叫时声音和气息从口鼻中发出。

3. 变体指事字

这类字是用改造某字的方法来表现词义的。又分为两种：

（1）增减字的笔画。例如，甲骨文“夕”“月”混而不分，金文、小篆已有区别。例如，《说文解字》：“夕，莫（暮）也，从月半见。”即省去了“月”中的一画，遂成“夕”字。

（2）改变字的方向。例如，乏。《说文解字》给的解释是，《春秋传》曰：“反正为乏。”房法切。段玉裁在《说文解字注》中做了解释，认为“此说字形而义在其中矣。不正则为匮。二字相鄉背也”。与“正”的差别，只有顶部的一笔，“正”字是横画，而乏字是斜笔，大概是取非“正”之义。

指事字与象形字的区别：

象形字中的构成部分是实物，指事字中则必定有抽象性指示符号。比如，“果”和“本”都是在“木”字的基础上造出来的，但是“果”字中的圆球是实物（树木的果实），“本”字中的圆点却不是实物而是指示性符号（指示树根的位置），所以“果”是象形字，“本”是指事字。

以抽象符号表达语言中的词有很大的局限性，所以汉字中指事法造的字不多。根据王筠《文字蒙求》统计，《说文解字》所收 9 353 个字里，指事字仅有 129 个，占 1.4%（象形字是 264 个，占 2.8%）。汉代以后，基本上未造指事字。

在指事字诸类中，以象形字为基础的加体指事字相对较多，以纯粹的抽象符号构成的字很少。

（三）会意

许慎说：“会意者，比类合谊，以见指撝，武信是也。”

“比类”，将表示事类的字合并起来；“合谊”，将它们的意义合并起来；“指撝”，指向。意思是说，会意就是合并两个或两个以上表意符号来表示新的意义。因此会意字一般是由两个或两个以上表意符号组成的复合体，这是在结构上与象形字、指事字的区别所在。此外，几个表意符号组合以后表达新义。“武”字，由止、戈二字组成。“武”其实就是“持戈前进”表示“威武”。所以，造字者用“止、戈”来会合成意。“信”的本义是诚实，人言必须诚实，所以用“人、言”会合成意。

根据其构成成分的差异，会意字主要分为两类：

1. 以形会意（通过偏旁的具体形象来表意）

（1）同体会意。这类字是由两个或两个以上相同的表意符号组合而成的。例如，“从”，像一人跟在另一人后面，以此表示跟从义。“北”像两人相背，以此表示乖离义。“众”，像众人聚集，以此表示众多义。“友”，两只同向的手表示帮助。三人成“众”

（人多），三木成“森”（树多），三石成“磊”（石多成堆），都是用“三”表示多。此外，像“焱、森、品、晶”等都属于这一类。

（2）异体会意字。这类字由两个或两个以上不同的表意符号组合而成。例如，“即”像人走近内盛食物的器皿前就餐，以此表示走近、接近义。“既”像人用完餐转身离开，以表示动作或过程的完结。“相”，字形是一只眼睛在细细察看一棵树，表示“细看”“观察”。“休”，一个人在树下休息，以此表示休息。“男”，左边是“田”，右边是“力”，像犁耙的形状，这其实是古人使用的一种农具，称为“耒”，合起来表现出了男人在田地里耕作时的场景。“牧”，像一只手拿着棍子一类的工具在驱赶一头牛之状。本义指放养牲口引申指放牧的场地、郊外。“涉”，字形像一条弯曲的河流，河的两旁各有一只脚，表示蹚水过河。“安”，在一间静静的屋子里，有一个女子手置胸前，安详地坐着，表示“安定”“安全”。“鼓”，这是一幅十分形象的“击鼓图”：一只手握着鼓槌，正在敲着一面大鼓；鼓的上端有装饰物，下面是鼓座。“初”，由“衣”“刀”组成，表示开始拿剪刀做衣服，本义是“开始”，如《易经》：“初吉终乱”，就是用的这个意义。

值得注意的是，对这类字不能拘泥具体图案，其意义不在于图案本身，而是凭借它，通过联想表达抽象概念。

2. 以义会意（通过偏旁的抽象含义来表意）

奆：大耳；劣：少力（虚弱）；夯：大力（用大力抗、砸）；岩：山石（山上的石头）；尖：上小下大（尖形）；分：八刀（以刀分物）。

会意字和象形字、指事字的区别：象形字、指事字都是独体字，从中不能切分出两个独立的字来；会意字是合体字，构成会意字的几个部分可以独立成字。

会意造字法是以象形为基础组合成的新字，用这种方法所记录的词范围有所扩大。尽管会意字的表意能力相对于象形字和指事字来说更强，但会意字的表意功能同样有其局限性，不能适应词汇日益发展的需要。于是，一种兼表声义的形声造字法应运而生。

（四）形声

许慎说：“形声者，以事为名，取譬相成，江河是也。”以此类字为形符，以读音相近的字为声符，合形与声为新字。“江”“河”就是这样的字。

这类字在《说文解字》中用“从某，某声”来表达其结构，如“江”字的结构表述为“从水，工声”。

形声造字法由于记录了词的声音，有了标音成分，它的这种优越性，胜过其他造字法。在甲骨文中形声字仅占 20% 左右，汉代以后发展到 80% 以上，现代汉语中形声字约占总字数的 90% 以上，成为一种占优势的汉字结构形式。

形声字是形和声的组合。形符表示它的意义类属，又叫义旁，或义符。声符则表示它的读音，又叫声旁。具体如下：

露《说文解字》:“润泽也。从雨路声。”

梧《说文解字》:“梧桐木。从木吾声。”

鸠《说文解字》:“鹘鸼也。从鸟九声。”

阔《说文解字》:“疏也。从门活声。”

1.形声字变体结构形式的类别

多数形声字是形符表示意义范畴，声符表示该词的读音。但形声字也有一些变体的结构形式。主要有如下几类：

第一，省形。所谓省形，是指由于求简或结构匀称的要求，而省去了形声字形符的某一部分。例如，“考”，老也。从老省，丂声。省去了形符中的“匕”。

第二，省声。所谓省声，是指由于求简或结构匀称的要求，而省去了形声字声符的某一部分。例如，“炭”，《说文解字》：“烧木余也。从火，岸省声。”以省略了“山”和“干”的“岸”为声旁。《说文解字》中省声的体例是“从某，某省声”。

第三，亦声。所谓亦声，是指在形声结构中，声符表音之外还要表意，这种形声字叫亦声字。形声字的声符只是表音而不表意，形符只表意而不表音，是对一般情况而言的。某些形声字的偏旁既表音又表意，如贫，《说文解字》：“财分少也。从贝从分，分亦声。”贫穷即财物少，故“贝”为形符，“分”为声符（分与贫古音相近），但分贝就意味着财物少，故分亦表意。坪，《说文解字》：“地平也。从土从平，平亦声。”字形采用“土、平”会义，“平”也是声旁。形声字中这类情况较多。有人称之为“会意兼形声”，有人又称之为“形声兼会意”，这是由于分析者角度不同所致，实则是一回事。

2.形声法造字的方法

（1）加意符。加意符有以下两种情况：

第一，本字加注意符。一个字被假借以后，再为本字加注意符。例如，莫（暮）、益（溢）、它（蛇）、然（燃）、止（趾）、朱（株）。

“莫”的本义为“日落”“傍晚”。它被称为否定性无定代词以后，为了不使它兼义过多，就在本义下又加了个意符“日”，而“莫”就成了声符。在表示“日落”“傍晚”的意义时，“莫”和“暮”成了古今字。其他字以此类推。

第二，借字加注意符。一个字被假借以后，再为借字加注意符。例如，其（基）、食（蚀）、乌（鸣）、采（彩）、取（娶）、辟（避）、昏（婚）。

“其”字的本义是簸箕。语言中有房基的“基”这个词，但没有为这个词造出字来，就借“其”字来用。后来，为了不使“其”字兼义过多，就为借字加了个意符成为“基”字。在“房基”的意义方面，“其”和“基”就成为古今字。其他字以此类推。

（2）加声符。加注声符也有两种情况：

第一，为本字加注声符。一个字被假借以后，再为本字加注声符。例如，晶（星）、自（鼻）、网（罔）。

“晶”字的本义是星星，后来被借为明亮的意思，读jīng。为了不使“晶”字兼义过多，就在本字下面加了声符“生”，成为“星”。在天体的意义方面，“晶”和“星”就成了古今字。“自”“网”以此类推。

第二，为借字加注声符。一个字被假借以后，再为借字加注声符。例如，食（饲）。“食”是名词，本义为食物，假借为“喂养”意义。后来又为借字加注声符的“饲”。在“喂养”的意义方面，“食”和“饲”就成了古今字。

（3）音意合成。当语言中某个词需要造字时，一方面，根据这个词的意义特点，从已有的文字中选取一个字来充当意符；另一方面，根据这个词的语音特点，从已有的文字中选取一个字来充当声符，把意符和声符组合起来构成一个新字，就是音意合成。例如，村、铀、镁、草。

3. 形声字的一般结构形式

形声字占汉字总数的90%，所以掌握了形声字，就可以对大多数汉字进行正确分析了。根据意符和声符在字形中的位置、形声字的结构，大体有以下六种形式：

第一，左形右声。例如，江、河、梧、桐、快、慢。

第二，右形左声。例如，鸠、鸽、胡、期、领、鹦。

第三，上形下声。例如，草、藻、露、箕、管、氛。

第四，下形上声。例如，婆、娑、案、架、臂、臀。

第五，外形内声。例如，国、圃、阁、闺、裹、囿。

第六，内形外声。例如，闻、闷、辩、辨、凤、凤。

这六种形式中，第一种到第四种比较常见，第五种和第六种为数较少。第一种是形声字的基本形式。

4. 形声字的特殊结构形式

除上述六种结构形式之外，还有一些形声字的结构形式比较特殊，主要有以下几种情况：

第一，形符与声符处在一个角落，如颖，从禾顷声。赖，从贝剌声。

第二，形符被声符隔离，如衷，从衣中声。街，从行圭声。在分析形体时一定要注意这类形声字。

（五）转注

许慎说：“转注者，建类一首，同意相受，考老是也。”对于转注许氏没有清晰的定义，而且除“考老”之外，在《说文解字》所释的近万字中并未指出其他转注字，这就造成了后人可以从各种角度去理解，因此从古到今对转注的解释很多，争论了近两千年，至今尚无定论。“建类一首”指的是两个字（母字与子字）的部首相同，“考”以老为部首。“同意相受”指两个字的意义有关系，同部字都接受了部首的意义。考老的意思是一样的。关于转注要知道它不是对单个汉字形体结构的说明，而是字与字之间形义关系的一种类型。

（六）假借

许慎说："假借者，本无其字，依声托事，令长是也。"所谓"本无其字"，是说文献中的某一个词，本来没有为它造过专用字；"依声托事"是说依据读音而把本无其字的某个词的意义寄托给另一个音同或音近的文字。"六书"中的"假借"之所以要强调"本无其字"，是为了同本有其字的通假现象区分开来。例如，"其"本义是箕（簸箕），由于代词（或语气词）"其"的读音与名词"其"（箕）相近，因此古人在记词时就把本无其字的代词"其"的词义寄托在本来专用为名词"箕"的"其"字表示代词"其"。

许氏为说明假借原则而举的"令、长"二字，在今人看来是有问题的。"令"在《说文解字》解释为"发号也"，就是号令的意思。县令的"令"也叫作"令"，这是以动作本身又作为动作发出者来讲的。"长"在《说文解字》是"久远也"，有长久、年长的意思，发展为"长上"之意，这就成了县长的"长"。这就是说，作为县级行政长官意义的"令""长"是由号令、长久义的"令""长"引申出来的。近现代语文学者认为，文字的借义与本义之间没有引申关系，两者仅仅是读音相同或相近而已，所以许氏举"令""长"作为假借例是不妥的。朱骏声在《说文通训定声·自叙》中改为"假借者，本无其字，依声托字，朋来是也"。但这是后人的观点，也许许慎的假借本来就含词的引申义基于原字的情况。

清代语言学家戴震说："指事、象形、形声、会意四者，字之体也；转注、假借二者，字之用也。""字之体"指造字法；"字之用"指用字法。"四体二用说"被清代文字学家接受，并成为今天的共识。

三、"六书"理论的不足

汉代古文经学家出于通经致用的目的，对大量汉字的形体、用字现象进行了剖析，总结出其造字规律，创立了"六书"理论，可以说是文字学史上的一座里程碑。"六书"理论的创立，把人们对字形的感性认识提升到了理性的高度，开辟了科学认识汉字的途径。但由于汉代学者接触的只有秦篆和六国文字，而没有看到甲骨文和金文，也由于时代和科学水平的局限，"六书"理论并不完善。今天看来，它有不少错误和疏漏之处。

首先，许慎对"六书"的某些界定含混不清，所下定义不够准确。其次，定义与例字相抵。例如，会意的例字"信"，并非会合"人、言"以成"信"义。这种拼合的会意字，在秦以前的古文字里是很少见的，汉以后才逐渐产生，如小大为尖，少力为劣，手分为掰等会意字。"信"是从言人声的形声字。

唐兰在《中国文字学》里说："六书说能给我们什么？第一，它从来就没有过明确的界定，各人可有各人的说法。第二，每个文字如用六书来分析，常常不能断定它应属哪一类。单从这两点说，就不能只信仰六书而不去找别的解释了。”“六书”理论的不够完善，导致了现代文字学“三书”理论、“新六书”理论的出现与发展。

【课后实操训练】

指出下列汉字属于象形字、指事字、会意字、形声字中的哪一类，试分析其本义。

大、天、夫、旦、交、弓、分、牧、集、禾、即、既、盥、朱、祝、福、古、酉、牢、鲜、凶、须、羊、水、果、舞、子、相、事、史、妇、供、使、宙、征、钻、命、采、受、朋、眼、周、皆、龟、乡。

第四节　古书中的用字

【学习任务】

掌握区分古今字、通假字、异体字的方法；增强规范用字的意识。

一、古今字

同一个字在不同的时代，用不同的字形来记录，先出现的字叫古字，后出现的字叫今字，合称古今字。这里所说的古今字，与隶变前的古文字和隶变后的今文字，是截然不同的两个概念。

上古时期，汉字的数量较少，由于词义的引申和文字的假借，因此一个字常常兼有数义。为了在理解书面语言时不被误解，人们就另外造一个新字来表示某个字的某个义项。为本字的引申义或假借义所造的新字被称为“分别字”或“分化字”。如下所示：

《礼记·曲礼》:“父之仇，弗与共戴天。”（共同）

《左传·烛之武退秦师》:“行李之往来，共其乏困。”（供给）

《论语·为政》:“譬如北辰，居其所而众星共之。”（拱揖）

《左传·文公十八年》:“父义，母慈，兄友，弟共，子孝。”（恭顺）

“共”身兼四职，分别记录了四个不同的词。虽然在使用上非常便捷，但容易造成后人在阅读时产生误解，为了增强表意的精准性，后来就分别造了供、拱、恭三个新字来分担它的职能，“共”字主要用以表示“共同”这一个义项了。这样，“共”是本原字，为分担母字职能而造的供、拱、恭等字是分化字，它们之间形成古今字关系。

（一）今字产生的方式

今字产生的方式，主要有以下六种情况：

1. 在古字的基础上，添加了有表意作用的形符

有时后起的分化字是为了表示本义。比如，《左传·晋灵公不君》："子为正卿，亡不越竟，反不讨贼，非子而谁？"其中的"竟"字后来写作"境"；"反"字后来写作"返"。同样的情况如下：责（债）、昏（婚）、景（影）、孰（熟）、其（箕）、采（彩）、贾（价）、共（供）、要（腰）、莫（暮）、员（圆）、止（趾）、州（洲）、辟（避）、弟（悌）、知（智）、然（燃）、奉（捧）、火（伙）等。

2. 在古字的基础上，添加了有表音作用的声符

例如，《说文·网部》："网，包牺氏所结绳以田以渔也。"其中的"网"字，后来写作"罔（从'网'，'亡'声）"。同样的情况如下：鼻，从"自""畀"声；食，从"食""司"声。

3. 改换古字的形符

例如，《周易·包牺氏之王天下》："包牺氏没，神农氏作。"其中的"没"字，后来写作"殁"。同样的情况有说（悦）、赴（讣）、错（措）、徇（殉）、唱（倡）、敛（殓）等。

4. 改换古字的声符

例如，《管子·内业》："乃能戴大圜而履大方。"唐代的房玄龄《注》："大圜，天也。大方，地也。"其中的"圜"字，后来写作"圆"。同样的情况有邪（耶）、谯（诮）、蕃（藩）等。

5. 改换字形，今字与古字形体上无关

这是由假借造成的古今字。例如，《诗经·大雅·大明》："大任有身，生此文王。"毛亨《传》："身，重也。"郑玄笺："重谓怀孕也。"这个意义的"身"，后来写作"娠"。《汉书·高帝纪上》："已而有娠。"颜师古《注》引孟康云："娠，音身。《汉》《史》'身'多作'娠'，古今字也。"同样的情况还有战（颤）、伯（霸）、要（邀）、北（败）、兽（狩）、阙（缺）、亦（腋）等。

6. 对古字略加增损

例如，《左传·僖公二十二年》："既陈而后声之，宋师败绩。"中的"陈"字，后来写作"阵"。同样的情况还有大（太）、不（丕）、母（毋）等。

（二）古今字记录本义、引申义、假借义的情况

1. 古字记录本义，今字记录引申义

例如，《说文·又部》："取，捕取也。"引申为一般的"取得"。用在婚姻上，娶妻也叫"取"。《诗经·陈风·衡门》："岂其取妻，必齐之姜。"后来专为这一引申义造了个"娶"字。类似的还有知（智）、被（披）、坐（座）、没（殁）、反（返）、食（饲）、赴（讣）等。

2. 古字记录本义，今字记录假借义

例如，《说文·牛部》："牟，牛鸣也。从'牛'，象其声气从口出。"假借为"瞳仁"之义。又如，《说文·目部》："盲，目无牟子。"类似的古今字还有栗（慄）、信（伸）、胃（谓）、舍（捨）、戚（慼）、采（彩）等。

3. 今字记录本义，古字记录引申义或假借义

例如，《吕氏春秋·察今》："澭水暴益，荆人弗知。""益"的本义是"溢出"，后来假借为利益的"益"，就另外造"溢"字记录本义，而古字"益"则记录"利益"等引申义。又如，《墨子·兼爱》中："昔者楚灵王好士细要。故灵王之臣，皆以一饭为节。""要"的本义就是"腰部"。后来造今字"腰"以记录本义，古字"要"反而去记录"要求""要挟"等假借义了。类似的还有州（洲）、止（趾）、责（债）、新（薪）、閒（间）、景（影）等。

一般来说，今字只是记录古字的部分义项。今字出现以后，古字仍然存在，只是记录的义项少了。古今字各司其职，两体并行，而不是说今字完全取代古字。比如，"悦"字就没有承袭"说"字的全部义项。另外，古字与今字也不完全是一对一的关系。例如，"要"字，除了有"腰"字记录其本义外，还有"邀"字来记录其假借义。（《史记·项羽本纪》："张良出，要项伯。"）又如，"辟"字，它的后起字有"避""僻""嬖""譬"等。这些后起字，每个只是承"辟"字的部分义项。

阅读古书，必须了解古今字知识，方能掌握古书中的词义。不要以后世的习惯去理解古书中的字。有人常把今字写作"本字"或"正字"，把古字看作"误字"，如《左传·晋灵公不君》中的"亡不越竟"，有人以为"竟"是误字，"境"才是本字。

二、通假字

（一）什么叫通假字

在古代书面语言中，有本字不用，而用音同或音相近的词来代替，这种现象叫作通假。由于通假的前提是古音的同音或相近，因此又叫古音通假。在通假中，本来该用的字叫本字，暂时用来代替本字的那个字叫通假字或通借字（简称借字）。具体如下：

"庄公寤生，惊姜氏。"（《郑伯克段于鄢》）"寤"本应用牾，牾训逆，牾生即逆生。

"遂寘姜氏于城颍。"（《郑伯克段于鄢》）"寘"本应用"置"，放置，安放的意思。

"永锡尔类。"（《郑伯克段于鄢》）"锡"本应用"赐"，赐给的意思。

然而这些文句的作者没有用本来该用的字，而用了意思毫不相干只是音同音近的字来代替，这就是古书中的通假现象。这里的寤、寘、锡三字是通假（借字），寤、寘、锡则分别为它们的本字。

在学习六书时讲过"假借"。假借，有本无其字的假借，如表示胡须意义的"而"

假借为连词，表示日暮意义的“莫”假借为否定性无定代词；有本有其字的假借，如“蚤”假借为“早”。本书讲的通假，实际指的是本有其字的假借。

（二）出现通假字的原因

古书中为什么会出现通假字呢？东汉训诂学家郑玄做了如下解释：“其始书之也，仓卒（猝）无其字，或以音类比方假借为之，趣于近之而已。”这就是说，古人在著述时，该用甲字，仓促之间忘了这个字，而用了音同或音近的乙字来代替。这种情况，很像今天的写别字，但又与今天的写别字不同。最初使用某个通假字的人，无疑等同于今天的写别字。但这个别字产生之后，别人也跟着仿效，相沿成习，就具有了社会合法性。而今天的别字，却是不合法的。具体如下：

“甚矣，汝之不惠！”（《愚公移山》）惠：通“慧”，聪明。

“旦日不可不蚤自来谢项王。”（《鸿门宴》）蚤：通“早”。

“终不得归汉，空自苦亡人之地。”（《苏武传》）亡：通“无”。

下面举一些常见通假字的例子：无（毋）、由（犹）、谪（适）、佯（详）、亡（无）、蜚（飞）、信（伸）、溺（尿）、距（拒）、趣（促）、耦（偶）、予（舆）、班（斑）、党（倘）、安（按）等。

上面各组字中，前面的为通假字，后面的为本字。

（三）怎样辨别两个字是否为通假关系

辨别两个字是否为通假关系，主要看两个字的读音是否相同或相近。这里所说的“读音”，是指上古的读音。所谓相同，是指声母和韵部相同。例如，“蚤”和“早”，通假字和本字上古的声母和韵部相同。所谓相近，是指通假字和本字或者声母相同、韵部相近，如“栗”和“裂”（《诗经·豳风·东山》：“有敦瓜苦，烝在栗薪。”郑玄《笺》：“栗，析也。”孔颖达《疏》：“借‘栗’为‘裂’。”）；或者韵部相同、声母相近，如“信”和“伸”（《礼记·儒行》：“难危，起居竟信其志。”郑玄《注》：“信，读如‘屈伸’之‘伸’，假借字也。”）；或者声母相近、韵部也相近，如“如”和“奈”（《公羊传·定公八年》：“如丈夫何？”何林《注》：“如，犹‘奈’也。”）。“罢夫羸老易子而咬其骨”（汉·贾谊《论积贮疏》），“罢”通“疲”，它们在今天并不同音，但在古代是同音的，均属并母，歌部。辨别两个字是否为通假关系，除了看两个字的上古读音是否相同或相近外，还必须有其他例证材料。语言文字是人们交流思想的工具，具有一定的社会性。一般来说，某字是某字的通假字，往往在别的古书中也会出现。如果别无例证，就不能轻易下结论。

通假字和古今字不同。通假字和本字同时并存；古字和今字不是同时并存的。当然，今字出现以后，古字并未消失。后人由于仿古的原因继续使用古字，这是个别现象。

学习古代汉语，必须掌握常见的通假字。如何才能掌握通假字呢？主要有两种方法。一是充分利用注释。无论是古代注解，还是现在注解，对于重要的通假字，一般都会有说明。二是勤查工具书。在古代汉语词典、辞典中，都会把常见的通假用法单独列出并加以介绍。初学者应该通过阅读和勤查工具书去掌握常用的通假字。

三、异体字

音义相同而形体有异，在一般情况下可以互相替代的字，叫作异体字。其中最通行的一种称为正体，其他的称为异体（也称“或体”）。异体字又被称作“重文”“或体”“又体”。例如，①以彊为弱，在俛仰之间耳（《晁错传》）。②执其干戚，习其俯仰（《礼记·乐记》）。③郎中令善媿人（《龚遂传》）。

以上句中的俛与俯、媿与愧，虽然字的形体不同，但音义及记词职能一样，一般情况下可互换。这样的字就是异体字。

有的同音字虽然在某一义项上不同，在一定的场合也可以互用，但记词职能并不一样，这种字不能视为异体字。比如，遊与游只在游玩义上相通，可以互用，但游水义古代只用游而不用遊；赞与讚，只在讚义上相通，可以互用，但赞助义古代只用赞而不用讚。这说明它们的记词职能虽有相同的方面，但又有不同的方面。所以，这样的字不能看作异体字，以免造成阅读的误解。

由于汉字并不是一时一地一人所造的，加上汉字的构字方法较多，记录同一个词的书面符号就可能有多个不同的形体。甲骨文中，有的字多至几十种写法。金文也有不少异体字。战国时代，更是“言语异体，文字异形”（《说文解字·叙》）。秦始皇统一文字，废除了不少异体字，但是经过李斯整理的小篆，仍然有一些异体。

（一）异体字产生的途径

第一，所用造字方法不同，一为形声，二为非形声。

例如，嶽（岳）、耻（恥）、淚（泪）、磦（磊）、膻（羴）等。

第二，同为形声，所取意符不同。

例如，逼（偪）、徧（遍）、逾（踰）、咏（詠）、误（悮）、溪（谿）、榜（牓）等。

第三，同为形声，所取声符不同。

例如，馈（餽）、昵（暱）、棹（櫂）、猿（猨）、裤（袴）、掩（揜）、溯（泝）等。

第四，同为形声，所取意符和声符都不同。

例如，愬（诉）、迹（跡）、剩（賸）、椀（盌）、村（邨）、妆（粧）、粳（秔）等。

第五，偏旁部首所处的位置不同。

例如，夠（够）、峰（峯）、略（畧）、惭（慙）、松（枀）、秋（秌）等。

（二）异体字的辨别

下面三种情况不能认为是异体字：

第一，意义相近，后代读音相同，古音不同的字。例如，于（於）。

第二，自古就音同，但意义广狭不同的字。例如，游（遊）、喻（谕）。

第三，偶尔通用的字（用字时的通假字）。例如，信（伸）、溺（尿）。

异体字的存在，对阅读和写作纯害无益，因此我国于1955年12月公布了《第一批异体字整理表》，淘汰了1 055个异体字。但是，文献中异体字的存在是既成事实，我们学习古代汉语，要学习认识异体字。

四、繁简字

繁体字经过简化以后，繁体字和它的简体字合称繁简字。今天通行的简体字，不少是历代流传下来的。中华人民共和国建立以后，对汉字进行了系统的简化。本书所说的繁简字，是有其特定含义的。简体字特指1956年国务院颁布的《汉字简化方案》中的简体字，共计推行了简体字2 238个，取代了2 264个繁体字。繁体字特指与简体字相应的繁写楷书字体。凡未列入上述文件的简体字（包括历代出现的简体字），一概当作异体字或俗体字。使用异体字或俗体字属于不规范用字。但是为了更好地传承与弘扬中华优秀文化，应该了解并掌握繁体字。

简化字的颁布与推行，在促进文化和科学技术的发展方面具有重要的作用，不过对于需要阅读古代文献资料的人来说，只认识简化字还是不行的，还要知道简化字和原来的繁体字之间的联系，真正了解并掌握繁体字。

【课后实操训练】

阅读下面短文，写出文中的通假字、古今字。

夹岸高山，皆生寒树，负势竞上，互相轩邈，争高直指，千百成峰。泉水激石，泠泠作响；好鸟相鸣，嘤嘤成韵。蝉则千转不穷，猿则百叫无绝。鸢飞戾天者，望峰息心；经纶世务者，窥谷忘反。横柯上蔽，在昼犹昏；疏条交映，有时见日。（吴均《与朱元思书》）

第五节 利用字形推求字义

【学习任务】

掌握分析汉字形体结构，探求本义的方法，培养分析汉字形体结构的能力；感受汉字的神奇、有趣和美丽；激发对汉字的热爱之情，传承之意；增强规范用字的意识。

分析汉字形体结构的目的，不仅是认识汉字结构的规律，还要通过字形，了解字义。熟悉一定数量的古汉字形体结构，了解其写字规则，对深入认识词义和从事中小学语文教育具有实际意义。

一、偏旁和部首

什么是偏旁？汉字有独体字和合体字两类。独体字不能拆分，如果拆分开来就没有意义，所以独体字是没有偏旁的。合体字则可以分解成两个或多个各自独立的有意义的部分。这些各自独立的有意义的部分叫作偏旁。旧称左为偏，右为旁。对于形声字来说，偏旁分两种：形旁（又叫“形符”“意符”）和声旁（又叫“声符”）。

什么是部首？许慎在《说文解字》中率先创立了部首，把汉字分为540部，以部首统字。例如，日部把凡与日有关的字放在火部，而“日”字又排在一部之首，所以后人称之为部首。在《说文解字》中，凡作为部首的都是偏旁，但不少偏旁却不能作为部首。就是说，偏旁的含义广，部首的含义窄。在《说文解字》中，部首的标志为“凡某之属皆从某”。例如，在“日”字下写作“凡日之属皆从日”。

偏旁是就合体字来说的，如“趣”字，《说文解字》：“疾也。从走取声。”“走”和“取”是“趣”字的偏旁。部首是就其所统属的字来说的。例如，“走”部所统属的字有“趋”“赴”“趣”“超”等85个，“走”字放在最前面，“走”字就是这些与“走”意义有关字的部首。

熟悉了部首，就可以知道同部字本义所属的意义范畴。例如，“走”字在《说文解字》中是部首，熟悉了它，就可以知道其所统属的字“趋”“赴”“趣”“超”“赳”“起”“赶”等的本义范畴都与“走”这种事物的意义有关。

许慎在《说文解字》中创立了540个部首之后，又经过了后人的不断变革。对《说文解字》部首首先做出重大变革的是辽代僧人行均。《说文解字》中的部首，是文字学原则部首。文字学原则部首，是根据汉字的构造，按照六书的原则加以分析归纳，以义定部的。行均在《龙龛手镜》中，抛开了《说文解字》“以义定部”的文字学原则部首，改为以形定部的检字法原则部首，把部首定为242个，比《说文解字》中的540部节省一半以上。《龙龛手镜》中的部首，较大地改变了《说文解字》部首的面貌。对于这种改革，有其有利的一面，即便于依照楷书字形对字进行检索；也有其不利的一面，即破坏了六书的原则，不利于对字形意义进行分析。

继行均之后，对《说文解字》部首做出重大变革的是明代的梅膺祚，梅膺祚的《字汇》，对传统部首做了三项改革：

第一，在建部原则方面，以形定部和以义定部相结合。在两者不能兼顾时，就按照以形定部的原则。根据这个原则对部首进行改革，其目的是便于对楷书字形进行检索。另外，对传统部首加以合并、删除或新增，最后得出214个部首。

第二，调整了部首的顺序。《字汇》改为以笔画多少为序。笔画少的排在前面，笔画多的排在后面。

第三，调整了部属字的顺序。传统部首的所属字，其次序无规律可循。《字汇》改为以笔画多少为序。笔画少的排在前面，笔画多的排在后面。

《字汇》的改革是成功的，从此，部首检字法趋于定型。其后的《正字通》《康熙字典》《中华大字典》《中文大辞典》、旧《辞海》、新旧《辞源》，都是根据《字汇》的部首及改革原则编排的。

二、如何利用字形推求字的本义

（一）利用形旁推求字的本义

什么叫形旁？形声字中表示意义的部分叫作形旁。例如，“江”字“水”就是其形旁。我们可以根据形声字的形旁推求其本义的意义范畴。例如，以“心”为形旁的字有“志”“忠”“快”“念”“慨”“恭”“恕”“怀”等，其本义范畴都与心理有关。以“足”为形旁的字有“蹶”“跟”“踝”“跖”“踦”“跪”等，其本义范畴都与足的意义有关。以“玉”为形旁的字有“瑾”“瑜”“珞（luò）”“球”等，其本义范畴都与“玉”这种事物的意义有关。

（二）一些常用部首的本义范畴

[人]本义与人有关。《诗经·大雅·民》：“令仪令色，小心翼翼。”作：本义为站起来。

[仌]后来写作“冫”，与冰或寒冷有关。例如，凌：冰块。

[刀]与刀或切割有关。例如，制：裁断。判：分开。

[力]与用力有关。例如，勉：努力；尽力。勤：勤劳。

[匚]与盛物的方形器皿有关。例如，匡：后来写作“筐”。
[口]与口有关。例如，命：命令。
[囗]后来写作“围”。与围墙，包围有关。例如，国：都城。
[土]与土或土地有关。例如，基：房屋墙壁的脚址。
[女]与妇女有关。例如，好：本义指女子长得美好。
[子]与子女有关。例如，孺：本义为乳臭未干的小孩，泛指儿童。
[宀]与宫室有关。例如，宗：尊祖祭祀的庙堂。安：娴静。
[山]与山有关。例如，崩：山体坍塌。岑（cén）：山小而高。
[巾]与布帛有关。例如，幅：布帛的宽度。巾：用作礼品的帛。
[广]与宫室有关。例如，庠：商代人对学校的称谓。
[弓]与弓箭有关。例如，引：本义为把弓拉开。
[彡]与修饰有关。例如，形：描画，使其象物之形。
[彳]与行走有关。例如，循：顺路而行。徐：安稳缓行。
[手]与手或手的动作有关。例如，把：握住。
[斤]与斧子有关。例如，斯：破篾。斫：用刀斧砍击。
[日]与太阳、季节、时辰有关。例如，昭：太阳朗照大地。
[月]与月亮有关。例如，朗：明亮。
[木]与树木、木材有关。例如，案：几类的家具。
[欠]与张口或出气有关。例如，吹：出气。欣：欢笑喜乐。歉：吃不饱。
[殳]与打击有关。例如，段：用锥凿物。殴：打；击打。
[毛]与毛有关。例如，毫：细毛。毬：鞠丸。古代充填毛的皮球。
[水]与水有关。例如，海：天然大池。赖以浩纳百川的大池。
[火]与火有关。例如，然：后来写作“燃”。炭：木材烧而未烬的余料。
[牛]与牛或牲畜有关。例如，牡：雄性牲畜。牢：牲畜栏圈。
[犬]与狗或犬类兽有关。例如，狄：狄；赤狄，本义为犬种。吠：狗叫。
[玉]与玉石有关。例如，理：理，加工玉石。环：圈形的璧玉。
[舟]与舟船有关。例如，艄：船尾。舶：大船；海船。
[艹]与植物（多为草木）有关。例如，英：花。苑：养禽兽的园林。
[衣]与衣服有关。例如，衷：贴身的内衣。裹：夹衣的内层。
[见]与看有关。例如，觉：睡醒。览：观看。
[角]与兽角有关。例如，触：以角撞物。觥：角制的酒器。
[言]与言语有关。例如，谅：说话守信用。访：咨询。许：允许。
[耳]与耳朵有关。例如，聋：听觉丧失或迟钝。聪：听力好。
[肉]与肉或肉体有关。例如，背：脊背。胡：兽领下垂肉。

三、利用字形推求字的本义应注意的问题

（1）古文字隶变楷化以后，原来的象形字不象形了。在这种情况下，利用楷书形旁推求字的本义范畴就难免失真。例如，“题”字：从“页”，“是”声旁。形旁“页”，本义是人头，隶变以后，已经看不出其表示人头的意义了。再则，古文字隶变楷化以后，有些原来不同的形旁变成了同一个形旁，也看不出原来的意义了。例如，“然”字和“鱼”字：“然”字下面的四点由“火”字演变而来，“鱼”字下面的四点由鱼尾演变而来。隶变以后，就看不出其四点所表示的意义了。

（2）现在的字典、词典，其部首是检字法原则部首。例如，部首“月”是“月”“肉”“舟”“丹”四种意义的混合。到底哪个表旁表示哪个意义，还需要根据文字学原则部首，具体情况具体分析。

（3）不能用后起声字推求字的本义范畴。例如，“新”和“薪”是一对古今字。新：从“斤”，从“木”，“辛”声。为形声字，本义是伐木。“新”字被借用为形容词“新旧”之“新”以后，又为其本字造了个后起形声字“薪”。薪：从“艹”，“新”声。薪，烧火用的草料。其形旁“艹”与“伐木”无关。

（4）字形分析和文献用例相结合。研究文字所记录的词的含义，若仅从字体上去分析，而不与语言实例相结合，则往往无法理解其含义。例如，“朝”像日月同时存在于荒野草莽之中，这种现象在清晨和傍晚都会发生。但文献有例，排除了作“黄昏”讲的可能性，因为加上“月”，可以把它与“莫”区分开了。

第二章　文选·一

第一节　郑伯克段于鄢

【文化常识】

左丘明（公元前556年—公元前451年），春秋时史学家。鲁国人，一说复姓左丘，名明；一说单姓左，名丘明。双目失明，曾任鲁国太史。与孔子同时，或在其前。传曾著《左传》，又传《国语》亦出其手。两书记录了不少西周、春秋时期的重要史事，保存了大量的原始资料，具有重要史料价值。

《左传》是我国第一部叙事完备的编年体史书。记事起于鲁隐公元年（公元前722年），止于鲁哀公二十七年（公元前468年），实际记事到鲁悼公十四年（公元前453年），是研究我国春秋时期的重要历史文献，内容十分丰富，史料价值非常高。《左传》原名《左氏春秋》，后人认为它是"传"，是解释《春秋》的，因而称之为《春秋左氏传》，简称《左传》，并与侧重解释《春秋》"微言大义"的《公羊传》《谷梁传》并称"春秋三传"。自东汉以来，为《左传》作注的很多，现在通行的是《春秋左传注疏》（晋杜预注，唐孔颖达疏）。

本篇选自《左传·隐公元年》，标题为后人所加。

本篇记述了郑庄公同其弟共叔段为了夺取王位，展开了一场殊死搏杀。郑庄公阴险狠毒，奸诈虚伪，老谋深算。姜氏为共叔段请求把"制"封给他，庄公认为这是一处险地，所以拒绝了，"制，岩邑也，虢叔死焉，佗邑唯命"。求制不得而求京，这也在庄公意料之中，可见其老谋深算。共叔段在母后的纵容下，违反先王之制，大肆发展势力，"命西鄙、北鄙贰于己"。臣下再三劝他约束共叔段，及早消除隐患，庄公说："多行不义必自毙，子姑待之。"这是有意纵容他，后又说："不义不暱，厚将崩。"对于共叔段自取灭亡的结局显得胸有成竹。当共叔段与姜氏密谋袭击郑，暴露其叛乱行径时，庄公这才发兵攻京，一举击败共叔段。庄公设下圈套，欲擒故纵，足见他的手段之高明，工于心计。庄公幽禁姜氏，并发誓"不及黄泉，无相见也"，但很快他就后悔了，他担心自己会被人说成不孝，所以听从了颍考叔的建议；在地道里遇见姜氏，并赋诗说："大隧之中，其乐也融融！"这是其虚伪的表现。

【学习任务】

掌握文中出现的重要的文言实词、虚词、通假字、词类活用、古今异义词、文言句式等，提高文言文阅读能力。深刻认识统治阶级自私自利的本性和所谓"父慈、子孝、兄友、弟恭"的伦理道德的虚伪性，培养团结友善、坦诚相待的品质。

初，郑武公娶于申①，曰武姜。生庄公及共叔段。庄公寤生，惊姜氏②，故名曰"寤生"，遂恶之③。爱共叔段，欲立之，亟请于武公④，公弗许。及庄公即位，为之请制。公曰："制，岩邑也⑤，虢叔死焉，佗邑唯命。"⑥请京⑦，使居之，谓之"京城大叔"。

①郑武公：姬姓，名掘突，武为谥号。郑：诸侯国名。申：诸侯国名，在今河南南阳，姜姓。②庄公：郑庄公。寤（wù）生：逆生，倒生，即难产。惊姜氏：使姜氏受到惊吓。惊，使动用法。③恶（wù）：不喜欢。④亟：多次，屡次。⑤制：当时郑国的地名，又名虎牢，在今河南巩县东，原是东虢（guó）国的领地，东虢为郑所灭，制遂为郑地。岩邑：险要的城邑。⑥虢叔：原东虢国的国君。焉："于之"合音，在这里。佗：同"他"，远指代词，别的，另外的。唯命：唯命是听的省略。⑦京：地名，在今河南荥阳市东南。

祭仲①曰："都城过百雉②，国之害也。先王之制，大都，不过参国之一；中五之一；小九之一。今京不度，非制也，君将不堪。"③公曰："姜氏欲之，焉辟④害？"对曰："姜氏何厌之有？⑤不如早为之所，无使滋蔓。⑥蔓，难图也。⑦蔓草犹不可除，况君之宠弟乎？"公曰："多行不义必自毙，子姑待之。"⑧

①祭（zhài）仲：字足，郑国大夫，祭邑人。②城：城墙。雉：量词，长三丈高一丈为一雉。③堪：经受得起。④焉：疑问代词，哪里。辟："避"的古字。⑤何厌之有：疑问代词作宾语前置。厌：满足。"何……之有"，固定句式，"之"是助词，宾语前置的标志。可译为"有什么……呢"或"有什么……的呢"。⑥早为之所：及早安排他的去处。意为早做安排。滋蔓：滋长蔓延。⑦图：图谋，对付。⑧多行不义必自毙：意为不合道义的事情干多了，必然会自取灭亡。毙：本意是倒下去。姑：情态副词，姑且，暂且。

既而大叔命西鄙、北鄙贰于己。①公子吕曰："国不堪贰，君将若之何？②欲与大叔，臣请事之；若弗与，则请除之，无生民心。"③公曰："无庸，将自及。"④大叔又收贰以为己邑，至于廪延。⑤子封曰："可矣。厚将得众。"公曰："不义不昵，厚将崩。"⑥

①既而：不久。鄙：边境。贰：两属，属二主。贰于己：既属于庄公，又属于自己。②公子吕：字子封，郑国大夫。堪：忍受。若……何：固定句式，奈何，怎么办？③无：是"不要"的意思。生民心，使动用法，使民生二心。④无庸：不用。⑤廪延：郑国邑名，在今河南延津北。⑥不义不昵：对国君不义，对兄长不亲。昵：亲近。

大叔完聚[①]，缮甲兵，具卒乘[②]，将袭郑。夫人将启之。[③]公闻其期，曰："可矣！"命子封帅车二百乘以伐京。[④]京叛大叔段。段入于鄢。公伐诸鄢。[⑤]五月辛丑，大叔出奔共。[⑥]

①完聚：修治（城郭），聚集（百姓）。完：修葺（qì）。②缮：修整。甲：铠甲。兵：武器。具：备齐。卒：步兵。乘（shèng）：兵车。③夫人：指武姜。启之：为动用法，为他打开城门。④命子封帅车二百乘以伐京。帅：通"率"，率领。乘：一车四马为一乘。古代每辆战车配备甲士3人，步卒72人。⑤鄢：地名，今河南省鄢陵县西北。诸："之于"合音。⑥共：诸侯国名，在今河南辉县。

书曰："郑伯克段于鄢。"[①]段不弟[②]，故不言弟；如二君，故曰克；称郑伯，讥失教也；谓之郑志。[③]不言出奔，难之也。[④]

①郑伯：郑庄公。周朝时有五等爵：公、侯、伯、子、男。郑属伯爵。西周时称伯的诸侯，多为小国之君。周平王东迁时秦国因护驾有功给予升爵一级的奖励，从子爵改成伯爵。②弟：通"悌"，敬顺兄长。不弟：不守为弟之道。《春秋》中记载："郑伯克段于鄢。"意思是说共叔段不遵守做弟弟的本分。③如二君，故曰克：兄弟俩如同两个国君一样争斗，所以用"克"字；克：战胜。称郑伯，讥失教也：称庄公为"郑伯"，是讥讽他对弟弟失教。讥：讽刺。失教：庄公本有教弟之责而未教。郑志：郑庄公的本意。④不言出奔，难之也：不写共叔段自动出奔，是史官下笔有为难之处。

遂寘姜氏于城颍[①]，而誓之曰："不及黄泉，无相见也。"[②]既而悔之。[③]

①寘：放置，这里有放逐的意思。②黄泉：黄土下的泉水。这里指死后埋在地下。这句是说这辈子不再见面了。③悔：为动用法，为这件事后悔。

颍考叔为颍谷封人[①]，闻之，有献于公。公赐之食。食舍肉。[②]公问之，对曰："小人有母，皆尝小人之食矣，未尝君之羹[③]。请以遗之。"[④]公曰："尔有母遗，繄我独无！"[⑤]颍考叔曰："敢问何谓也？"公语之故，且告之悔。对曰："君何患焉？若阙地及泉[⑥]，隧而相见[⑦]，其谁曰不然？"公从之。公入而赋[⑧]："大隧之中，其乐也融融！"[⑨]姜出而赋："大隧之外，其乐也泄泄！"[⑩]遂为母子如初。

①颍考叔：郑国大夫。颍谷：郑国邑名，在今河南登封西南。封人：管理边界的官员。②舍肉：把肉放在旁边不吃。舍：放在一边。后来写作"捨"。③羹：带汁的肉。④遗（wéi）：赠送。⑤繄（yì）：语气助词。⑥阙：挖。⑦隧：地道。名词用作动词，挖隧道。⑧赋：指作诗。⑨融融：快乐自得的样子。⑩泄泄（yì）：快乐舒畅的样子。

君子曰："颍考叔，纯孝也。爱其母，施及庄公。[①]《诗》曰：'孝子不匮，永锡尔类。'[②]其是之谓乎？"[③]

①施（yì）：延及，扩展。②匮：穷尽。锡：同"赐"，给予。③其是之谓乎：其……之谓，固定句式。其：表委婉的语气词。之：宾语前置的标志。

【课后实操训练】

翻译下面短文。

夏，五月，郑伯克段于鄢。克者何？能也。何能也？能杀也。何以不言杀？见段之有徒众也。段，郑伯弟也。何以知其为弟也？杀世子母弟目君；以其目君，知其为弟也。段，弟也，而弗谓弟；公子也，而弗谓公子：贬之也。段失子弟之道矣，贱段而甚郑伯也。何甚乎郑伯？甚郑伯之处心积虑，成于杀也。于鄢，远也。犹曰取之其母之怀中而杀之云尔。甚之也。然则为郑伯者宜奈何？缓追逸贼，亲亲之道也。(《谷梁传·隐公元年》)

第二节　晋灵公不君

【文化常识】

本篇选自《左传·宣公二年》，标题为后人所加。

宣公二年，即公元前607年。晋灵公，名夷皋，公元前620年至公元前607年在位，是晋襄公之子，文公之孙。《晋灵公不君》的故事在《春秋》中只有一句话："秋九月乙丑，晋赵盾弑其君夷皋。"但此事的来龙去脉，仅凭这一句很难弄明白。笔者对这一事件的前因后果进行了详细说明，使其内容更加丰富、是非清晰，同时将儒家"君君、臣臣、父父、子子"的思想观念生动地表达了出来。

按照礼法，太史认为赵盾"弑其君"。第一，按照当时的礼法，臣下出逃，君臣之义已断。可以不承担效忠君王的责任了。赵盾逃走了，但没有逃出国界，君臣之义犹存。第二，他回来后没有讨伐赵穿。赵穿杀了国君，按照礼法，这是大逆不道的行为，赵盾作为正卿，返回国都后本应立刻讨伐赵穿，可是他却没有这么做。董狐身为一名史官，有着自己的准则。在董狐眼中，赵盾身为晋国的重臣，"亡不越竟，反不讨贼"，应对晋灵公之死承担责任，所以记为"赵盾弑其君"是合乎礼法的，也体现了董狐不畏权贵、秉笔直书的精神。

【学习任务】

掌握常见实词、虚词、词类活用、古今字、通假字、古今异义和文言句式等重点文言知识，提高文言文阅读能力；了解中国古代史学的实录精神，培养正确的历史观。

晋灵公不君。①厚敛以雕墙。②从台上弹人，而观其辟丸也。③宰夫胹熊蹯不熟，杀之，寘诸畚④，使妇人载以过朝⑤。赵盾、士季见其手，问其故而患之。⑥

将谏，士季曰："谏而不入⑦，则莫之继也⑧。会请先，不入，则子继之。"⑨三进及溜[10]，而后视之。曰："吾知所过矣，将改之。"稽首而对曰[11]："人谁无过？过而能改，善莫大焉。[12]诗曰：'靡不有初，鲜克有终。'[13]夫如是，则能补过者鲜矣。君能有终，则社稷之固也，岂惟群臣赖之。又曰：'衮职有阙，惟仲山甫补之。'[14]能补过也。君能补过，衮不废矣。"

①灵公：晋国国君，名夷皋，文公之孙，襄公之子，在位14年。不君：不行君道。君：名词用作动词，行君道。②厚敛：加重征收赋税。雕：刻画，绘制。以：表目的。③弹人：用弹弓射人。辟（bì）：躲避，后来写作"避"。④"宰夫"三句：宰夫，厨师。胹（ér）：煮，炖。熊蹯（fán）：熊掌。寘：放置。诸：兼词，"之于"。畚（běn）：蒲、草之类编成的器物。⑤载：装车。以：连词，相当于而。⑥赵盾：赵衰之子，晋国正卿，谥号宣子。士季：士为之孙，晋国大夫，名会。患：为动用法，为……忧虑。⑦入：采纳，这里指接受谏言。⑧莫：否定性无定代词，没有谁。之：这里用作第二人称代词，指赵盾。因为在否定句中，所以宾语前置。⑨先：动词，指先去进谏。之：这里用作第一人称代词，指士季自己。⑩三进：指进门、入庭、上阶。杜预注："三进，三伏。公不省（察看）而又前也。公知欲谏，故佯不视。"及：到。溜：通"霤"，檐下水溜之处。⑪稽首：古人最恭敬的礼节，动作近似于磕头，但要先拜，然后双手合抱按地，头伏在手前边的地上并停留一会，整个动作都比较缓慢。⑫"人谁无过？"三句：前一"过"字是名词，指过错；后一"过"字是动词，指犯了错误。善莫大焉，没有善事能比这个更大的了。⑬靡：没有。初：开端。鲜：少。克：能够。终：结束。⑭衮（gǔn）：天子的礼服，借指天子，这里指周宣王。职：职责。阙：同"缺"，过失。仲山甫：周宣王的贤臣。

犹不改。宣子骤谏。[1]公患之，使鉏麑贼之。[2]晨往，寝门辟矣。[3]盛服将朝[4]，尚早，坐而假寐。[5]麑退，叹而言曰："不忘恭敬，民之主也[6]。贼民之主，不忠；弃君之命，不信。有一于此[7]，不如死也。"触槐而死。

①骤：多次。②"公患之"两句：患，为动用法，为……忧虑。鉏麑：晋国力士。贼：杀。上"之"字指骤谏，下"之"字指赵盾。③辟：开着。④盛服：穿戴好朝服。⑤假寐：和衣而睡。⑥民之主：百姓的依靠。⑦有一于此：在不忠不信两者中有一种。

秋九月，晋侯饮赵盾酒[1]，伏甲将攻之[2]。其右提弥明知之[3]，趋登[4]，曰："臣侍君宴，过三爵[5]，非礼也。"遂扶以下。公嗾夫獒焉[6]。明搏而杀之。盾曰："弃人用犬，虽猛何为！"斗且出。[7]提弥明死之。[8]

①饮：使动用法，使……喝。②伏甲：埋伏披甲的士兵。③右：车右。古人乘车以左为尊，一车乘三人，尊者在左，御者在中，另有一人在车右陪乘，称车右，或叫"骖乘"。车右一般由武士担任。提弥明：晋国勇士，赵盾的车右。④趋登：快步上殿堂。⑤三爵：三巡。爵：古时的酒器，这里作量词。⑥嗾（sǒu）：唤狗的声音。獒（áo）：猛犬。⑦且：连词，一边……一边。⑧死：为动用法，为赵盾而死。

初，宣子田于首山[1]，舍于翳桑[2]。见灵辄饿[3]，问其病，曰："不食三日矣。"食之[④]，舍其半。问之，曰："宦三年矣[⑤]，未知母之存否。今近焉，请以遗之。"[⑥]使尽之，而为之箪食与肉[⑦]，寘诸橐以与之[⑧]。既而与为公介[⑨]，倒戟以御公徒，而免之。问何故，对曰："翳桑之饿人也。"问其名居，不告而退。遂自亡也。

①田：同"畋"，打猎。首山：首阳山，在今山西永济市东南。②舍：住宿。翳（yì）桑：首山附近的地名。③灵辄：人名，晋国人。④食（sì）：使动用法，给（让）……吃饭。⑤宦（huàn）：本义为在贵族家里做奴仆。⑥遗（wèi）：送给。⑦箪（dān）：盛饭的圆筐。⑧诸："之于"合音。橐（tuó）：两头有口的袋子，用时以绳扎紧。⑨与：参加。介：甲士。

乙丑，赵穿攻灵公于桃园。[①]宣子未出山而复。[②]大史书曰[③]："赵盾弑其君。"[④]以示于朝。宣子曰："不然。"对曰："子为正卿，亡不越竟，反不讨贼[⑤]，非子而谁？"宣子曰："呜呼！'我之怀矣，自诒伊戚'[⑥]，其我之谓矣！"[⑦]孔子曰："董狐，古之良史也，书法不隐。[⑧]赵宣子，古之良大夫也，为法受恶。[⑨]惜也，越竟乃免。"

①赵穿：晋国大夫，赵盾的堂兄弟。②山：指晋边境的山。③大史：太史，掌纪国家大事的史官。这里指晋国史官董狐。书：写。④赵盾弑其君：古代下杀上叫弑。太史这样记载是为了维护宗法社会的正统思想和等级观念，认为君无道，可谏不可杀。⑤竟：同"境"，指晋国国境。贼：弑君的人，指赵穿。⑥我之怀矣，自诒伊戚：大意是由于过于怀恋，结果自己给自己招来了忧苦。怀：怀恋。诒：同"贻"，给。伊：指示代词，那、那种。戚：忧。⑦其我之谓矣：其……谓，固定句式。其：表委婉的语气词。之：宾语前置的标志。说的就是我啊！⑧良史：好史官。书法：记事的原则。隐：隐讳，不直写。⑨恶：指弑君的恶名。

【课后实操训练】

翻译下面短文。

晋景公之三年，大夫屠岸贾……杀赵朔、赵同、赵括、赵婴齐，皆灭其族。

赵朔妻成公姊，有遗腹，走公宫匿。赵朔客曰公孙杵臼，杵臼谓朔友人程婴曰："胡不死？"程婴曰："朔之妇有遗腹，若幸而男，吾奉之；即女也，吾徐死耳。"居无何，而朔妇免身，生男。屠岸贾闻之，索于宫中。夫人置儿绔中，祝曰："赵宗灭乎，若号；即不灭，若无声。"及索，儿竟无声。已脱，程婴谓公孙杵臼曰："今一索不得，后必且复索之，奈何？"公孙杵臼曰："立孤与死孰难？"程婴曰："死易，立孤难耳。"公孙杵臼曰："赵氏先君遇子厚，子强为其难者，吾为其易者，请先死。"乃二人谋取他人婴儿负之，衣以文葆，匿山中。程婴出，谬谓诸将军曰："婴不肖，不能立赵孤。谁能与我千金，吾告赵氏孤处。"诸将皆喜，许之，发师随程婴攻公孙杵臼。杵臼谬曰："小人哉，程婴！昔下宫之难不能死，与我谋匿赵氏孤儿，今又卖我。纵不能立，而忍卖之乎！"抱儿呼曰："天乎！天乎！赵氏孤儿何罪？请活之，独杀杵臼可也。"诸将不许，遂杀杵臼与孤儿。诸将以为赵氏孤儿良已死，皆喜。然赵氏真孤乃反在，程婴卒与俱匿山中。

居十五年，……程婴、赵武攻屠岸贾，灭其族。复与赵武田邑如故。及赵武冠，为成人，程婴乃辞诸大夫，谓赵武曰："昔下宫之难，皆能死。我非不能死，我思立赵氏之后。今赵武既立，为成人，复故位，我将下报赵宣孟与公孙杵臼。"赵武啼泣顿首固请，曰："武愿苦筋骨以报子至死，而子忍去我死乎！"程婴曰："不可。彼以我为能成事，故先我死；今我不报，是以我事为不成。"遂自杀。赵武服齐衰三年，为之祭邑，春秋祠之，世世勿绝。

第三节　齐桓公伐楚盟屈完

【文化常识】

本篇选自《左传·僖公四年》，标题为后人所加。

公元前656年，齐桓公为了巩固自己的盟主地位，亲率齐、鲁、宋、陈、卫、曹、郑、许八国联军讨伐楚国，可是楚国正是鼎盛之时，自然不肯退让。为制止齐国的军事进攻，楚成王曾两次派使者前往齐军营，进行外交斗争。齐国终未能如愿，只好与楚国订立盟约。文中的人物形象刻画得惟妙惟肖，齐桓公自负强势，霸道十足；管仲出于职守，牵强地为自己征伐找借口；楚国特使屈完，机敏冷静，从容应对，不卑不亢，针锋相对。文章波澜起伏，笔法灵动，对话体现出绝妙的外交辞令，值得借鉴。

【学习任务】

掌握文中出现的重要的文言实词、虚词、通假字、词类活用、古今异义词、文言句式等知识，提高文言文阅读能力；准确翻译全文；培养正确的历史观和斗争精神。

四年春，齐侯以诸侯之师侵蔡①，蔡溃，遂伐楚。楚子②使与师言曰："君处北海，寡人处南海，唯是风马牛不相及也③。不虞君之涉吾地也④，何故？"管仲对曰："昔召康公命我先君太公曰⑤：'五侯九伯⑥，女实征之⑦，以夹辅周室。'赐我先君履⑧：东至于海，西至于河，南至于穆陵，北至于无棣⑨。尔贡包茅不入⑩，王祭不共，无以缩酒，寡人是徵⑪；昭王南征而不复，寡人是问。"对曰："贡之不入，寡君之罪也，敢不共给？昭王之不复，君其问诸水滨。"⑫

①以：介词，率领。侵：凡师有钟鼓曰伐，无曰侵，轻曰袭。②楚子：楚成王。楚属子爵，故称楚子。这是春秋笔法，实际上楚已僭称王了。③与：介词，跟、和。处：居住。北海、南海，齐临渤海，楚境不到南海，形容两国相距甚远。唯：句首语气词。风：放，指牝牡相诱。形容两国相距甚远，一向互不相干。④不虞：不料，没有想到。涉：蹚水而过，这里的意思是进入，委婉地指入侵。⑤召康公：召公。周成王时的太保，"康"是谥号。先君：已故的君主，大公，太公，

指姜尚，他是齐国的开国君主。⑥五侯：公、侯、伯、子、男五等爵位的诸侯。九伯：九州的长官。五侯九伯泛指各国诸侯。⑦实征之：可以征伐他们。实：句中语气词，表示命令或期望。⑧履：践踏，这里指足迹所践踏的地方，即齐国可以征伐的范围。⑨“东至于海”四句，海：指渤海和黄海。河：黄河。穆陵：地名，即今山东的穆陵关。无棣：地名，齐国的北境，在今山东无棣县附近。⑩贡：贡物。包：裹束。茅：菁茅。入：纳，这里指纳贡。⑪“王祭不共”三句，共：同“供”，供给。无以：固定结构，“没有什么……用来”。缩酒：渗滤酒渣，祭祀时的仪式之一，把酒倒在束茅上渗下去，就像神饮了一样。徵：敛取；征收。⑫昭王：周昭王。周昭王晚年荒于国政，人民恨他，当他巡行到汉水时，传说当地人民故意给他乘坐一只用胶黏的船，行至江心，船解体，昭王溺死。征：行，这里指巡狩。其：表委婉的语气词。问：责问。

师进，次于陉。①夏，楚子使屈完如师。②师退，次于召陵。③齐侯陈诸侯之师，与屈完乘而观之。④齐侯曰：“岂不谷是为⑤？先君之好是继，与不谷同好，如何？”对曰：“君惠徼福于敝邑之社稷，辱收寡君，寡君之愿也。”⑥齐侯曰：“以此众战，谁能御之⑦！以此攻城，何城不克！”对曰：“君若以德绥诸侯⑧，谁敢不服？君若以力，楚国方城以为城，汉水以为池⑨，虽众，无所用之！”屈完及诸侯盟。

①次：军队临时驻扎。陉：山名，在今河南郾城区南。②屈完：楚国大夫。如：往，到……去。③师：军队。召陵：楚国地名，在今河南郾城东。④齐侯把诸侯之师陈列出来。⑤不谷：不善，诸侯自己的谦称。⑥惠：恩惠，这里作表示敬意的词。“君惠徼福于敝邑之社稷”三句：徼，求。敝邑：对自己国家的谦称。辱：谦词，意思是这样做使您蒙受了耻辱。收：收容。寡君：臣子对别国人谦称自己的国君为寡君。大意是承蒙您惠临敝国并为我们的国家求福，忍辱接纳我们国君，这正是我们国君的心愿。⑦众：指诸侯的军队，⑧绥：安抚。⑨方城：在今河南叶县附近，为楚与中原国家的边境地带。池：护城河。

【课后实操训练】

翻译下面短文。

（烛之武）夜缒而出，见秦伯，曰：“秦、晋围郑，郑既知亡矣。若亡郑而有益于君，敢以烦执事。越国以鄙远，君知其难也，焉用亡郑以陪邻？邻之厚，君之薄也。若舍郑以为东道主，行李之往来，共其乏困，君亦无所害。且君尝为晋君赐矣，许君焦、瑕，朝济而夕设版焉，君之所知也。夫晋，何厌之有？既东封郑，又欲肆其西封，若不阙秦，将焉取之？阙秦以利晋，唯君图之。”秦伯说，与郑人盟。使杞子、逢孙、杨孙戍之，乃还。(《左传·僖公三十年》)

第四节　无标点白文选·一

牧誓（《尚書·周書》）

武王戎車三百兩虎賁三百人與商戰於牧野作牧誓時甲子昧爽王朝至於商郊牧野乃誓王左杖黃鉞右秉白旄以麾曰逖矣西土之人王曰嗟我友邦塚君禦事司徒司馬司空亞旅師氏千夫長百夫長及庸蜀羌髳微盧彭濮人稱爾戈比爾幹立爾矛予其誓王曰古人有言曰牝雞無晨牝雞之晨惟家之索今商王受惟婦言是用昏棄厥肆祀弗答昏棄厥遺王父母弟不迪乃惟四方之多罪逋逃是崇是長是信是使是以為大夫卿士俾暴虐於百姓以奸宄於商邑今予發惟恭行天之罰今日之事不愆於六步七步乃止齊焉夫子勖哉不愆於四伐五伐六伐七伐乃止齊焉勖哉夫子尚桓桓如虎如貔如熊如羆於商郊弗迓克奔以役西土勖哉夫子爾所弗勖其於爾躬有戮

子產論尹何為邑（《左傳·襄公三十一年》）

子皮欲使尹何為邑子產曰少未知可否子皮曰願吾愛之不吾叛也使夫往而學焉夫亦愈知治矣子產曰不可人之愛人求利之也今吾子愛人則以政猶未能操刀而使割也其傷實多子之愛人傷之而已其誰敢求愛於子子於鄭國棟也棟折榱崩僑將厭焉敢不盡言子有美錦不使人學制焉大官大邑身之所庇也而使學者制焉其為美錦不亦多乎僑聞學而後入政未聞以政學者也若果行此必有所害譬如田獵射禦貫則能獲禽若未嘗登車射禦則敗績厭覆是懼何暇思獲子皮曰善哉虎不敏吾聞君子務知大者遠者小人務知小者近者我小人也衣服附在吾身我知而慎之大官大邑所以庇身也我遠而慢之微子之言吾不知也他日我曰子為鄭國我為吾家以庇焉其可也今而後知不足自今請雖吾家聽子而行子產曰人心之不同如其面焉吾豈敢謂子面如吾面乎抑心所謂危亦以告也子皮以為忠故委政焉子產是以能為鄭國

第三章　词汇

第一节　词的构成

【学习任务】

了解古汉语词的构成和词义表达特点，虽然古代汉语单音词占优势，但复合词与复音单纯词的绝对量也不少，其中要着重理解偏义复词，要联系语境分辨偏义复词。要注意联绵词词义的单一性与书写形式的多样性，切忌望文生义。正确认识中华民族在漫长的社会历史进程中创造的蕴含丰富的语言文化，增加对中华优秀传统文化的认同。

一、古代汉语词汇特点

（一）单音词占多数

在现代汉语中，双音词占优势；在古代汉语中，则是单音词占优势，特别是在先秦的文献中，复音词的数量显得更少。随便把一篇古文翻译成现代汉语，就会发现译文比原文长了很多，原因之一就是古文中的单音词多被换成了双音词。试看《论语》中的一章：

宰予昼寝，子曰："朽木不可雕也，粪土之墙不可圬也！于予与何诛？"子曰："始吾于人也，听其言而信其行；今吾于人也，听其言而观其行。于予与改是。"

——《论语·公冶长》

宰予白天睡觉，孔子说："腐烂的木头不可以雕刻。用脏土垒砌的墙面不堪涂抹！对于宰予这样的人，还有什么好责备的呢？"又说："起初我对于人，听了他说的话就相信他的行为；现在我对于人，听了他说的话却还要观察他的行为。这是由于宰予的事而改变。"

通过对照可以看出，原文中的词多数是单音，而译文多数是双音词，字量增加了近一倍。共 56 个字，其中双音词仅有 1 个，即"宰予"。

汉语词汇由单音节向复音节的转变，经历了漫长的发展过程。它不单单是音节增加而是标志着汉语构词方法的质变。

（二）文言单音词到复音词的演变

在汉语发展过程中，由于音节日益简化，新词又不断增加，反映在构词上势必产生大量同音同形词，为了解决这一矛盾，准确传递语言信息，必须另辟新的途径。于是，采用单词结合、延长词形的复音节化的办法，由语音造词转向语法造词，利用词序和虚词，把单音词按照一定的方式，遵循一定的规则加以组合，构成复音词，这是新旧构词方法交替的过程。

由单音词发展为复音节词，大致有三种情况：

第一，在原来的单音词前面或后面加上后缀或前缀。例如，虎——老虎、木——木头、燕——燕子、子——游子、妻——妻子、儿——儿子等。

第二，在原来单音词的前面或后面加一个相关语素构成复音词，或利用两个单音的同义词作语素，构成复音词（原来的词作为语素之一）。例如，疾——疾病、朽——腐朽、信——相信、行——行为、雕——雕刻、艰——艰难、恐——恐惧、知——知道等。

第三，转换为另一个词。例如，岐——岔路、池——护城河、息——呼吸、邦——国家、师——军队、途——道路、伐——攻打、御——抵挡等。

（三）一词多义

语言特别是口语发展的速度比造字快，因此不可能一个字表示或记录一个词，又由于词的发展、派生、假借、讹变，因此常表现为一个词具有若干意义。具体如下：

“特”有六个义项：①本义是雄性的牛马，亦用以借指公马和雄性的牲畜；②不平常的，超出一般的；③单，单一；④只，但；⑤配偶，匹配；⑥敌特。

这表明在古汉语中，一个词常常具有许多义项，并兼属许多词类，比现代汉语中一词多义的现象要复杂得多。

二、古代汉语词汇的构成

（一）单音词

单音词是指由一个音节构成的词，在书面语中也就是一个汉字。

单音词特点——多义性、灵活性、能产性。

1. 多义性

以“秋”字为例，其常见义项如下：

①本义：收成，成熟的庄稼。例如，百谷名以其初生为春，熟为秋，故麦以孟夏为秋。（《月令章句》）②秋季。一年四季中的第三季，即八月、九月和十月这三个月。例如，秋水共长天一色。

（王勃《滕王阁序》）③时机，时候。例如，此诚危急存亡之秋也。（诸葛亮《出师表》）④形容词，悲愁。例如，胡未灭，鬓先秋。（陆游《诉衷情》）⑤古以五色、五行配四时，秋为金，其色白，故指白色。例如，春容舍我去，秋发已衰改。（李白《古风五十九首·其十一》）

2. 灵活性

古汉语中单音词的用法相当灵活，这和单音词义项多、引申情况复杂以及古人表达特点、语境等原因密切相关，稍不注意就会出问题。例如，刘禹锡的《酬乐天扬州初逢席上见赠》："沉舟侧畔千帆过，病树前头万木春。"其中，"病"指枯萎，如果理解为"生病"就错了。

3. 能产性

单音词义项多，每一个义项都有可能与其他相关的单音词组成复音词，故其构词能力较强。以"特"字为例，其义项有6个，常用的义项有不平常的，超出一般的；单，单一；只，但。仅由这几个义项与其他单音词构成的复音词就有数十个之多：特别、特产、特长、特出、特此、特等、特地、特点、特定、特工、特护等。

（二）复音词

复音词是指两个或两个以上的音节构成的词，在书面语中也就是两个或两个以上的汉字。古代汉语的复音词相对于单音词而言数量比较少，但对于绝对量而言，却相当多，并且与日俱增。根据词的组合方式可以将复音词分为单纯词与复合词两类。文言中也有小部分复音词，它们由两个或两个以上的音节（即字）组成，其构成情况大致如下：

1. 单纯复音词

单纯复音词可分为叠音词和联绵词。

（1）叠音词。叠音词是指重叠两个相同音节而成的双音词。其功能是模拟声音、描绘状貌等。

第一，模拟声音。具体如下：

伐木丁丁，鸟鸣嘤嘤。（《诗经·伐木》）丁丁：伐木声。嘤嘤：鸟鸣声。

关关雎鸠，在河之洲。（《诗经·关雎》）关关：雌雄二鸟应和的叫声。

第二，描绘状貌。具体如下：

威仪棣棣，不可选也。（《诗经·柏舟》）棣棣：雍容典雅的样子。

桃之夭夭，灼灼其华（huā）（《诗经·桃夭》）夭夭：花朵怒放，美丽而繁华的样子。灼灼：花朵色彩鲜艳如火，明亮鲜艳的样子。

离离原上草。（白居易《赋得古原草送别》）离离：青草茂盛的样子。

很多叠音词的意义比较灵活，往往有多种含义。例如，"洋洋"形容水大的样子。《诗经·卫风·硕人》："河水洋洋。"形容高兴得意的样子。范仲淹《岳阳楼记》："把酒临风，其喜洋洋者矣。"形容漂泊的样子。屈原《九章·哀郢》："焉洋洋而为客。"

叠音词和词的重叠在形式上相同，表意上有区别：一般来说词的重叠表示动作的重复发生，或表示事物的“逐一”义，如“行行重行行”“物物各自异”，而叠音词表示事物的状态（形容词），或描摹动作的声音。

（2）联绵词（联绵字、连语）。联绵词是由两个音节组合在一起表达一个含义、不能分开解释的词，是一种单纯词。

联绵词用法大致有三：

第一，描绘状貌。

窈窕淑女，君子好逑。（《诗经·关雎》）窈窕：身材体态美好的样子。

参差荇菜，左右流之。（《诗经·关雎》）参差：长短不齐的样子。

吾不忍其觳觫。（《孟子·梁惠王上》）觳觫：恐惧的样子。

第二，描绘动作。

爱而不见，搔首踟蹰。（《诗经·静女》）踟蹰：走来走去的样子。

孔雀东南飞，五里一徘徊。（《孔雀东南飞》）徘徊：来回走动。

第三，描摹声音。

一之日觱发，二之日栗烈。（《诗经·七月》）觱发：大风触物的声音。

芳草鲜美，落英缤纷。（陶渊明《桃花源记》）缤纷：繁多交杂的样子。

联绵词中的两个字拆分开来，有的有意义，有的没有意义。即使有的字有意义，这些字的意义也与联绵词的词义毫无关系。根据联绵词音节的语音关系，可以把它分成四类。

双声联绵词：参差、仿佛、伶俐、蟋蟀、仓促、倜傥、造次等。

叠韵联绵词：窈窕、逍遥、殷勤、窈窕、须臾、蹉跎、徘徊等

双声兼叠韵联绵词：辗转、缤纷、缱绻、绵蛮、匍匐等。

非双声叠韵联绵词：芙蓉、鹦鹉、蚯蚓、翱翔、颠沛、蹂躏等。

从书写形式上看，联绵词写法比较自由。例如，匍匐、匍伏、扶服、扶伏、蒲服、蒲伏、仿佛、彷彿、髣髴、方物、放物、放茀、徜徉、倘佯、常羊、尚羊、尚阳、尚佯等。

对于联绵词，切忌望文生义或把两个字拆分开来解释。具体如下：

于是焉河伯始旋其面目，望洋向若而叹。（《庄子·秋水》）清代郭度藩《集释》：“‘洋’‘羊’皆假借字，其正字当作‘阳’，……言望视太阳也。太阳在天，宜仰而观，故训为仰视。”联绵词“望洋”，又可以写作“望羊”“望阳”“茫洋”等。郭度藩认为“望阳”为“正字”，是对联绵词字无定写特点不了解的缘故。把“望阳”解作“望视太阳”，同样犯了望文生义的错误。

2. 合成复音词

由两个或两个以上的语素构成的词称为合成复音词。这类词在复音词中使用率高，

构词能力强，组合方式多样，经过长期孕育、凝结，不断加大比重，最终在汉语词汇中占据优势，合成复音词有如下几种类型：

（1）专有复词。这类词多用于人名、地名、国名、职官、著作名、年号、动物、植物等。它们历史悠久，数量众多。例如，孔子、镐京、秦、司马、史记、庆历、鹈鹕、梧桐等。

也有一定数量的多音节词。例如，公输盘、郦道元、孟尝君、岳阳楼、醉翁亭、零丁洋、细柳营等。

（2）加缀复词。附加式合成词由一个词根加一个前缀或后缀构成。古汉语中常见的前缀有“有”“其”“于”等。

“有”作为名词的前缀，经常用在国名、族名、物名之前，如“有夏”“有殷”，也可以说“有虞”“有周”“有邦”“有家”等。具体如下：

我不可不监于有夏，亦不可不监于有殷。

——《尚书·召诰》

“有”也可以作形容词的前缀，如下面例子中的“忧心有忡”就是“忧心忡忡”的意思。

不我以归，忧心有忡。

——《诗经·邶风·击鼓》

“其”也是形容词的前缀，有加强形容的作用。具体如下：

北风其凉，雨雪其雱。

——《诗经·邶风·北风》

“于”是动词前缀，作用是凑足音节以便朗读。具体如下：

黄鸟于飞，集于灌木，其鸣喈喈。

——《诗经·周南·葛覃》

古汉语中常见的后缀有“然”“焉”“尔”“如”等。具体如下：

终风且霾，惠然肯来。

——《诗经·终风》

其心休休焉，其如有容。

——《尚书·秦誓》

夫子莞尔而笑，曰：“割鸡焉用牛刀。”

——《论语·阳货》

孔子于乡党，恂恂如也。

——《论语·乡党》

“然”“焉”“尔”“如”都是用在形容词后面，表状态的后缀，意思是“……的样子”。

前缀或后缀是黏附在实语素前后的附加成分，充当音节，它不能单从字面上去理解，拆开后便没有意义了。它们参与构词的频率并不是等同的，有的使用频率高，有的冷僻少见，使用频率低。经常用的是“然”。除了古汉语词缀构词的频率不均衡外，在历史上存留的时间也不同，有的生命力短促，有的生命力长久，比如至今偶尔一用的是“有”，如“清”可称“有清”。

（3）偏义复词。就是一个词由两个意义相近或相反的语素构成，其中一个语素表示意义，另一个语素不表示意义，只作陪衬。

偏义复词大多由意义相反或相对的词素构成。例如，作息、异同、存亡、得失、寒暑、出入、远近、兴亡、饥穰、生死、安危、短长、公姥等，下面举一些例子来说明。

昼夜勤作息，伶俜萦苦辛。(《孔雀东南飞》）作息：偏义在“作”。

陟罚臧否，不宜异同。（诸葛亮《出师表》）异同：偏义在“异”。

此诚危急存亡之秋也。（诸葛亮《出师表》）存亡：偏义在“亡”字。

此三子者，皆布衣之士也，怀怒未发，休祲降于天，与臣而将四矣。(《战国策·魏策四》）休祲：偏义在“祲”。

备他盗之出入与非常也。（司马迁《鸿门宴》）出入：偏义在“入”。

缘溪行，忘路之远近。（陶渊明《桃花源记》）远近：偏义在“远”。

无毛羽以御寒暑。(《列子·杨朱》）寒暑：偏义在“寒”。

既醉而退，曾不吝情去留。（陶渊明《五柳先生传》）去留：偏义在“留”。

则山下皆石穴罅，不知其浅深。（苏轼《石钟山记》）浅深：偏义在“深”。

还有一些偏义复词是由意义相关的词素组成的。具体如下：

今恩足以及禽兽。(《孟子·梁惠王上》）禽兽：偏义在“兽”。

辨别偏义复词的方法有以下三种：

第一，联系它前后的连带成分。举例如下：

“昼夜勤作息。”“勤作息”，说“勤苦地劳作”是通的，说“勤苦地劳作、休息”就不通了，即可认定“息”是只能作陪衬而不表示意义的语素。因此，也就可以认定“作息”是偏义复词了。

“无一时一刻不适耳目之观。”偏义在“目”，“耳”是衬字。只要注意到“耳目之观”的“观”字就可知道。

“大夫不得造车马。”偏义在“车”，“马”是衬字。只要注意到“造车马”的“造”字就可知道。

第二，从全句的意思上去理解。

“宫中府中，俱为一体，陟罚臧否，不宜异同。”

全句是说，不管是“宫中”（指皇宫）的人员，还是“府中”（指丞相府）的人员，都是一样的，在提升、惩处、表彰、批评方面，不应该有所不同。即句中体现的“不宜异”，那么“异同”一词中，只取“异”的意义。

第三，纵观全篇，从文章大局的角度来理解。

《孔雀东南飞》中的“我有亲父兄”“逼迫有弟兄”，全诗未言及兰芝有父有弟有公，故知“父兄”“弟兄”皆为偏义复词，偏在“兄”。有些词只能这样从全文考虑，才能做出正确的判断。

（4）同义复词。同义复词指的是意思相同的两个（或两个以上）词连用，表示同一个意思的复合词。古人称之为“重言”“复言”“连言”“连语”。

夫差将欲听与之成。（司马迁《勾践灭吴》）这里的“将”和“欲”都是副词“将要”的意思。

能谤讥于市朝，闻寡人之耳者，受下赏。（《战国策·邹忌讽齐王纳谏》）“谤”和“讥”连用，都是指责别人的过错或短处的意思。

故愿望见太后。（《战国策·触龙说赵太后》）“愿”和“望”都是“希望”的意思。

丈夫亦爱怜其少子乎？（《战国策·触龙说赵太后》）这里的“爱”和“怜”都是“爱、疼爱”的意思。

而陋者乃以斧斤考击求之。（苏轼《石钟山记》）这里的“斧”和“斤”指的都是“斧子，伐木的工具”。

谨庠序之教，申之以孝悌之义。（《孟子·寡人之于国也》）这里的“庠”和“序”都是学校的意思。商代叫序，周代叫庠。

穷睇眄于中天，极娱游于暇日。（王勃《滕王阁序》）这里的“睇”和“眄”都是“斜着眼看”的意思。

过蒙拔擢，宠命优渥。（李密《陈情表》）这里的“拔”和“擢”都是“选拔、提拔”的意思。

愿陛下矜悯愚诚，听臣微志。（李密《陈情表》）这里的“矜”和“悯”都是“怜悯、同情”的意思。

既无伯叔，终鲜兄弟，门衰祚薄，晚有儿息。（李密《陈情表》）这里的“儿”和“息”都是“儿子”的意思。

（5）变义复词。意义不是单音语素的简单相加、拼合，而是产生新的意义。

且陛下春秋高，法令无常。（《汉书·苏武传》）“春秋”原指季节，构成复合词以后泛指“时间”，进而指“年龄”。

民为贵，社稷次之，君为轻。（《孟子·尽心下》）“社稷”本指土地神与谷神。古人专门为此二神立庙进行祭祀。《礼记·王制》：“天子祭天地，诸侯祭社稷。”句中的“社稷”是短语。后来，“社”“稷”是国家的重要标志，因而“社稷”结合在一起，表示“国家”的意思。《论语·季氏》：“是社稷之臣也。”句中的“社稷”已经是词了。

其宾客厮役，莫非天下俊杰。（司马迁《张耳陈馀传》）“俊杰”本是分开用的两个词，《说文解字》：“俊，材千人也。”“杰，材过万人也。”后来，“俊”“杰”经常连用，泛指才智出众的人。

上思股肱之美，乃图画其人于麒麟阁。（《汉书·苏武传》）“股”原义为“大腿”，“肱”原义为“手臂”，它们都是人体器官，属于同一义类，组合成词之后有“辅佐之臣”的意思。

在阅读文言文时，要避免两种倾向：

第一，将已经构成复合词的拆为单音词。具体如下：

尊贤使能，俊杰在位。（《孟子·公孙丑上》）“俊杰”指才智出众的人，没有必要再拆开解释。《说文解字》：“俊，材千人也。”《说文解字》：“杰，材过万人也。”即使拆开作为单音词解释，只能指才智程度上有差异，不能用才过千人、万人来区别。

忽奔走以先后兮，及前王之踵武。（《楚辞·离骚》）“奔”和“走”都是跑，但速度上有区别。《韩非子·五蠹》：“兔走触株，折颈而死。”《史记·田单列传》：“牛尾热，怒而奔燕军。”中的“走”和“奔”不能互换。《尔雅·释宫》：“中庭谓之走，大路谓之奔。”是以处所的不同，说明“走”和“奔”的动作缓急不同。当“奔”“走”经常连用，仅表示“跑”“跑向”的意思时，它们就构成了合成词。

判断一个组合体是不是合成词，主要看组合体的意义。如果不是单音词意义的简单相加，而是原单音词失去了独立性，原有意义概念模糊，并产生了新的意义，这便是复合词。不仅同义复词如此，以其他方式构成的复合词，原则上也是如此。

第二，将没有构成词的词组误以为是合成词。具体如下：

叶徒相似，其实味不同。（《晏子使楚》）其中，“其实”的“其”是指示代词作“实”的定语，“实”是果实。

形容枯槁。（《渔父》）其中的“形容”是两个单音词组成的短语，“形”是“身形”，“容”是“面容”。

玉不琢，不成器；人不学，不知道。（《礼记·学记》）其中的“知”是懂得，“道”是道理。

仰不足以事父母，俯不足以畜妻子。（《孟子·齐桓晋文之事》）其中的“妻子”，指妻子、孩子，联合词组。

乃阴谋曰：“巴蜀道险，秦之迁人皆居蜀。”（《史记·项羽本纪》）其中的“阴”是暗中，“谋”是谋划。

杨行密入宣州，诸将争取金帛。（《资治通鉴·二五八卷》）其中的“争”是争着，“取”是夺取。

曾经沧海难为水，除却巫山不是云。（元稹《离思》）其中的“曾”是曾经、已经，“经”是经历过。

以上例句，各个时代的文言文都有，将各句中的词析出都不是双音词，必须按单音词分开来解释，意义也和现代汉语双音词不一样。类似的情况在古书中也较为常见，如“指示”是指出来给人看，“虽然”指虽然如此或即使如此，“故事”指过去的事或老规矩，“聪明”指听力好、视力好。“封建”指分封土地，建立诸侯国，“同学”指在一起学习，“衣裳”指上衣和下衣。

所以，要牢记古代汉语单音词为主这个特点，不要轻易地将古书中相连的两个单音词看作现代汉语中的双音词，应该从文章的整体出发，逐个分析单音词，以免出错。

【课后实操训练】

一、分析下列句子中加着重号的部分，判断它们是词还是短语，并解释其在句中的意义。

1. 始而相与，久而相信，卒而相亲。（《吕氏春秋·慎行》）
2. 故祸莫憯于欲利，悲莫大于伤心。（司马迁《报任安书》）
3. 三尺安出哉？前主所是为律，后主所是著为令；当时为是，古之法乎？（《汉书·杜周传》）
4. 是子才，由于公；不才，亦由于公。（《周书·文帝纪下》）
5. 乃阴谋曰：“巴蜀道险，秦之迁人皆居蜀。”（《史记·项羽本纪》）
6. 卫将军张世安荐武明习故事，奉使不辱命。（《汉书·苏武传》）
7. 夫人情莫不贪生恶死，念父母，顾妻子。（司马迁《报任安书》）
8. 言者所以得意，得意而忘言。（《庄子·外物》）
9. 今齐地方千里，百二十城。（《战国策·齐策》）
10. 合散消息兮，安有常则？（贾谊《鹏鸟赋》）
11. 操虽托名汉相，其实汉贼也。（《三国专·吴书·周瑜传》）
12. （夏）馥顿足而叹曰：“孽自己作，空污良善。”（《后汉书·夏馥传》）
13. 孔君平疾笃，庾司空为会稽，省之，相问讯甚至。（《世说新语·方正》）
14. 仰不足以事父母，俯不足以畜妻子。（《孟子·梁惠王上》）
15. 新归且慰意，生理焉得说。（杜甫《北征》）
16. 故圣人以身体之。（《淮南子·氾论训》）
17. 云鬓半偏新睡觉，花冠不整下堂来。（白居易《长恨歌》）
18. 王曰：“善哉！虽然，公输盘为我为云梯，必取宋。”（《墨子·公输》）
19. 《阳春》之曲，和者必寡；盛名之下，其实难副。（《后汉书·黄琼传》）
20. 先帝不以臣卑鄙，猥自枉屈，三顾臣于草庐之中。（《出师表》）

二、将下列短文译成现代汉语，比较古今汉语在词的形式上的差异。

山不在高，有仙则名。水不在深，有龙则灵。斯是陋室，惟吾德馨。苔痕上阶绿，草色入帘青。谈笑有鸿儒，往来无白丁。可以调素琴，阅金经。无丝竹之乱耳，无案牍之劳形。南阳诸葛庐，西蜀子云亭。孔子云："何陋之有？"（刘禹锡《陋室铭》）

第二节　古今词义的异同

【学习任务】

了解古今词义的异同，古今词义异同是语言发展变化的显著表现；掌握古今词义在范围上与情感色彩上的差异，并努力培养分析古今词义差异的能力，培养阅读古籍时从古代词义的角度理解词义的意识。

现代汉语是古代汉语的继承和发展。因为有继承，所以有相同的一面；因为有发展，所以也有不同的一面。旧词不断消亡，新词不断产生，词义不断演变。阅读古书的难点主要有两个：一是虚词；二是实词。虚词属于语法范畴，有很强的规律性和稳定性，数量比实词少得多，因此相对来说，虚词比实词容易掌握。实词是表示人或事物的名称及其动作、行为、变化、性状的词，数量较多，且词义变化迅速而复杂，加之古书上的古字、通假字和异体字相当普遍，因此掌握实词要比虚词困难得多。举例如下：

王素慢无礼，今拜大将如呼小儿耳。

——《史记·淮阴侯列传》

丧慈母如母，礼与？

——《礼记·曾子问》

出于五鹿，乞食于野人，野人与之块。

——《左传·僖公二十三年》

这三例从语法角度看，都是很普通的句子，不难理解，但是对于没有学过的人来说却不容易看懂，原因在于加点词的词义（慢：古义指"傲慢、懈怠"。慈母：古义指保姆。野人：古义指郊野之人或农民。）与今义差别较大。

汉语是不断发展的，在语言诸要素中，词汇的变化较显著，而词义则几乎处在经常的变动中。汉语词汇的发展变化包括三个方面：旧词消亡、新词产生、词义的发展变化。词汇的这种变化，是同社会物质生产的发展、科学技术的进步、文化的繁荣、习俗的改变、制度的变革以及人们认识的深化等因素密切相关的。

一、古今词义基本相同

有些词从古到今一直沿用，词义基本没有变化，这就是基本词汇。

现代汉语从古代汉语词汇中继承了大量基本词和一般词，这些词一直被使用，意义没有大的变化，它们是沟通古汉语的重要因素。

（一）单音词

单音词有人、手、心、口、日、月、山、水、春、夏、秋、冬、天、地、雷、电、上、下、左、右、轻、重、长、短、一、二、十、百、千、寸、尺、丈等。

（二）复音词

复音词有蟋蟀、鸳鸯、天文、地理、国家、制度、扑灭、发挥、主张、选择、经营、聪明、恐怕、正直、辗转、犹豫、启明、长庚、浩荡、颠沛、扶摇、旖旎等。

二、古今词义迥异

有些词虽然词形没有改变，但古今词义却存在着很大的差异，不明白其中的区别，就无法读懂古书。例如，①董狐，古之良史也，书法不隐。（“书法”古义为记事的原则；今义为文字的书写艺术，特指用毛笔写汉字的艺术）②古之良大夫也。（《左传·晋灵公不君》）（“大夫”古义为古代官职名；今义为医生的别称）③朝服衣冠，窥镜。（《战国策·邹忌讽齐王纳谏》）（“窥”古义为照，看；今义为偷看）④臣之妻私臣。（《战国策·邹忌讽齐王纳谏》）（“私”古义为偏爱；今义为自私）⑤以头抢地耳。（《唐雎不辱使命》）（“抢”古义为撞；今义为抢夺）⑥此三子者，皆布衣之士也，怀怒未发，休祲降于天。（“休”古义为吉祥；今义为休息）⑦抟扶摇羊角而上者九万里。（《庄子·逍遥游》）（“羊角”古义，代“盘旋而上的旋风”；今义为羊这种动物的角）⑧且举世誉之而不加劝。（《庄子·逍遥游》）（“劝”古义为勉励；今义为劝阻）⑨汉亦留之以相当。（《汉书·李广苏建传》）（“相当”古义为相抵押；今义为差不多）⑩皆为陛下所成就。（《汉书·李广苏建传》）（“成就”古义为栽培、提拔；今义为事业上的成绩）⑪若舍郑以为东道主，行李之往来，共其乏困，君亦无所害。（“行李”古义为外交使者；今义为旅客携带的衣物）⑫烈士暮年，壮心不已。（“烈士”古义为有志于建功立业的人；今义为正义事业而牺牲的人）

三、古今词义同中有异

这类词数量很多，它们的古今词义既有相同之处，又有某种差别。这种“异”，是一种微殊的异。如果不仔细辨别，就会引起误解。这是古汉语词汇中应该掌握的难点。词义扩大的特点：今义大于古义，古义包括在今义之中。具体如下：

“爱”，古今都有“喜欢”“亲爱”的意思。但在上古“爱”字还有一个常用的意义项，是“吝惜”“舍不得”的意思。《老子》：“甚爱必大费。”《孟子·梁惠王上》：“吾何爱一牛。”这是现代汉语所没有的。

“恨”，古今都有“不满意”的意思，但是古今词义所表示的轻重程度不同。古代汉语的“恨”主要表示“遗憾”的意思，程度轻。《史记·陈涉世家》：“辍耕之垄上，怅恨久之。”诸葛亮《出师表》：“未尝不叹息痛恨于桓灵也。”（痛恨：痛心和遗憾。）现代汉语的“恨”却表示仇恨的意思，程度重。

“骤”，古今都有“急速”的意思，但在古代汉语中，主要用来表示“屡次”的意思，《吕氏春秋·适威》：“骤战而骤胜。”故段玉裁《说文解字注》云：“今之‘骤’为暴疾之词，古则为屡然之词。凡《左传》《国语》言‘骤’者，皆与‘屡’同义。”而现代汉语主要用来表示“骤然”“突然”的意思。

“池”，古今都有“池塘”的意思，而古义还有“护城河”的意思，“城非不高也，池非不深也。”（《孟子·公孙丑下》）

“色”，古今都有“女色”的意思，而古义还有“脸色”“表情”的意思，“色，颜气也。”（《说文解字》）

“树”，古今都有“树木”的意思，而古义还有“种植”的意思，“五亩之宅，树之以桑，五十者可以衣帛矣。”（《孟子·梁惠王上》）

“除”，古今都有“除去”的意思，而古义还有“宫殿台阶”“任命官吏”的意思，“登自东除。”（张衡《东京赋》）“予除右丞相兼枢密使，都督诸路军马。”（文天祥《〈指南录〉后序》）

学习古汉语词汇，要特别注意古今词义的异同。在异同的问题上，难处不在同，而在异，在“微殊”，要在古今词义的“微殊”上下功夫。

四、古今词义变化的类型

（一）词义扩大

词义扩大指今义范围大于古义。具体如下：

“皮”，古义是兽皮。“皮之不存，毛将安傅？”（《左传·僖公十四年》）现代词义扩大为人和动植物的皮。

“睡”，《说文解字》：“坐寐也。”古义专指坐着打瞌睡，打盹。《史记·商君列传》：“孝公既见卫鞅，语事良久，孝公时时睡，弗听。”后来“睡”由“坐寐”发展到各种方式的睡眠。

“醒”，古义是醉意消解。“姜与子犯谋，醉而遣之。醒，以戈逐子犯。”（《左传·僖公二十三年》）现代词义扩大为醒悟，睡醒。

“齿”，古义是指排列在唇前的牙。《墨子·非攻中》：“古者有语，唇亡则齿寒。”后来泛指牙齿。

“好”，古义是指女子相貌美丽漂亮，不涉及品德。而当今的“好”可泛指美好的事物，对人、事、物都可以修饰限制。

古汉语中许多词的意义在发展中由特指变为泛指，由专名变为通名。具体如下：

“诗”，古义专指《诗经》，《论语·为政》：“诗三百，一言以蔽之，曰：思无邪。”现代泛指一般诗歌，词义的范围扩大了。

“河”，古义特指“黄河”，不是一般的河流，一般河流用“水”来表示。《孟子·梁惠王上》：“河内凶，则移其民于河东”。“河东”指黄河以东。又《史记·项羽本纪》：“将军战河北，臣战河南”。“战河南”指在黄河以南作战。后来“河”才作为河流的通称，这就是词义扩大，从特指发展到了泛指。

今义范围大于古义，从这个角度继续分析，就会发现“江”也是如此。在古代，江常常特指长江，到了现代，江可以泛指大河。

（二）词义缩小

词义缩小的特点：今义小于古义，今义是古义的一部分。具体如下：

“臭”，古义指气味的总称。“同心之言，其臭如兰。”（《周易·系辞》）“臭”指气味像兰草一样芳香。在表示秽气时在“臭”之前加“恶”，如《礼记·大学》：“如恶恶臭。”“恶臭”指难闻的气味。杜甫写过一首《自京赴奉先县咏怀五百字》，其中有“朱门酒肉臭，路有冻死骨”。如果理解了“臭”字在古代的含义，就会明白，正确的解读应该是朱门酒肉的气味，酒肉是什么味道？当然是香味啦！不懂词义缩小，就会犯下望文生义的错误。

“禽”，古义泛指飞禽走兽。传说三国时期的名医华佗，发明了一套锻炼身体的功法叫“五禽戏”。五禽者，一曰虎，二曰鹿，三曰熊，四曰猿，五曰鸟。五禽中四种都是走兽。到了现代，禽只剩下了飞禽、家禽的意思。

“爱”，古义有两层意思：一个是现在所说的“喜爱”，“爱共叔段，欲立之。”（《左传·隐公元年》）；另一个是“吝惜，舍不得”，“齐国虽褊小，吾何爱一牛。”（《孟子·梁惠王上》）现在只用第一层意思。

“问”，古义有“询问”“访问”“寻访”“审案”“审讯”多层意思，“豹往到邺，会长老，问之民所疾苦。”(《史记·滑稽列传》)“问之民所疾苦”，意思是问他们有关老百姓痛苦的事情。现在只用第一层意思。

“谷”，古义指各种“谷类”。古有“五谷”“六谷”“九谷”“百谷”等意。《说文解字》：“谷，百谷之总名。”《论语·微子》：“四体不勤，五谷不分。”后来专指“稻子的果实”。

（三）词义转移

词义转移即词义由指甲事物变为指乙事物，词义中心转移，而甲乙两事物之间又有一定的联系（如相似或接近等）。词义转移的特点：新义产生之后，旧义就不存在了，新旧义之间又有一定的联系。具体如下：

“烈士”，古义指有壮志、有操守、有抱负的人，如《曹操·龟虽寿》：“烈士暮年，壮心不已。”今义转指为正义事业献身的人。词义发生了转换。

“走”，古义指跑，如《韩非子·五蠹》“兔走触株，折颈而死。”后来指步行、行走。词义发生了转换。

“涕”，古义指眼泪。《庄子·大宗师》：“孟孙才其母死，哭泣无涕，中心不戚。”《左传·襄公二十三年》：“臧孙入哭，甚哀，多涕。”上古鼻涕用“泗、洟”来表示。《诗经·陈风·泽陂》：“涕泗滂沱。”毛亨传：“自目曰涕，自鼻曰泗。”后来由眼泪变为鼻涕。词义发生了转换。

词义转移是古今词义差异现象中比较特殊的一种情况，在理解时一定要找准新旧词义“联系点”，结合上下文语义情况具体辨析。只有这样，才能更好地理解古汉语中实词的演变，更好地解决文言文中的疑难问题。

（四）词义的感情色彩发生变化

风俗习尚和社会思潮的改变，影响词义褒贬的更替。有的词由褒义变为贬义，有的词由贬义变为褒义，有的由中性词变为贬义词。

“爪牙”，古义是指武臣或得力助手。《诗经·小雅·祈父》：“祈父！予王之爪牙。”郑玄笺：“此勇力之士。”是个褒义词。《汉书·李广传》：“将军者，国之爪牙也。”今义是指帮凶、走狗，成为贬义词了。

“锻炼”，古义除了有冶炼的意思外，还有玩弄法律对人进行诬陷的意思，是个贬义词。《后汉书·韦彪传》：“忠孝之人，持心近厚，锻炼之吏，持心近薄。”李贤注：“言深文之吏，入人之罪，犹工冶陶铸锻炼，使之成熟也。”在现代汉语中，“锻炼”是褒义。

“下流”古义指地位或处境低下，是个中性词。《司马迁·报任安书》：“下流多谤议。”后指品德恶劣，并且有明显的贬义。

“谤”，古义是公开指责别人的过失，是个中性词。《国语·周语上》：“厉王虐，国人谤王。”今义是指“诽谤”“毁谤”，成为贬义词了。

“卑鄙”，诸葛亮《出师表》：“先帝不以臣卑鄙”中的“卑”是指地位低下，“鄙”是指知识浅陋，并没有贬义，后指品质恶劣，已变为贬义词。

（五）词义的程度轻重发生变化

“诛”，古义是责备的意思。《论语·公冶长》：“朽木不可雕也，粪土之墙不可圬也，于予与何诛？”后来发展为“杀”的意思，意义加重了。《史记·项羽本纪》：“沛公至军，立诛杀曹无伤。”

“恨”的古义轻，今义重。它在古代的意思是遗憾、不满。例如，《司马迁·报任安书》：“而长逝者魂魄私恨无穷。”“私恨”即内心私下的遗憾。《汉书·苏武传》：“子为父死亡所恨。”“亡所恨”即没有什么遗憾。今天“恨”的意思是痛恨、怨恨，词义比古代重多了。

“怨”的古义重，今义轻。它在古代的意思是怨恨、痛恨。例如，《汉书·苏武传》：“闻汉天子甚怨卫律。”用“甚”来修饰“怨”，可见怨恨的程度之深。

“诬”，古义是用谎言欺骗。《孟子·滕文公》：“是邪说诬民。”后来“诬”发展为毁谤、诬蔑、诬陷之义，词义很重。高启《书博鸡者事》：“会袁有豪民尝受守杖，知使者意嗛守，即诬守纳己赇。”

“感激”古义是感奋激发的意思。刘向《说苑·修文》：“感激憔悴之音作而民思忧”，词义很重，而今义则是“感谢”的意思。

综上所述，从不同角度分析古今词义的差异，目的是了解其发展演变过程，防止用现代义去附会古代义，以今释古，望文生义，把不同语言时代的特有含义，人为地拉到一个平面上，抹杀古今义之间的时代差别性，从而建立词义发展变化的历史唯物主义的观点。

怎样才能有效区分古今词义？首先，尽量多阅读古籍，积累较为丰富的语言材料，加强感性认识。其次，在积累的语言材料的基础上，多做分析、对比，由感性认识上升到理性认识。再次，要善于运用工具书，进行细致的剖析，把握其意义发展的规律。最后，要重视古今注本，吸取它们分辨古今词义的成果，以提高辨别能力。

【课后实操训练】

分析诸葛亮《前出师表》的选段，指出哪些属古用今废词？哪些属古今传承词？

臣本布衣，躬耕于南阳，苟全性命于乱世，不求闻达于诸侯。先帝不以臣卑鄙，猥自枉屈，三顾臣于草庐之中，咨臣以当世之事，由是感激，遂许先帝以驱驰。后值倾覆，受任于败军之际，奉命于危难之间，尔来二十有一年矣。

先帝知臣谨慎，故临崩寄臣以大事也。受命以来，夙夜忧叹，恐托付不效，以伤先帝之明，故五月渡泸，深入不毛。今南方已定，兵甲已足，当奖率三军，北定中原，庶竭驽钝，攘除奸凶，兴复汉室，还于旧都。此臣所以报先帝而忠陛下之职分也。至于斟酌损益，进尽忠言，则攸之、祎、允之任也。

愿陛下托臣以讨贼兴复之效，不效，则治臣之罪，以告先帝之灵。若无兴德之言，则责攸之、祎、允等之慢，以彰其咎；陛下亦宜自谋，以咨诹善道，察纳雅言，深追先帝遗诏，臣不胜受恩感激。今当远离，临表涕零，不知所言。

第三节　词的本义和引申义

【学习任务】

掌握本义与引申义的内涵，掌握探求词的本义的方法与分析引申义的方法，以提高其语言分析能力与阅读古籍的能力。

词汇和词义在不断发展，古汉语词汇又是单音词占主导地位，这必然会出现一词多义的现象。古代汉语中一词多义的现象普遍存在。多义词的各个义项虽然相互交织，但并不混乱，而是具有一定的规律性，构成了脉络清晰、系列严密的词义体系。对这种词义系统进行分析，探寻多义词词义间的关联，梳理它们之间的内在联系，对准确把握词义与演变规律，提高阅读和教学文言文的能力，有着十分重要的作用。

一、词的本义

在词义体系中，本义和引申义是相对的。在文字出现以前，人类就已经有了语言。汉字只有数千年的历史，而汉语的历史却相当悠久。因此，会存在更为古老的词义，但因为没有文字记载以及缺少文献的参证，今天已无从确切了解。所以，通常所谓词的本义，是指词在文字出现的时候所具有的含义，即文字形成结构所反映的并有史料证明的最早的意义。具体如下：

比，甲骨文字形像两个人一前一后并靠着的样子。本义是“并列”，《尚书》：“称尔戈，比尔干，立尔矛。”

从，甲骨文字形像一个人在前面走，另一个人跟在后面走。字的本义就是“跟随”，如《论语》：“子路从而后。”

象形字、会意字、指事字是根据词义的某些方面直接绘形的，可以通过分析字形了解其寓意，解释其本义。具体如下：

“相”甲骨文字形像一只眼睛在细细察看一棵树。本义是“细看”“观察”。《诗经》：“相鼠有皮。”

形声字是通过意符表意的，可以根据意符来分析其本义。形声字的构形表意，对探求形声字的本义大有好处。

见，《说文·见部》:“视也。从儿从目。凡见之属皆从见。”例如，“观”“视”“览”。

观，《说文·见部》:“谛视也。从见雚声。”本义是看。例如，《信陵君窃符救赵》:“市人皆观公子执辔。”

视，《说文·见部》:“视，瞻也。”本义是向远处或向高处看。例如，《诗经·邶风·雄雉》:“瞻彼日月，悠悠我思。”

览，《说文·见部》:“观也。从见监，监亦声。”本义是观看。例如，段玉裁《说文解字注》:“观也。以我观物曰览。”

东汉许慎的《说文解字》是我国第一部根据字形分析本义的专著。清代段玉裁的《说文解字注》、桂馥的《说文解字义证》、王筠的《说文句读》、朱骏声的《说文通训定声》，均对《说文解字》做了补充和诠释，这些都是研究词的本义的重要参考书。由于许慎受当时古文字资料的限制，《说文解字》中对某些字的本义分析得不全面。在分析字形考察本义时，必须参考远古文字资料甲骨文和金文。另外应该注意的是，考察词的本义，除了分析字形之外，还必须有文献资料参证，只有被证明了的词义，其字形分析才是可靠的。

二、词的引申义

词在发展过程中，由本义派生出来的意义叫引申义。例如，“道”的本义是道路，由这个意义派生出来的途径、方法、道理、规律、学说、引导等义项都是它的引申义。从引申义和本义之间的关系看，又可以把引申义分为直接引申义和间接引申义两类。

（一）直接引申义和间接引申义

从本义直接引申出来的意义叫直接引申义，从引申义再进一步引申出来的意义叫作间接引申义。本义是词义引申的起点。例如，朝，本义为早晨。《论语·里仁》:“朝闻道，夕死可矣。”由于古代臣子要在早晨拜见君主，便直接引申出“朝见”“朝拜”。《左传·宣公二年》:“盛服将朝。”由“朝见”间接引申出朝见的地方“朝廷”。《左传·宣公二年》:“使妇人载以过朝。”由一个接一个的帝王居于朝廷，又间接引申出表示时间的“朝代”。杜牧《江南春》:“南朝四百八十寺，多少楼台烟雨中。”南朝：指宋、齐、梁、陈四个王朝的总称。

（二）词义引申的方式

在词义系统中，基础义派生引申义的层次和线路是有一定格局的。词义引申所形成的格局叫作词义引申的类型。分述如下：

1. 辐射式

辐射式是指以本义为中心，直接而并列地引申出几个词义。具体如下：

兵，本义是兵器。《荀子·议兵》："古之兵，戈、矛、弓、矢而已矣。"以本义为中心，直接引申出持兵器的人，即整个军队。《战国策·赵策四》："必以长安君为质，兵乃出。"以本义为中心，直接引申出与兵器有关的事，"军事""战争"。《孙子兵法·计篇》："兵者，国之大事。"《礼记·礼运》："故谋用是作，而兵由此起。"如图 3-1 所示。

图 3-1 "兵器"的引申义

贱，本义是物价低。《说文解字》："贱，贾价少也。"白居易《卖炭翁》："可怜身上衣正单，心忧炭贱愿天寒。"引申为地位低下，《孟子·滕文公下》："富贵不能淫，贫贱不能移，威武不能屈，此之谓大丈夫。"引申为自谦的用语，杜甫《无家别》："贱子因阵败，归来寻旧蹊。"引申为行为卑鄙、下流，《孟子·丑孙丑下》："有贱丈夫焉，心求尤断而登之，以左右望而罔市利。"引申为鄙视，轻视，晁错《论贵粟疏》："是故明君贵五谷而贱金玉。""引"的义项关系如图 3-2 所示：

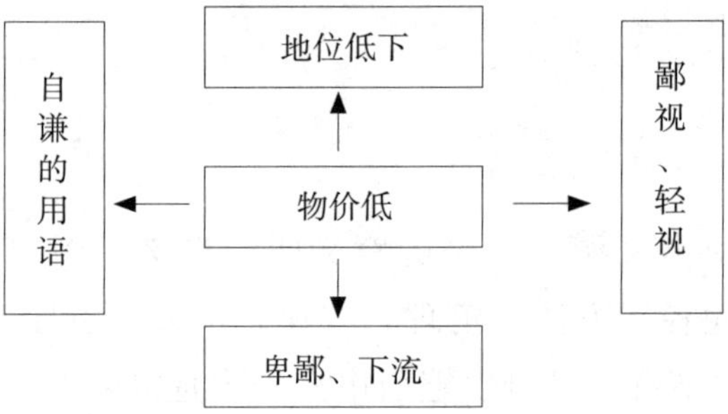

图 3-2 "引"的义项关系

2. 链条式引申

链条式引申就是从本义引申出甲义，再由甲义引申出乙义，由乙义引申出丙义，这样接连引申，一环套一环。具体如下：

功，本义是工作、事情，如"上入执宫功"(《诗经·七月》)；从工作的结果引申出成绩和功效义，如"故事半古之人，而功必倍之"(《孟子·公孙丑上》)；从成绩大小、成效高低引申出成就、功业、事业，如"管仲晏子之功，可复许乎"(《孟子·公孙丑上》)；再由此引申出功劳、功勋，如"劳苦而功高如此"(《史记·项羽本纪》)。功的这些引申义是一个接一个引申出来的。

功：工作、事情（本义）：①成绩、功效（直接引申）；②成就、事业（间接引申）；③功劳、功勋（间接引申）。

3. 综合式引申

词义的发展是复杂的。许多词义在引申过程中往往是这两种方式的结合。

例如，“习”的本义与鸟有关。《说文解字》：“习，数飞也。”即“屡次飞”“反复飞”。《礼记·月令》：“鹰乃学习。”

鸟拍着翅是反复多次练习，由此引申出反复练习、钻研的意义。由“反复练习”又引申出“熟悉”“通晓”的意思。屡次飞，就习以为常，引申出“习惯”的意义。词性发生变化之后，用作动词。又引申出“习惯了”“习惯于”的意义，如图 3-3 所示。

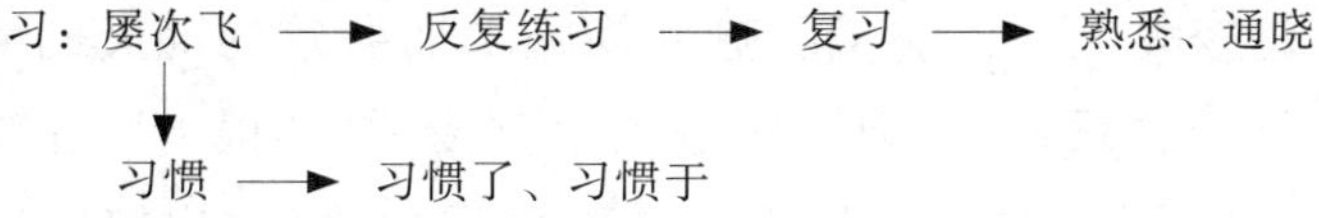

图 3-3 “习”的引申义

（三）词义引申的途径

1. 延展引申

延展引申是根据表达新事物的需要，突出或延展原词义的某一特征，并赋予它新的特点，而派生出新的词义。这是一种常见的引申方式。具体如下：

隆，山中央高起的地方。例如，《孙子兵法·行军》：“战隆无登（打仗时敌人在高处不要仰攻）。”从山高这一属性引申为凸起。《后汉书·张衡传》：“合盖隆起，形似酒尊。”从具体的山高，赋予新的特点，引申出事业的兴盛。《前出师表》：“汉室之隆，可计日而待也。”

延展引申是常见的一种引申方式，应用很广。再举一组这类引申的例子：

保：养育。由养育引申为保护、保佑。治：治水。由整治引申为治理国家。举：举物。由上举引申为推荐。秉：禾把。由手握引申为把持。本：树根。由在下的部位引申为基础。枉：弯曲。由弯曲不直引申为品质邪恶。察：观察。由仔细看引申为了解。

延展引申就是将原词义中与新事物有相似点的某一特征突出延展，根据表达需要，赋予新的特点，而引申出新义。这样一来，本义与引申义之间，既有联系，又有差别；既有共性，又有个性。共性标志着它们之间的渊源关系，原义是新义产生的基础，个性说明它们各有所司，有不同的应用对象和范围。

2. 条件引申

条件引申顾名思义，从基础义引申出新义，是借助一定条件的，也就是说，基础义要借助自然的或社会的某种条件来表达新事物，从而引申出新的词义。具体如下：

汉：本义指汉水。《齐桓公伐楚》：“楚国方城以为城，汉水以为池。”刘邦被封为汉王，主要领地是汉水上游的汉中，所以刘邦称帝，国号汉，“汉”便由汉水义引申为汉朝义。陶渊明《桃花源记》：“不知有汉。”

岁：本义是指岁星（木星）。古人认识到木星约十二年运行一周天，其轨道与黄道相近，因此将周天分为十二等分，称十二星次（星空区域）。古人根据木星在哪个星次来纪年，所以引申出时间单位一年。

寿：寿命、长命。由于祝寿时伴以赠送礼品或敬酒，因此这些活动也称“寿”。

昏：黄昏傍晚时分。上古时代的婚姻，男女双方是带有强迫性的，也就是抢婚。既然要抢，只能在黑夜里进行，所以“昏”又引申为“结婚”的意思。

3. 比喻引申

这种引申途径是修辞上的比喻（隐喻和换喻）而导致的词义的引申。古代汉语中，常以“肺腑”比喻至亲关系，“鱼肉”比喻被宰割凌辱，“根本”比喻根源，“心腹”比喻亲信，“手足”比喻兄弟，“草芥”比喻微不足道之物，“坎坷”比喻不得其志，“咽喉”比喻要害之处，“弹丸”比喻偏小之地，“风霜”比喻阅历世故。

用比喻的方法引申与修辞上的比喻不同。修辞上的比喻是临时打比方，而用比喻的方法产生的引申义却成了词的一种固有意义。两者有联系，但又有区别。

以“崩”为例。①《左传·成公五年》：“梁山崩而以传召伯宗。”②《左传·隐公元年》：“不义不昵，厚将崩。”③《战国策·赵策》：“周烈王崩，诸侯皆吊。”④诸葛亮《前出师表》：“先帝创业未半而中道崩殂。”

上面①是本义，山塌下来。②是比喻引申义。指崩溃、垮台。③指天子死，已不是一般修辞上的比喻，而是比喻引申义，成为约定俗成的稳定的意义。《礼记·曲礼》：“天子死曰崩。”④“崩殂”为同义复词，指刘备死，也是比喻引申。

4. 词性引申

一个事物与其行为动作、性质状态是密切相关的，它们之间可以互相产生引申义，尤其是事物及其特有的行为动作更为紧密。表现在词性上，名词与动词之间互相引申，这种引申较为常见。就关联程度看，可视为邻近引申。但这种引申与基础义具有词性上的差异，所以称它为词性引申。举例如下：

（1）履：本义是鞋子。《史记·留侯世家》：“孺子，下取履。”

由鞋义引申为与此行为相关联的动词，践踩。《诗经·小雅·小旻》：“战战兢兢，如临深渊，如履薄冰。”

（2）居：居住。《列子·愚公移山》：“北山愚公者，年且九十，面山而居。”

由居住的行为引申为与之相关联的住所。《晋灵公不君》：“问其名居，不告而退。”名居指名字和住所。

（3）衣：衣服。《曹刿论战》：“衣食所安，弗敢专也。”

引申为穿衣。《韩非子·五蠹》：“妇人不织，禽兽之皮，足衣也。”

（4）徒：步行。《诗经·小雅·黍苗》：“我徒我御。”

引申为步兵。《左传·襄公元年》：“败其徒兵于洧上。”

（5）明：光亮。《荀子·天论》："在天者莫明于日月。"

引申为懂得、了解。韩愈《师说》："吾未见其明也。"

词性引申与词类活用是有区别的。词类活用属于语法功能变化，而词性引申是随着词性变化而产生的稳定的新义。词类活用属语法范畴，没有引申出稳定的新义。

5. 借代引申

"借代"这种修辞手法，本是临时借一物来代指另一物，如"披坚执锐"中的"坚"指"铠甲"，"坚"的意义随上下文而异，并没有形成固定的词义。但有的借代经常使用，也会使某些词产生新义。举例如下：

古代汉语中，常以"干戈"代"战争"，"骨"代"逝者"，"朱门"代"大户"，"兵甲"代"军队"，"江山"代"国家"，"梨园"代"戏院"，"丝竹"代"音乐"，"皓齿"代"美人"，"口舌"代"言语"，"笔墨"代"文字"，"杜康"代"佳酿"。比如，白居易《望月有感》："田园寥落干戈后，骨肉流离道路中。"

（四）词义引申的规律

1. 由具体意义引申为抽象意义

（1）网，本义是指捕鱼鳖鸟兽的工具。后来引申出"广泛搜求"。《史记·太史公自序》："网罗天下放失旧闻。"意义就比较抽象了。

（2）术，本义指城邑中的道路。左思《蜀都赋》："亦有甲第，当衢向术。"引申为权谋、谋略。《吕氏春秋·先己》："当今之世，巧谋并行，诈术递用。"引申为技术、技艺。苏轼《教战守策》："授以击刺之术。"意义就比较抽象了。

2. 由个别到一般

（1）涉，本义是指"蹚水过河"。后来引申为"渡河"。《吕氏春秋·察今》："楚人有涉江者。"

（2）颠，本义是人的头顶。《诗经·车邻》："有车邻邻，有马白颠。"后来引申为"物体的顶部"。陶渊明《归园田居》："狗吠深巷中，鸡鸣桑树颠。"

3. 从部分到整体

（1）市，本义是市场，集市。《木兰诗》："东市买骏马。"后来引申为"城市、都市"。刘克庄《玉楼春·戏林推》："年年跃马长安市。"

（2）宇，本义是屋檐，屈原《涉江》："云霏霏而承宇。"后来引申为"住处、房屋"。陶渊明《归去来兮辞》："乃瞻衡宇，载欣载奔。"

4. 由实词到虚词，即实词虚化

（1）被，本义是被子。例如，《梦辞·招魂》："翡翠珠被。"引申为覆盖。《梦辞·招魂》："皋兰被径。"又引申为蒙受。屈原《哀郢》："被以不慈之伪名。"又引申为介词，表示被动。

（2）徒，本义是“步行”。《论语·先进》：“不可徒行也”。步行的特点是不利用工具，于是虚化为“白白地”“只”“仅仅”等意义。

【课后实操训练】

翻译下列句子。

1. 北山愚公长息曰……（《列子·汤问》）
2. 投诸渤海之尾，隐土之北。（《列子·汤问》）
3. 芳草鲜美，落英缤纷。（陶渊明《桃花源记》）
4. 至若春和景明，波澜不惊。（范仲淹《岳阳楼记》）
5. 沙鸥翔集，锦鳞游泳。（范仲淹《岳阳楼记》）
6. 少壮不努力，老大徒伤悲。（《长歌行》）
7. 粜甚贵，伤民，甚贱伤农。（《汉书·食货志》）
8. 盖本不足以记斯楼。（汪琬《传是楼记》）
9. 晏子为齐相，出，其御之妻从门间而窥其夫。（《史记·管晏列传》）
10. 何不作衣裳，莫令事不举。（《孙雀东南飞》）
11. 乃使其从者衣褐，怀其璧，从径道亡。（《史记·廉颇蔺相如列传》）
12. 魏王使客将军辛垣衍间入邯郸。（《战国策》）
13. 若必治国家者，则其管夷吾乎！（《国语》）
14. 常思奋不顾身，以徇国家之急。（《报任安书》）
15. 是故无贵无贱，无长无少，道之所存师之所存也。（韩愈《师说》）
16. 及庄公即位，为之请制。（《左传·隐公元年》）
17. 帝子降兮北渚，目眇眇兮愁予。（《九歌·湘夫人》）
18. 去偃王之仁，息子贡之智。（《韩非子·五蠹》）
19. 邦有道则仕，邦无道则隐。（《论语·卫灵公》）
20. 肉食者鄙，未能远谋。（《左传·庄公十年》）

第四节　同义词辨析

【学习任务】

掌握同义词的概念和辨析方法，以提高阅读和教学文言文的能力。

所谓同义词，是指两个或两个以上意义相同或相近的一组词。古代汉语中的词，一般都是多义词。即一个词可以有多个义项。这里所说的同义词，是就几个词的词义系统中的某个义项而言，而不是就这些词的词义系统中的所有义项来说的。例如，“道”和“路”。就道路的意义说，两者是同义词。但用于抽象意义时。“路”较简单，“道”的许多引申义都是“路”所没有的。例如，“思想”“学说”“方法”“技巧”“道理”“规律”等。就是“途径”这个意义，一般也多用“道”，不用“路”。

在同一历史时期，一种语言中意义相同的词较少，绝大多数的同义词在理性意义、感情色彩、语法功能、使用地域等方面存在着或大或小的差异。例如，“饥”和“饿”，在肚子空需要进食方面，“饥、饿”是一组同义词，但两者程度深浅、轻重不同。“饥”是暂时的肚子空，表示程度浅、轻；“饿”是长时间肚子空，或者没有食物吃，甚至受到死亡的威胁，表示的程度深、重。“聆、听”是一组同义词，都表示听。但适用范围不同。“聆”指仔细听，认真听，苏轼《石钟山记》：“得双石于潭，扣而聆之。”；“听”是用耳朵感受声音，范围广，《礼记·大学》：“心不在焉，视而不见，听而不闻。”

辨析同义词之间的异同，是学习古汉语词汇的重点和难点。掌握了重点，克服了难点，将会大大提高古汉语的阅读能力。

一、同义词的形成途径

（一）因新词产生形成的同义词

同一个概念，古代用一个词来表示，后代改变了说法，产生了一个新词，这就形成了古今同义词。例如，“眼泪”的概念，先秦用“涕”表示，汉代后又可用“泪”来表示。眼、目，两者为同义词。“目”字出现的早，大约在文字的初创时期就有了。“眼”字出现的晚。在先秦典籍中，多用“目”而少用“眼”；汉代之后的作品，多用“眼”字表示，口语中取代了“目”的“眼睛”这一意义。

（二）因词义演变形成的同义词

词义的变化是错综复杂的，有的同义词在同一历史时期本义是相同的，也有的同义词在同一历史时期本义并不相同，词义引申之后，甲词本义与乙词引申义或两词的引申义才变得相同了。

1.本义相同的同义词

在同一时期，特别是在先秦时期，汉语就存在着一些同义词。“树”“艺”上古就同义，本义都是种植。例如，《说文解字》：“生植之总名。从木尌声。”“艺，种也。”《孟子·梁惠王上》：“五亩之宅，树之以桑。”《孟子·滕文公上》：“树艺五谷。”

2.甲词引申义与乙词本义相同的同义词

一组词，原本并不同义，经过引申之后，其中一个词的引申义变得与另一个词的本义相同了。

例如，“履”“屦”，在战国以前并不同义，“履”是动词，本义是踏、踩，《诗经·魏风·葛屦》：“纠纠葛屦，可以履霜。”；“屦”是名词，本义是鞋，《庄子·列御寇》：“列子提屦，跣而走。”在同一文中，两者是有差别的，如《韩非子·说林上》：“夫冠虽贱，头必戴之；屦虽贵，足必履之。”战国以后，“履”有了鞋的意义，如《韩非子·外储说左上》：“郑人有且置履者，先自度其足。”于是两者在鞋的意义上构成了同义词。

“官”“吏”，“官”本义指“官署”，即政府办公和收藏文书的地方。后来引申为“官员”才与“吏”同义。“吏”本义是“官员”。《韩非子·八说》：“明主之国，官不敢枉法，吏不敢为私。”

3.引申义相同的同义词

一组词，本义并不相同，各方都经过引申之后，它们的引申义变得相同了。例如，“江”与“河”都是专名，当然不是同义词。后代被引申为一般河流的意义时，则变为同义词。“年”“岁”《说文解字·禾部》：“年，谷熟也。从禾，千声。”《说文解字·步部》：“岁，木星也。”“年”由本义引申为五谷成熟一次的时间；“岁”则由于木星由西向东运行，每行经一个星次的时间为12个月，而引申称这段时间为一岁。“年、岁”在引申记时的意义上成为同义词。

（三）因方言形成的同义词

同一概念，在不同的方言中可能会用不同的词来表示，这就产生了具有地方色彩的同义词。

“矢”“镞”和“箭”同义，《方言》：“自关而东谓之矢，江淮之间谓之镞，关西曰箭。”

（四）因特定的社会生活形成的同义词

语言虽然没有阶级性，但是在古代阶级社会里，统治阶级的思想意识一定会反映到语言中来。同一个概念，为了要区别尊卑贵贱或善恶褒贬，要用不同的词来表示。这就产生了一些带有社会色彩的同义词。

崩、薨、卒、死、没（殁），在表示“死”的概念时，是一组同义词。但说法不同。《公羊传·隐公三年》：“天子曰崩，诸侯曰薨，大夫曰卒，士曰不禄。”《礼记·曲礼上》：“天子死曰崩，诸侯曰薨，大夫曰卒，士曰不禄，庶人曰死。”

同义词的形成还有其他一些途径，比如修辞手法的运用、外来词的不同翻译等，就不一一详述了。

二、同义词之间的差别

辨析同义词，就是要找出同义词之间的差别。古代汉语的词绝大多数是多义的，一组同义词并非在所有义项上都同义，而只是在某个或某几个义项上同义。即使是意义相同的义项，也存在着差别，这些差别主要表现在理性意义、感情色彩和语法功能上。

（一）同义词理性意义的不同

理性意义包括词义的范围、对象，事物的形状质量、侧重点，词义的轻重程度，等等。

1. 词义的范围、对象不同

（1）人、民：在人类社会成员方面“人”和“民”是一组同义词，但“人”和“民”的适用范围不同。“人”是人类社会成员的统称，适用范围大。举例如下：

《史记·屈原列传》：“夫天者，人之始也。”

《孟子·告子上》：“非独贤者有是心也，人皆有之。”

“民”的外延比“人”窄，黎民百姓，与君、官对称，适用范围小。举例如下：

《论语·泰伯》：“民可使由之，不可使知之。”

《史记·项羽本纪》：“籍吏民，封府库，而待将军。”

（2）法、律：都有法律，法令的意思，但所指范围不一样，法指法则、制度，范围大；律，范围小，多指具体的刑法条文。举例如下：

《大戴礼记》：“礼者禁于将然之前，而法者禁于已然之后。”

《汉书·高帝纪》：“天下既定，令萧何次律令。”

（3）谄、谀：都有“曲意奉承”之义。《说文解字》：“谀，谄也。”“谄”包括的手段多，用语言、体态、行动等方法讨好人都可以叫作“谄”。“谀”专指用虚夸的言辞来奉承别人。举例如下：

《论语·学而》：“贫而无谄，富而无骄。”

《庄子·渔夫》：“不择是非而言谓之谀。”

（4）袂、祛：都有“衣袖”之义。《说文》：“袂，袖也。”两者的区别是，“袂”是整个袖子；“祛”是袖口，是整体与部分的关系。

（5）皮、肤：就人和动物包在肌肉外部的组织来说，“皮”“肤”是一组同义词，但在先秦时期，“皮”指兽皮，“肤”指人皮，两者适应对象不同。

《左传·僖公十四年》：“皮之不存，毛将安傅？”

《商君书·算地》：“衣不暖肤。”

（6）养、畜：都有“供养”的意思。但是，“养”是指养人，“畜”是指养禽畜。举例如下：

《孝经·庶人》："谨身节用，以养父母。"

《徐霞客游记》："则架竹为巢，下畜牛羊豕。"

2. 程度深浅轻重不同

（1）饥、饿：在肚子空需要进食方面，"饥"和"饿"是一组同义词，但两者程度深浅、轻重不同。"饥"是暂时的肚子空，表示程度浅、轻；"饿"是长时间肚子空，甚至受到死亡的威胁，表示的程度深、重。举例如下：

《孟子·梁惠王上》："老者衣帛食肉，黎民不饥不寒。"

《孟子·梁惠王上》："涂有饿莩而不知发。"

（2）疾、病：在身体不适方面，"疾"和"病"是一组同义词。但病轻的叫"疾"，病重的叫"病"，两者表示的程度轻重不同。举例如下：

《韩非子·喻老》："君有疾在腠理，不治将恐深。"

《韩非子·喻老》："君之病在肌肤，不治将益深。"

（3）恐、惧："惧"在古汉语中指一般的害怕，程度轻。"恐"则表示大难临头时的惊慌失措。举例如下：

《史记·廉颇蔺相如列传》："赵王恐，不敢不献。"

《论语·子罕》："知者不惑，仁者不忧，勇者不惧。"

（4）眷、顾：这两个词都有"回头看"的意思，但程度不同。"顾"指一般性地回头看，"眷"指深深地回头看。举例如下：

《诗经·桧风·匪风》："顾瞻周道，中心怛矣。"毛亨传："回首曰顾。"

《诗经·小雅·大东》："眷言顾之，潸焉出涕。"

（5）盟、誓：都有"誓"的意思，但词义轻重不同，《周礼》郑玄注："大事曰盟，小事曰誓。"

3. 形状、用途、质地不同

（1）门、户：一扇曰户，两扇曰门。

陶渊明《归去来辞》："门虽设而常关。"

《乐府诗集·木兰诗》："唧唧复唧唧，木兰当户织。"

（2）府、库：都是藏财物的地方，但"府"指收藏文书、财宝的库房。《说文解字》："府，文书所藏也。""库"是藏兵器、战车的库房。《说文解字》："库兵车所藏也。"两者用途有别。

（3）简、牍：就书写的工具来说，"简"和"牍"是一组同义词，但两者质地不同。写在竹版上的叫简，写在木版上的叫牍。具体如下：

《韩非子·外储说左下》："昭王读法十余简而睡卧矣。"

《后汉书·荀悦传》："所见篇牍，一览鉴我能诵记。"

（4）布、帛：都是织品，但麻织品为“布”，丝织品为“帛”。《礼记·礼运》：“治其麻丝，以为布帛”。正是治麻成布，治丝成帛。

（5）被、衾：都是被子，但被小而衾大。《说文解字》：“被，寝衣，长一身有半。”段玉裁注：“寝衣为小被，则衾是大被。”

4. 侧重方面不同

（1）完、备：在表示完全的意义方面，“完”和“备”是一组同义词，但两者侧重的方面不同。完，侧重事物整体性，意思完整，完好；备，侧重事物的数量、品种方面，意思是应有尽有，齐全完备。具体如下：

《史记·廉颇蔺相如列传》：“城不入，臣请完璧归赵。”

范仲淹《岳阳楼记》：“前人之述备矣。”

（2）恭、敬：在恭谨有礼貌，不怠慢方面，“恭”和“敬”是一组同义词，但两者侧重方面不同。恭，侧重外貌；敬，侧重内心。具体如下：

《礼记·曲礼上》：“何胤云，在貌为恭，在心为敬，何之所说，从多举也。”

《论语·颜渊》：“君子敬而无失，与人恭而有礼。”

但如果泛指，意义就无须区别，如《左传·宣公二年》：“不忘恭敬，民之主也。”

（3）骄、傲：在表示不谦虚方面，“骄”和“傲”是一组同义词。但“骄”指自满、自高自大，是一种心理活动；“傲”指傲慢无礼，是一种外在表情。

《商君书·战法》：“王者之兵，胜而不骄。”

《左传·成公十四年》：“今夫子傲，取祸之道也。”

5. 所指行为的方式或情态不同

（1）视、观、察、望、见。以上字都有“看”义，但“看”的方式不同。视，表示一般性的“看”的行为，《韩非子·外储说右上》：“今人主以二目视一国，一国以万目视人主。”观，指有目的地细看，韩愈《答刘正夫书》：“夫百物朝夕所见者，人皆不注视也。及睹其异者，则共观而言之。”察，指翻来覆去细细审看，力图看出究竟。《孟子·梁惠王上》：“明足以察秋毫之末，而不见舆薪。”望，指向高处、远处看。《诗经·卫风·河广》：“谁谓宋远？跂予望之。”见，不仅表示“看”的动作，还表示“看”的结果，义为“看见”，《说文解字》：“见，视也。”段玉裁注：“析言之，有视而不见者；浑言之，则视与见一也。”《孟子·梁惠王上》：“是乃仁术也，见牛未见羊也。”

（2）哭、泣、号、啼。哭，有声有泪。泣，无声有泪。号，带言语的哭。啼，放声大哭。

《左传·僖公三十二年》：“蹇叔之子与师，哭而送之。”

《战国策·赵策四》：“持其踵为之泣。”

韩愈《进学解》：“冬暖而儿号寒，年丰而妻啼饥。”

杜甫《石壕吏》：“妇啼一何苦。”

（二）褒贬感情色彩不同

1.征、伐、侵、攻

在军事进攻的意义方面，“征、伐、侵、攻”是一组同义词。但其褒贬感情色彩不同。“征”是天子攻诸侯，有道攻无道，是褒义词；“伐”是公开地、大张旗鼓地进攻，是中性词；“袭”和“侵”都是不宣而战的秘密军事行动，都是贬义词。“袭”比“侵”更富有隐蔽性，是偷袭。“攻”偏重于攻坚战，是进攻的泛称。具体如下：

司马光《赤壁之战》：“挟天子以征四方。”

《左传·僖公四年》：“齐侯以诸侯之师侵蔡，蔡溃，遂伐楚。”

《左传·隐公元年》：“大叔完聚，缮甲兵，具卒乘，将袭郑。”

《史记·陈涉世家》：“攻大泽乡，收而攻蕲。”

2.诛、杀

在表示使一定的对象失去生命的意义方面，“诛、杀”是一组同义词，但两者褒贬感情色彩不同。“诛”是褒义词，多表示杀死有罪者，被杀者是罪有应得；“杀”是中性词。具体如下：

《史记·陈涉世家》：“将军身被坚执锐，伐无道，诛暴秦。”“尉剑挺，广起，夺而杀尉。”

《史记·陈涉世家》：“陈胜佐之，并杀两尉。”

3.妇、媪

此二字在古代均表示成年女子，但媪为老妇人，妇则指一般成年女子。

《战国策·赵策四》：“太后曰：‘丈夫亦爱怜其少子乎？’对曰：‘甚于妇人’。”

杜甫《石壕吏》：“听妇前致词，三男邺城戍。”

（三）语法功能不同

1.往、之、适

在到某地方去的意义方面，“往、之、适”是一组同义词，但三者语法功能不同。“往”一般用作不及物动词，不带宾语。“之、适”带宾语。现代汉语都可以带宾语。具体如下：

《礼记·曲礼上》：“往而不来，非礼也；来而不往，亦非礼也。”

彭端淑《为学》：“吾欲之南海，何如？”

苏轼《石钟山记》：“余自齐安舟行适临汝。”

2.耻、辱

耻、辱用作名词时是一组同义词，但当他们用作及物动词时，意义不同。“耻”，用作意动，表示“以……为耻”；“辱”，作动词时，一般是使动用法。具体如下：

《论语·公冶长》：“敏而好学，不耻下问。”

司马迁《报任安书》：“行莫丑于辱先，诟莫大于宫刑。”

3. 言、语

言、语都表示说话。但言指主动陈述，一般不带宾语。而语则是与人谈论，告诉别人，常带表示说话对象的宾语。具体如下：

《左传·僖公三十年》："佚之狐言于郑伯曰。"

《左传·隐公元年》："公语之故，且告之悔。"

三、同义词辨析的方法

几个同义词意义相同，是就其某个义项来说的。就其他的义项来说，就又不同义了。所以，一般来说，几个同义词的意义，既有相同的方面，又有不同的方面。阅读古籍时要注意辨析同义词不同的方面。只有辨析了同义词的不同方面，才能准确地理解词义。辨析同义词词义之间的差别，可以使用互换法、对举法、察源法。

（一）互换法

把同义词在句子中的位置相互调换，就可以发现其词义的差别了。

1. 牙、齿

"牙"是臼牙，"齿"是当唇的牙。具体如下：

《诗经·召南·行露》："谁谓鼠无牙？何以穿我墉？"

《左传·僖公五年》："辅车相依，唇亡齿寒。"

两句中的"牙""齿"，位置不能互换。两者概念不同，含义有别。

2. 领、颈、项

在脖颈的意义方面，领、颈、项是一组同义词。具体如下：

《国语·楚语上》："缅然引领南望。"

《庄子·胠箧》："今遂至使民延颈举踵曰。"

《史记·魏其武安侯列传》："案灌夫项，令谢。"

以上例子中的"领""颈""项"位置不能互换，领，本义是脖子；颈，本义是脖子的前部；项，本义是脖子的后部。三者所指部位不同，含义不一。"引领南望"：伸长脖子向南遥望。"延颈举踵曰"：踮起脚跟，伸长脖子仰慕地说。"案灌夫项"：按着灌夫脖子的后部，让他道歉。

3. 视、望

"视""望"都有"看"义，但"看"的方式不同。举例如下：

柳宗元《捕蛇者说》："吾恂恂而起，视其缶而吾蛇尚存。"

《荀子·劝学》："吾尝跂而望矣，不如登高之博见也。"

视，表示一般性的"看"的行为，望，指向高处、远处看。所以，"视""望"位置不能互换。

4. 撼、摇

“撼”和“摇”都有“摇动”义。比较起来，撼的力度大，猛烈。《宋史・岳飞传》：“撼山易，撼岳家军难。”韩愈《调张籍》：“蚍蜉撼大树，可笑不自量。”都不能改成摇。《古诗十九首》：“四顾何茫茫，东风摇百草。”也不能换成“撼”。

（二）对举法

用同义词与各自的反义词对举，就可以发现同义词之间的差别了。例如，“贫”和“穷”，在钱物短缺的意义方面，“贫”和“穷”为同义词。在古汉语里，“贫”的反义词为“富”，“穷”的反义词为“达”，举例如下。

不戚戚于贫贱，不汲汲于富贵。（陶渊明《五柳先生传》）

穷则独善其身，达则兼济天下。（《孟子・尽心上・忘势》）

前例中“贫”和“富”对举，后例中“穷”和“达”对举。

“贫”和“穷”在现代是同义词。如果它们在古代也是同义词，那么它们的反义词也应该是同义词，但是它们的反义词“富”和“达”却不是同义词，说明“贫”和“穷”在古代不是同义词。

（三）察源法

察源法即通过追溯同义词不同的引申派生关系来确定它们之间的不同。具体如下：

1. 世、代

在父子相承的意义方面，“世”和“代”为同义词，它们各自的本义是什么呢？《说文解字》的训释如下：

《说文・世部》：“世，三十年为一世。”段玉裁《说文解字注》：“论语：如有王者，必世而后仁。孔曰：三十年曰世。按父子相继曰世，其引申之义也。”

《说文・人部》：“代，更也。”段玉裁《说文解字注》：“凡以此易彼谓之代，次第相易谓之递代。”

“父子相继曰世”，即子继父为一世。“次第相易谓之递代”，即子代父为一代。从这种意义上来说，“世”和“代”是同义词，但这种意义都是其引申义，从其本义来说，“世”为数词，“代”为动词，两者不同义。

2. 崇、峻

在山高意义方面，崇、峻是一组同义词。它们各自的本义是什么呢？

《说文・山部》：“崇，嵬高也。从山宗声。”段玉裁《说文解字注》：“山大而高也。”本义是山大而高。

《说文・山部》：“峻，高也。从山陵声。”段玉裁《说文解字注》：“高者，崇也。陵者，陗高也。”本义是山高而陡峭。

“崇”可以引申为“尊崇、崇敬、推崇”等，“峻”可以引申为“严厉、严峻、严苛”等。

3. 迁、徙

在挪动方面，迁、徙是一组同义词。具体如下：

《说文·辵部》：“迁，登也。”本义是往高处挪动。

《说文·辵部》：“徙，移也。”本义是迁移。

“迁官”与“徙官”不同，迁是升迁，徙是调职或降职。《史记》《汉书》中对这两个字的用法有别。例如，《史记·万石君列传》，石奋由太子傅降为诸侯相，称为“徙”（“徙奋为诸侯相”）；石庆由太子傅升为御史大夫，称为“迁”（“迁为御史大夫”）。

（四）借助前人训诂材料

古代学者很注意辨析同义词的差别，字书、辞书、古书注解中都保存了大量的辨析材料。例如，《尔雅·释器》：“金谓之镂，木谓之刻，骨谓之切，象谓之磋，玉谓之琢，石谓之磨。”《尔雅·释草》：“木谓之华，草谓之荣。”《尔雅·释水》：“大波为澜，小波为沦，直波为径。”“水中可居者曰洲，小洲曰渚，小渚曰沚，小沚曰坻。”

《说文解字》：“直言曰言，论难曰语。”《诗经·小雅·雨无正》：“谷不熟曰饥，蔬不熟曰馑。”

《左传》：“凡师有钟鼓曰伐，无曰侵，轻曰袭。”

《孟子》：“老而无妻曰鳏，老而无夫曰寡，老而无子曰独，幼而无父曰孤。”

《论衡》：“沐去首垢，洗去足垢，盥去手垢，浴去身垢。”

《礼记·曲礼》：“天子死曰崩，诸侯曰薨，大夫曰卒，士曰不禄，庶人曰死。”《唐书·百官志》：“凡丧，二品以上称薨，五品以上称卒，自六品达于庶人称死。”

古人的研究成果，为辨析同义词提供了基础。

【课后实操训练】

找出下面短文中的同义词，并辨明其差异。

屈平疾王听之不聪也，谗谄之蔽明也，邪曲之害公也，方正之不容也，故忧愁幽思而作《离骚》。“离骚”者，犹离忧也。夫天者，人之始也；父母者，人之本也。人穷则反本，故劳苦倦极，未尝不呼天也；疾痛惨怛，未尝不呼父母也。屈平正道直行，竭忠尽智，以事其君，谗人间之，可谓穷矣。信而见疑，忠而被谤，能无怨乎？屈平之作《离骚》，盖自怨生也。《国风》好色而不淫，《小雅》怨诽而不乱。若《离骚》者，可谓兼之矣。上称帝喾，下道齐桓，中述汤、武，以刺世事。明道德之广崇，治乱之条贯，靡不毕见。其文约，其辞微，其志洁，其行廉。其称文小而其指极大，举类迩而见义远。其志洁，故其称物芳；其行廉，故死而不容。自疏濯淖污泥之中，蝉蜕于浊秽，以浮游尘埃之外，不获世之滋垢，皭然泥而不滓者也。推此志也，虽与日月争光可也。

第四章　文选·二

第一节　邵公谏厉王弭谤

【文化常识】

《邵公谏厉王弭谤》选自《国语·周语上》，标题为后人所加。

《国语》是我国第一部按国记事的国别史，时代大约在战国初年，共21卷，分《周语》《鲁语》《齐语》《晋语》《郑语》《楚语》《吴语》《越语》8部分，记叙上起周穆王十二年（公元前990年）西征犬戎，下至智伯被灭（公元前453年），前后约五百年的各国内政外交等事件。《国语》开创了以国分类的国别体例，对后世产生了很大影响，陈寿的《三国志》等都是《国语》体例的发展。司马迁说："左丘失明，厥有《国语》。"自那以后，人们普遍认为《国语》是左丘明写的。但从其内容来看，是战国时期的学者依据春秋时期各国史官记录的原始材料整理编辑而成的。相较《左传》，《国语》所记事件大都不相连属，且偏重记言，往往通过言论反映事实，以人物间的谈话来刻画人物，具有一定的文学价值。

本篇记载了周厉王被驱逐的过程。是一篇具有代表性的现实主义先秦散文。本篇描述了周厉王在知道百姓的不满后，命令卫巫监谤，不许百姓议论国事，违令者处死。由于周厉王的专制，百姓们不敢在大庭广众之下议论朝政。人们在路上相遇时，不敢打招呼，只用眼色示意一下，就匆忙离开，这就是"道路以目"。 周厉王得知后很高兴。镐京的"国人"因不满周厉王的暴政，就聚集在一起，围攻王宫，要杀周厉王，于是厉王就逃往彘，后来死在了这里。

需要指出的是，邵公"防民之口，甚于防川"的观点，是从统治阶级立场出发，维护周王朝统治者的利益服务的。但他主张"为川者决之使导，为民者宣之使言"，让老百姓把话说出来，在当时具有一定的进步意义，至今仍有借鉴意义。

【学习任务】

掌握重要的文言实词、虚词和文言句式；体会“防民之口，甚于防川”的民本思想的重要意义；培养虚心听取批评的情操。

厉王虐①，国人谤王②。邵公告曰③：“民不堪命矣！”④王怒，得卫巫⑤，使监谤者。以告，则杀之。国人莫敢言，道路以目。

①厉王：周厉王，名胡，在位三十七年，《左传》称他为“王心戾虐，万民弗忍”。②国人：作为地理方位概念“国”与“野”相对，“国人”是指居住在国都中的人，与“野人”（农夫）相对；作为政治概念，“国人”是指有权参加国家政治决策、有经济收入的城市平民。他们的祖先与周王同族，只是随着年代久远，血缘关系淡薄了，但在国家生活中仍然具有相当的影响力。谤：公开的批评。③邵公：名虎，周王朝卿士，谥穆公。邵，一作召。④堪：忍受。命：政令。⑤卫巫：卫国的巫师。

王喜，告邵公曰：“吾能弭谤矣①，乃不敢言。”邵公曰：“是障之也②。防民之口，甚于防川。川壅而溃③，伤人必多，民亦如之。是故为川者决之使导，为民者宣之使言。④故天子听政⑤，使公卿至于列士献诗⑥，瞽献曲⑦，史献书⑧，师箴⑨，瞍赋⑩，矇诵⑪，百工谏⑫，庶人传语⑬，近臣尽规，亲戚补察⑭，瞽史教诲，耆艾修之⑮，而后王斟酌焉，是以事行而不悖⑯。民之有口也，犹土之有山川也，财用于是乎出；犹其原隰之有衍沃也⑰，衣食于是乎生。口之宣言也，善败于是乎兴。⑱行善而备败，其所以阜财用衣食者也。⑲夫民虑之于心而宣之于口，成而行之，胡可壅也？若壅其口，其与能几何？”

①弭（mǐ）：消除，阻止。②障：堵塞。③川壅而溃：壅，堵塞。溃：溃决，水冲破堤防。④为川者：治水的人。决：疏浚。导：通畅。宣：开导。⑤听政：治理国政。⑥公卿：周代设立太师、太傅、太保，统称三公。卿：指六卿或九卿，周代设立天官冢宰、地官司徒、春官宗伯、夏官司马、秋官司寇、冬官司空，统称六卿；再加上少师、少傅、少保，统称九卿。至于：连词，一直到。列士：周代士有上士、中士、下士之分，统称列士，位在大夫之下。诗：讽谏之诗，即采自民间的讽喻政事的诗歌。⑦瞽（gǔ）：盲人。⑧史：史官。书：指史籍。⑨师：少师，乐官。箴：一种具有规诫性的文辞。⑩瞍（sǒu）：有眼无珠的盲人。赋：诵读。⑪矇（méng）：有眼珠的盲人。⑫百工：为国君从事各种工艺的人。⑬庶人：平民百姓。传语：把意见传给国君。⑭亲戚：指包括父母兄弟在内的同族亲属。⑮耆（qí）艾：年六十叫耆，年五十叫艾。最早注《国语》的三国时期的韦昭解释这句说：“师、傅修理瞽、史之教，以闻于王也。”修：整理修饰。⑯斟酌：考虑取舍。悖（bèi）：违背道理。⑰原隰（xí）：原：广而平的土地。隰：低而湿的土地。衍：低而平的土地。沃：有水灌溉的土地。⑱宣言：发表议论。兴：兴起、表露之意。⑲其：副词，表示揣测，（这）大概（就是）。所以：用来……的。阜：使动用法，使……增加。

王不听，于是国人莫敢出言。三年，乃流王于彘。

【课后实操训练】

阅读短文，翻译短文中画横线的句子。

郑人游于乡校，以论执政。然明谓子产曰："毁乡校，何如？"子产曰；"何为？夫人朝夕退而游焉，以议执政之善否。其所善者，吾则行之；其所恶者，吾则改之，是吾师也，若之何毁之？我闻忠善以损怨，不闻作威以防怨。岂不遽止？然犹防川：大决所犯，伤人必多，吾不克救也；不如小决使道，不如吾闻而药之也。"然明曰："蔑也，今而后知吾子之信可事也。小人实不才。若果行此，其郑国实赖之，岂唯二三臣？"仲尼闻是语也，曰："以是观之，人谓子产不仁，吾不信也。"(《左传·襄公三十一年》)

第二节　唐雎不辱使命

【文化常识】

本篇选自《战国策·魏策四》，题目为后人所加。

《战国策》也叫《国策》，是战国时期的国别史汇编，由汉代刘向编订，共 33 卷，分东周策 1 卷，西周策 1 卷，秦策 5 卷，齐策 6 卷，楚策 4 卷，赵策 4 卷，魏策 4 卷，韩策 3 卷，燕策 3 卷、宋卫策 1 卷，中山策 1 卷，共计 497 卷。它记载了战国时期各国政治、军事、外交方面的一些活动，记录了各国谋臣的策略和言论。它是研究战国历史的重要文献。《战国策》还是一部优秀的散文集，其中的文章以独特的语言风格、雄辩的论说，铺张的叙事、尖刻的讽刺、耐人寻味的幽默，使中国古代历史散文达到了新的水平，对后世散文和辞赋的创作产生了深远的影响。

刘向本名更生，字子政，沛（今江苏沛县）人。西汉经学家、目录学家、文学家。刘向一生著作众多，为保护我国古代典籍做出了巨大的贡献。他的著作包括《战国策》《说苑》《列女传》等历史、文学名著。

战国时期，周王朝一统天下的局面早已被打破。战国最后十年，秦开始翦灭各诸侯国。公元前 230 年灭韩，公元前 225 年灭魏。安陵是魏的附庸小国，在魏国灭亡之后，一度还保持着独立的地位。秦王就是以"易地"为手段，企图将其吞并，从而引发了两国间的一场外交斗争。唐雎出使秦国，与秦王展开了激烈的斗争，唐雎这个小国的臣子，在秦王的挑衅和威胁下，无所畏惧，与秦王正面交锋，最后理直气壮地使秦王折服，终不辱使命，这种勇气和胆识是难能可贵的。而秦王正是在这份胆识的威慑下败下阵来。

唐雎，也作唐且。安陵君的臣子，魏国著名策士。为人有胆有识，忠于使命，不畏强权。

【学习任务】

掌握文中重要的文言实词、虚词、通假字、词类活用、古今异义词、文言句式等知识，提高文言文阅读能力；培养大无畏的英雄气概和爱国主义精神。

秦王使人谓安陵君曰①：“寡人欲以五百里之地易安陵②，安陵君其许寡人！”③安陵君曰：“大王加惠④，以大易小，甚善；虽然，受地于先王，愿终守之，弗敢易！”秦王不说。安陵君因使唐雎使于秦。

①安陵君：安陵是一个小国，在今河南鄢陵西北，原是魏国的附属国。魏襄王封其弟为安陵君。②以：介词，用。易：交换。③其：助词，加强语气。许：答应。④加惠：给予恩惠。

秦王谓唐雎曰：“寡人欲以五百里之地易安陵，安陵君不听寡人，何也？且秦灭韩亡魏①，而君以五十里之地存者②，以君为长者，故不错意也③。今吾以十倍之地，请广于君④，而君逆寡人者⑤，轻寡人与？”⑥唐雎对曰：“否，非若是也。安陵君受地于先王而守之，虽千里不敢易也，岂直五百里哉？”⑦

①亡：使动用法，使……灭亡。②以：介词，凭借。存者：存在的原因。③错意：在意。④以：介词，用。广：形容词用作动词，扩大。⑤逆：违背。⑥轻：看轻。⑦直：只，仅仅。

秦王怫然怒①，谓唐雎曰：“公亦尝闻天子之怒乎？”②唐雎对曰：“臣未尝闻也。”秦王曰：“天子之怒，伏尸百万，流血千里。”唐雎曰：“大王尝闻布衣之怒乎？”秦王曰：“布衣之怒，亦免冠徒跣③，以头抢地耳。”④唐雎曰：“此庸夫之怒也⑤，非士之怒也。夫专诸之刺王僚也，彗星袭月；⑥聂政之刺韩傀也，白虹贯日；⑦要离之刺庆忌也，仓鹰击于殿上。⑧此三子者，皆布衣之士也，怀怒未发，休祲降于天⑨，与臣而将四矣。若士必怒，伏尸二人，流血五步，天下缟素⑩，今日是也。”挺剑而起。

①怫然：愤怒的样子。然：形容词词尾，……的样子。②尝：副词，曾经。③布衣：平民。徒跣：光着脚。徒：裸露。跣：赤脚。④抢：撞。⑤庸夫：平庸无能的人。⑥专诸刺杀吴王僚时，彗星的尾巴扫过月亮。专诸：春秋时期吴国人。公子光（即后来的吴王阖闾）想杀吴王僚自立，以宴请吴王僚为名，让专诸借献鱼之机刺杀了僚。“彗星袭月”和下文的“白虹贯日”“仓鹰击于殿上”等自然现象，古人认为是发生灾变的征兆。⑦聂政刺杀韩傀的时候，有一道白色的长虹穿过太阳。⑧要离刺杀庆忌的时候，苍鹰扑到宫殿上。仓：同“苍”，灰白色。⑨怀怒未发，休祲降于天：心里的愤怒还没有发作出来，上天就降示了征兆。休祲（jìn）：吉凶的征兆。休：吉祥的预兆。祲：凶险的预兆。⑩缟素：白色的丝织品。这里用作动词，指穿白色丧服。

秦王色挠①，长跪而谢之曰②：“先生坐！何至于此！寡人谕矣③：夫韩、魏灭亡，而安陵以五十里之地存者，徒以有先生也。”④

①色挠：面露胆怯之色。挠：屈。此言神色沮丧。②直身跪着，向唐雎道歉。古人席地而

坐，坐时两膝着地，臀部靠在脚跟上，上身挺直，臀部离开脚跟，就是长跪。谢：道歉。③谕：通“喻”，明白。④徒：副词，只。以：介词，因为。

【课后实操训练】

翻译下面短文。

孟尝君有舍人而弗悦，欲逐之。鲁连谓孟尝君曰：“猿猴错木据水，则不若鱼鳖；历险乘危，则骐骥不如狐狸。曹沫奋三尺之剑，一军不能当。使曹沫释其三尺之剑，而操铫鎒与农夫居垄亩之中，则不若农夫。故物舍其所长，之其所短，尧亦有所不及矣。今使人而不能，则谓之不肖；教人而不能，则谓之拙。拙则罢之，不肖则弃之，使人有弃逐，不相与处，而来害相报者，岂用世立教之道哉？”孟尝君曰：“善！”乃弗逐。（《战国策·齐策三》）

第三节　季氏将伐颛臾

【文化常识】

本篇选自《论语·季氏》，题目是编者所加。

孔子名丘，字仲尼。鲁国陬邑（今山东曲阜）人，出身下层贵族。他自幼研习礼乐，年轻时做过小吏，后收徒办学，成为知名学者。孔子在晚年精心整理了大量的古代文献，为中华文化和学术思想的传承做出了巨大贡献。孔子被后世尊称为“圣人”。

孔子的核心思想是“仁”，主张“仁者爱人”“己所不欲，勿施于人”“己欲立而立人，己欲达而达人”。孔子既是一位伟大的思想家，也是一位伟大的教育家。他首创私学，提倡“有教无类”，先后培养了3 000弟子，促进了教育在民间的发展。他在教学过程中，重视德育与文化知识的培养，发现并总结了诸多的教育规律，并提出了一套教学的基本原理与方法，如主张“因材施教”和“学而不厌、诲人不倦”的精神，对学生应“循循善诱”等。后人称之为“圣人”。其政治主张、伦理思想、道德观念和教育理念等主要载于语录体散文集《论语》中。

《论语》是儒家经典著作之一，由孔子门下弟子及其再传弟子所编纂的一部语录体著作，共20篇，蕴含着孔子博大精深的学问与人生阅历，其中许多精辟之言，成为人们习用的格言和成语，对后来的文学语言产生了深远的影响。

《论语》通行的注本有《论语注疏》（魏何晏集解，宋邢昺疏）和宋代朱熹的《论语集注》，清代刘宝楠的《论语正义》。今人杨伯峻的《论语译注》也有一定的参考价值。

孔子时代的鲁国，政治上处于动荡变革之中。当时季孙、孟孙、叔孙三大家族把持鲁国朝政，其中季孙氏势力最大。他要讨伐颛臾的原因有二：一是贪其土地；二是担心颛臾对自己不利。当时冉有、季路都在季氏门下，并把这个消息告诉了孔子，由此引出了孔子和两位弟子的对话。通过孔子谴责了季氏讨伐颛臾的做法，表达了“不患寡而患不均，不患贫而患不安”“均无贫，和无寡，安无倾”的政治思想，以及用文教德政来使“远人”归服的主张。

【学习任务】

掌握常见实词、虚词、词类活用、古今字、通假字、古今异义和文言句式等重点文言知识，提高文言文阅读能力；在理解文意的基础上，认识其文化价值，思考其时代意义。

季氏将伐颛臾。①冉有、季路见于孔子曰：“季氏将有事于颛臾。”②

①季氏：这里指季康子（名肥，鲁国的大夫），把持朝政。颛臾（zhuān yú）：小国，是鲁国的属国，故城在今山东费县西北。②冉有和季路两人都是孔子的弟子，当时都是季康子的家臣。见：谒见。将：副词，将要。有事：这里指军事行动。于：介词，引进动作的对象。

孔子曰：“求！无乃尔是过与？①夫颛臾，昔者先王以为东蒙主②，且在邦域之中矣，是社稷之臣也③。何以伐为？”④

①无乃尔是过与：恐怕该责备你吧？“无乃……与”，表示对情况的推则，含推断语气，相当于“恐怕……吧”。尔是过：责备你。尔：你，指冉有，宾语前置。是：是宾语前置的标志。过：动词，责备。“与”通“欤”，语气词，用在句末表推测，可译为“吧”“吗”。②先王：指周之先王。东蒙主：主管祭祀蒙山的人。东蒙：山名，及蒙山，在今山东蒙阴南。主：主管祭祀的人。以为：把……作为。“以为”是“以之为”的省略，“之”指颛臾。③是：代词，指颛臾。社稷：代表“国家”，这里指鲁国。④何以……为：固定格式。用于原因询问，相当于“为什么要……呢”。

冉有曰：“夫子欲之①，吾二臣者皆不欲也。”孔子曰：“求！周任有言曰：‘陈力就列，不能者止。’②危而不持，颠而不扶③，则将焉用彼相矣④？且尔言过矣，虎兕出于柙⑤，龟玉毁于椟中⑥，是谁之过与？”

①夫子：指季康子。春秋时，长者、老师以及贵族卿大夫等可以尊称为夫子。②周任：上古时期的史官。陈：施展。就：担任。列：职位。能：胜任。止：列，职位。③危：不稳。持：扶，扶持。颠：跌倒。扶：搀扶。④相（xiàng）：搀扶盲人走路的人。⑤兕（sì）：独角犀。柙（xiá）：关猛兽的笼子。⑥椟：匣子。

冉有曰：“今夫颛臾，固而近于费，今不取，后世必为子孙忧。”①

孔子曰：“求！君子疾夫舍曰欲之而必为之辞。②丘也闻有国有家者，不患寡而患不均，不患贫而患不安。③盖均无贫，和无寡，安无倾。④夫如是，故远人不服，则修文德以来之。⑤既来之，则安之。⑥今由与求也相夫子⑦，远人不服，而不能来也；邦分崩离析，而不能守也⑧；而谋动干戈于邦内。⑨吾恐季孙之忧，不在颛臾，而在萧墙之内也。”⑩

①“今夫”句：今夫，句首语气词。固：指城郭坚固。近：靠近。费（bì）：季氏的私邑，在今山东费县。忧：忧患。②君子疾夫舍曰欲之而必为之辞：君子厌恶那些不肯说（自己）想要那样而偏要找借口的人。疾：痛恨。夫：代词，那种。舍：舍弃，撇开。③有国有家者：国，诸侯统治的政治区域。家，卿大夫统治的政治区域。不患寡而患不均，不患贫而患不安：不担心分得少，而是担心分配得不均匀；不担心生活贫穷，而担心生活不安定；又有一说法为“不患贫而患不均，不患寡而患不安”。寡：指人口少。④盖均无贫：财富分配公平合理，上下各得其分，就没有贫穷。和无寡：上下和睦，人民都愿归附，就没有人口少的现象。安无倾：国家安定，就没有倾覆的危险。倾：倾覆。⑤夫：句首语气词。如是：如此。文：文教，指礼乐。来：使动用法，使……来（归附）。⑥安：使动用法，使……安定。⑦相（xiàng）：辅佐。⑧分崩离析：国家四分五裂，不能守全。守：保全国家。⑨干：盾牌。戈：古代用来刺杀的一种长柄兵器。干戈：指战争。⑩萧墙：国君宫门内迎门的小墙，又叫作屏。萧：古通“肃”。这里借指宫廷。

【课后实操训练】

翻译下面短文。

诗有之：高山仰止，景行行止。虽不能至，然心向往之。余读孔氏书，想见其为人。适鲁，观仲尼庙堂车服礼器，诸生以时习礼其家，余祗回留之不能去云。天下君王至于贤人众矣，当时则荣，没则已焉。孔子布衣，传十余世，学者宗之。自天子王侯，中国言六艺者折中于夫子，可谓至圣矣！（司马迁《史记·孔子世家》）

第四节　无标点白文选·二

大同（《禮記·禮運》）

昔者仲尼與於蠟賓事畢出遊於觀之上喟然而歎仲尼之歎蓋歎魯也言偃在側曰君子何歎孔子曰大道之行也與三代之英丘未之逮也而有志焉大道之行也天下為公選賢與能講信修睦故人不獨親其親不獨子其子使老有所終壯有所用幼有所長矜寡孤獨廢疾者皆有所養男有分女有歸貨惡其棄於地也不必藏於己力惡其不出於身也不必為己是故謀閉而不興盜竊亂賊而不作故外戶而不閉是謂大同今大道既隱天下為家各親其親各子其子貨力為己大人世及以為禮城郭溝池以為固禮義以為紀以正君臣以篤父子以睦兄弟以和夫婦以設制度以立田裏以賢勇知以功為己故謀用是作而兵由此起禹湯文武成王周公由此其選也此六君

子者未有不謹於禮者也以著其義以考其信著有過刑仁講讓示民有常如有不由此者在勢者去眾以為殃是謂小康

進食之禮（《禮記·曲禮》）

凡進食之禮左殽右胾食居人之左羹居人之右膾炙處外醯醬處內蔥渫處末酒漿處右以脯修置者左朐右末客若降等執食興辭主人興辭於客然後客坐主人延客祭祭食祭所先進殽之序遍祭之三飯主人延客食胾然後辯殽主人未辯客不虛口侍食於長者主人親饋則拜而食主人不親饋則不拜而食

第五章　语法

第一节　词类的活用

【学习任务】

理解词类活用的内涵，掌握使动用法、意动用法、名词用如动词、名词作状语等语法现象；理解、翻译有这种语法现象的文言语句，并培养在阅读文言文时识别这些文言语句的能力；培养不断探索、精益求精、善于思辨的品格和精神，以期对汉语语法研究有新的贡献。

所谓词类活用，是指古代汉语中，某些实词在特定的语言环境中，按照一定的语言习惯而灵活运用，临时改变词性或者临时具有的某种新的语法功能。古代汉语中的词类活用非常普遍，是古代汉语的重要语法特点之一，其内容主要包括名词、形容词、动词、数词的活用，使动用法和意动用法、为动用法等。

词类活用的特点如下：

一是要有特定的语言环境，没有语境就不能谈活用。

二是语义语法的临时性，此处活用彼处未必。

三是这种语法功能与现代汉语相比有明显的不同，判断之时要参照现代汉语的一般用法推断。

一、名词活用

（一）*名词活用为一般动词*

名词活用为一般动词，在古代汉语中比较普遍。活用后的意义仍和这个名词的意义密切相关，只是动作化了。名词活用为动词有以下几种情况：

（1）名词之前没有动词，其后有介词结构作补语时，这个名词活用为动词。具体如下：

吾与子渔樵于江渚之上。

——《前赤壁赋》

舍于翳桑。

——《左传·宣公二年》

“渔樵”后带了介词结构“于江渚之上”充当补语，活用为动词，意思是“打鱼砍柴”；“舍”后带了介词结构“于翳桑”充当补语，活用为动词，意思是“住宿”。

值得注意的是，名词后面跟表示地点的名词时，后常常省略介词，但这个名词活用为动词。具体如下：

晋军函陵，秦军氾南。

——《左传·僖公十三年》

四十三年，望中犹记，烽火扬州路。

——辛弃疾《永遇乐·京口北固亭怀古》

以上两句中的“军”“烽火”后均省略了“于”，这两个词活用为动词，意思分别是“驻军”“燃起战火”。

名词如果充当了句中的主语或动词的宾语，尽管它带上了介词结构，也不用如动词。具体如下：

君子于其所不知，盖阙如也。

——《论语·子路》

“君子”充当了句中的主语，不用如动词。

遂置姜氏于城颍。

——《左传·隐公元年》

“姜氏”充当了句中的动词的宾语，不用如动词。

（2）两个名词相连，如果两者是动宾关系或主谓关系，其中一个必然活用为动词。具体如下：

乃丹书帛曰“陈胜王”。

——《史记·陈涉世家》

“陈胜王”两个名词连用，组成主谓关系，那么后面的名词活用为动词，“王”即活用为动词“称王”。

七十者衣帛食肉，黎民不饥不寒，然而不王者，未之有也。

——《孟子·寡人之于国也》

“衣、帛”两个名词连用，构成动宾关系，前面的名词“衣”活用为动词，意为“穿”。

域民不以封疆之界。

——《孟子·公孙丑下》

“域、民”均为名词，两者连用，构成动宾关系，前面的名词“域”活用为动词，意为“限制”。

（3）名词用在“所”“者”结构中，便活用为动词。具体如下：

置人所罾鱼腹中。

——《史记·陈涉世家》

“罾”本来是名词，意思是“渔网”，与“所”一起组成“所字结构”，活用为动词，意思是“捕捉”。

赵主之子孙侯者，其继有在着乎?

——《战国策·赵策四》

“侯”本来是名词，与“者”一起组成“者字结构”，活用为动词，意思是封侯。

（4）名词后有“之、我”等代词，这个名词活用为动词。因为代词不受名词修饰，且这个名词与代词构成的是动宾关系。具体如下：

使鹿贼之。

——《左传·宣公二年》

王曰：“然则德我乎？”

——《左传·楚归晋知罃》

名词“贼、德”用在代词的前面，活用为动词，意思分别为“杀、感激”。

雨我公田，遂及我私。

——《诗经·小雅·大田》

“雨”为名词，前面没有动词，其后有代词，“我”“雨”活用为动词，意思是“降雨”。

（5）如果名词前面有能愿动词或副词，这个名词就具有了动词的语法特点，也就活用成了动词。具体如下：

左右欲刃相如。

——《史记·廉颇蔺相如列传》

“刃”用在能愿动词“欲”之后，活用为动词，意思是“杀”。

假舟楫者，非能水也，而绝江河。

——荀子《劝学》

“水”前带能愿动词“能”，活用为动词，意思是“游水”。

范增数目项王。

——《史记·项羽本纪》

从弟子女十人所，皆衣缯单衣。

——《史记·西门豹治邺》

贫生于不足，不足生于不农。

——晁错《论贵粟疏》

句中的“数”“皆”和“不”是副词，后面的“目”“衣”和“农”活用为动词。意思分别为“使眼色、穿着、从事农业生产”。

（6）名词用连词“而、以”连接时，就具有了动词的语法特点，活用为动词。

若阙地及泉，隧而相见，其谁曰不然？

——《左传·隐公元年》

楚以故不能过荥阳而西。

——《史记·项羽本纪》

遂墨以葬文公。

——《左传·僖公三十三年》

连词“而、以”一般连接动词、形容词或动词性、形容词性词组，但不用来连接名词或名词性词组。第一个例子中的名词“隧”后面，第二个例子中的方位名词“西”的前面分别用连词“而”同一个动宾词组连接，因而活用为动词，意思分别为“挖隧道”和“向西行军”。第三个例子中“墨”的本义是指“书写的材料”，因墨呈“黑色”，所以引申为“黑”，而例句中活用为动词短语“穿黑色丧服”。

（7）单音名词迭用，如果表示的是主谓关系或动宾关系，其中必有一个活用为动词。

齐景公问政于孔子。孔子对曰：“君君、臣臣、父父、子子。”

——《论语·颜渊》

“君君”“臣臣”“父父”“子子”四组单音名词迭用，表示主谓关系，后一个名词活用为动词，意为“像个君”“像个臣”“像个父亲”“像个儿子”。

亲亲而仁民，仁民而爱物。

——《孟子·尽心上》

“亲亲”单音名词迭用，表示动宾关系，前一个名词活用为动词，意为“亲爱”。

需要指出的是，词类活用和词的兼类不同。所谓词类的活用，是说某词本属于某一词类，只是在句中临时具有别的词类的性质，并不是说这个词分属于两个词类，否则就成了词的兼类了。具体如下：

公赐之食，食舍肉。

——《左传·隐公元年》

前“食”名词，食物。后“食”动词，吃。意思是吃东西时把肉放在一边。

“食”兼有名词和动词两种词性，属于词兼类。

范增数目项王。

——《史记·项羽本纪》

这句的“目”本是名词，而在这个语言环境里活用为动词，表示“使眼色”的意思。但是这只是一种有条件的、临时性的情况。动词的用法并没有成为“目”的经常性的功能。所以，这只是活用。

（二）名词的使动用法

名词的使动用法，是指这个名词带了宾语，并且使宾语所代表的人或事物变成这个名词所代表的人或事物，需要用“使宾语怎么样”的语言形式去理解。

纵江东父兄怜而王我，我何面目见之？

——《史记·项羽本纪》

“王”活用为动词，作谓语，使宾语“我”成为王，具有了“王”的性质，所以“王”应理解为“使……为王”。

先破秦入咸阳者王之。

——《史记·项羽本纪》

“王”活用为动词，作谓语，“之”代“先破秦入咸阳者”作宾语。使宾语“之（先破秦入咸阳者）”成为王，具有了“王”的性质，所以“王”应理解为“使/封……为王”。

齐威王欲将孙膑。

——《史记·孙子吴起列传》

“将”活用为动词，作谓语，“孙膑”作宾语。使宾语“孙膑”成为主将，具有了“将”的性质，所以“将”应理解为“使/任用……为主将”。

扁鹊不能肉白骨。

——《盐铁论·非鞅》

“肉”活用为动词，作谓语，“白骨”作宾语。使宾语“白骨”生肉。具有了“肉”的性质，所以“肉”应理解为“使……长肉”。

文王以百里之壤而臣诸侯。

——《战国策·毛遂自荐》

“臣”活用为动词，作谓语，“诸侯”作宾语。使宾语“诸侯”对文王称臣，具有了“臣”的性质，所以“臣”应理解为“使……称臣”。

作使动用法的名词，后面也偶尔有省略宾语。具体如下：

天子不得而臣也，诸侯不得而友也。

——刘向《新序·节士》

“不得而臣”相当于“不得而臣之”；“不得而友”相当于“不得而友之”，意思是“不得使之为臣”“不得使之为友”（不能和他做朋友）。

方位名词是名词的一种，活用为动词后有时也有使动用法。方位名词的使动用法，便是使宾语表示的人或物向某一方向行动。具体如下：

人杰地灵，徐孺下陈蕃之榻。

——王勃《滕王阁序》

方位名词“下”活用为动词，作谓语，“陈蕃之榻”作宾语。使宾语“陈蕃之榻”，具有了“下”的性质，所以“下”应理解为“使……放下”。

故王不如东苏子，秦必疑齐而不信苏子矣。

——《史记·苏秦列传》

“东苏子”，意思是使苏子往东去。

筑室百堵，西南其户。

——《斯干》

“西南其户”，意思是使门户向西方或南方开。

（三）名词的意动用法

意动用法属于词类活用的一种特殊现象。“意动”中的“意”，就是“主观认为”“主观上把某个事物当作”的意思。

所以，意动用法是指主语主观上认为宾语是谓语，或具有谓语的性质、状态，使宾语具有“认为它怎么样”或“把它当作什么”的意思。也就是说意动用法即一个词加上一个宾语，在意义上是“认为（宾语）是……”“把（宾语）当作……”“以为（宾语）是……”“感到（宾语）是……”的意思，这里的“认为、以为、当作、感到”就是意动，是根据作者的意思加上去的。具体如下：

生乎吾前，其闻道也固先乎吾，吾从而师之。

——韩愈《师说》

名词“师”作谓语，“之”作宾语，主语“吾”在主观上把“之”作为老师来看待。所以，“师”应理解为“以……为老师”或“把……当作老师”。

孟尝君客我。

——《战国策·齐策四》

名词“客”作谓语，“我”作宾语，主语“孟尝君”在主观上把“我”作为客人来看待。所以，“客”应理解为“把……当作客人”。

邑人奇之，稍稍宾客其父。

——王安石《伤仲永》

名词“宾客”作谓语，“其父”作宾语，主语“邑人”在主观上把“其父”作为宾客来看待。所以，“宾客”应理解为“以……为宾客”或“把……当作宾客”，翻译时可译为“以宾客之礼对待……”。

襟三江而带五湖。

——王勃《滕王阁序》

名词“襟”和“带”作谓语，“三江”和“五湖”作宾语，主语在主观上把“三江”作为衣襟来看待，把“五湖”作为衣带来看待。所以，应理解为“以三江为衣襟。以五湖为衣带”。

侣鱼虾而友麋鹿。

——苏轼《前赤壁赋》

名词“侣”和“友”作谓语，“鱼虾”和“麋鹿”作宾语，主语在主观上把“鱼虾”作为同伴来看待，把“麋鹿”作为朋友来看待。所以，“侣”应理解为“以……为侣”或“把……当作侣”，“友”应理解为“以……为友”或“把……当作友”。

（四）名词的为动用法

为动用法就是用如动词的名词所表示的相关的动作行为是主语“替”宾语、“为（给）”宾语动，或“为了”宾语动。具体如下：

名余曰正则兮，字余曰灵均。

——屈原《离骚》

“字”是名词用作动词，分别带有宾语“余”，“名余”即“为我命名”，“字余”即“为我取字”。

父曰：“履我！”良业为取履，因长跪履之。

——《史记·留侯世家》

两个“履”是名词用作动词，分别带上宾语“我”和“之”，都表示“为……穿履”之意，“履我”即“为我穿上鞋”，“履之”即“为他穿上鞋”。

庐陵文天祥自序其诗。

——文天祥《〈指南录〉后序》

“序”是名词用作动词，带有宾语，“序其诗”即“为他的诗集写了序言”。

二、形容词活用

（一）形容词活用为一般名词

（1）形容词处在主语或宾语的位置，具有明显的表示人或事物的特征和意义，它就活用为名词。具体如下：

是故圣益圣，愚益愚。

——韩愈《师说》

形容词“圣”“愚”充当主语，活用为名词，意为“圣明的人”“愚昧的人”。

少长咸集。

——王羲之《兰亭集序》

形容词“少长”充当主语，活用为名词，意为“年轻的人”“年长的人”。

富，人之所欲。

——《孟子·万章上》

形容词“富”充当主语，指的是物，活用为名词，意为“财富”。

将军身被坚执锐。

——《史记·陈涉世家》

“坚”“锐”均为形容词，分别用在动词“被”“执”之后充当宾语，活用为名词，意为“坚固的铠甲”“锐利的武器”。

君子尊贤而容众。

——《论语·子张》

“贤”“众”均为形容词，分别用在动词“尊”“容”之后充当宾语，活用为名词，意为“贤人”“普通人”。

（2）如果一个形容词用在介词之后，并和该介词组成介词结构，那么这个形容词活用为名词。具体如下：

以小易大，彼恶知之。

——《孟子·梁惠王上》

“小”用在介词“以”后，组成介词结构，“小”活用为名词，意为“小羊”。

至于幽暗昏惑而无物以相之。

——王安石《游褒禅山记》

“幽暗昏惑”用在介词“于”后，组成介词结构，“幽暗昏惑”活用为名词，意为“幽深昏暗”“使人迷惑的地方”。

（3）如果一个形容词充当了定语的中心词构成名词性词组，那么该形容词活用为名词。具体如下：

君子成人之美，不成人之恶。

——《论语·颜渊》

老吾老，以及人之老。

——《孟子·梁惠王上》

“美”“恶”“老”为形容词，用在助词“之”的后面，和前面的名词“人”构成名词性词组“人之美”“人之恶”“人之老”，“美”“恶”“老”活用为名词，意为“好事”“坏事”“老人”。

（二）形容词活用为一般动词

在文言文中，当形容词直接带宾语时，它不再表示事物性质，而是表示相应的动作行为或变化发展。例如，“其好游者不能穷也”中的“穷”，是走到尽头的意思。

（1）形容词本身不能带宾语，如果后面有名词或代词作宾语，而又没有使动、意动的意味，活用为一般动词。具体如下：

山多石，少土。

——姚鼐《登泰山记》

形容词“多、少”后带宾语“石、土”，多意为有很多；少意为缺少。

发鸠之山，其上多柘木。

——《山海经·北山经》

形容词“多”后带宾语“柘木”，用作动词，意为“有很多”。

上官大夫短屈原于顷襄王。

——《史记·屈原贾生列传》

形容词“短”带宾语“屈原”，用作动词，意为“说坏话”。

楚左尹项伯者，项羽季父也，素善留侯张良。

——《史记·项羽本纪》

形容词“善”带宾语“留侯张良”，用作动词，意为“与……交好”。

有时，形容词后面不带宾语，也活用为一般性动词。

火尚足以明。

——王安石《游褒禅山记》

明意为照明。

则其好游者不能穷也。

——王安石《游褒禅山记》

穷意为走到尽头。

（2）“所”作为辅助性代词，常与动词或动词性词组合用构成“所”字结构，指代一定的对象，故“所”后出现形容词要活用为动词。

毛嫱、丽姬，人之所美也。

——《庄子·齐物论》

形容词“美”前有“所”，构成“所”字结构，活用为动词，意为“赞美”。

然则是所重者在乎色乐珠玉，而所轻者在乎人民也。

——李斯《谏逐客书》

形容词“重”“轻”前有“所”，构成“所”字结构，活用为动词，意为“重视”“轻视”。

故俗之所贵，主之所贱也；吏之所卑，法之所尊也。

——晁错《论贵粟疏》

形容词“贵、贱、卑、尊”前有“所”，活用为动词，意思是“宝贵的、低贱的、鄙视的、尊重的”。

（3）形容词放在能愿动词后面，活用为动词。因为能愿动词修饰动词。

问其深，则其好游者不能穷也。

——王安石《游褒禅山记》

“穷”在能愿动词“能”之后，活用为动词，意为“走到尽头”。

楚欲弱我也，先为之弱乎。

——《左传·文公十年》

“弱”在能愿动词“欲”之后，活用为动词，意思是“削弱”。

欲穷千里目，更上一层楼。

——王之涣《登鹳雀楼》

“穷”在能愿动词“欲”之后，活用为动词，意思是“看尽”。

（三）形容词的使动用法

当形容词活用为动词后，主语使宾语所代表的人或物具有这个形容词所表示的性质或状态。具体如下：

诸侯恐惧，会盟而谋弱秦。

——贾谊《过秦论》

“弱”活用为动词，作谓语，“秦”作宾语。使宾语“秦”变弱，具有了“弱”的状态，所以“弱”应理解为“使……变弱”。

春风又绿江南岸，明月何时照我还。

——王安石《泊船瓜洲》

“绿”活用为动词，作谓语，“江南岸”作宾语。使宾语“江南岸”变绿，具有了“绿”的状态，所以“绿”应理解为“使……变绿”。

能富贵将军者，上也。

——《史记·魏其武安侯列传》

形容词“富贵”后面接了名词宾语，活用为动词，作谓语，使宾语“将军”变富贵，具有了“富贵”的状态，所以“富贵”应理解为“使……富贵”。

大王必欲急臣。

——《史记·廉颇蔺相如列传》

形容词“急”活用为动词，作谓语，“臣”作宾语。使宾语“臣”着急，具有了“急”的状态，所以“急”应理解为“使……着急”。

固国不以山溪之险。

——《孟子·公孙丑下》

形容词“固”，活用为动词，作谓语，“国”作宾语。使宾语“国”坚固，具有了“坚固”的状态，所以应理解为“使……坚固”。

比较难判断的是省略了宾语的形容词使动用法。这种情况，在翻译时要把宾语补出来。

强本而节用，则天不能贫。

——《荀子·天论》

“贫”字是形容词用作使动，但是并没带宾语，所以“贫”是“使（人）贫困”的意思。

（四）形容词的意动用法

形容词带上宾语以后，表示当事者（主语）认为宾语具有这个形容词所表示的性质或状态，含有“意味性”，即“认为”（宾语）怎样，可译为“以为……”或“把……当作……”。

吾妻之美我者，私我也；妾之美我者，畏我也；客之美我者，欲有求于我也。

——《战国策·齐策一》

形容词“美”作谓语，“我”作宾语，主语“吾妻”在主观上认为“我美”。所以，“美”应理解为“认为……美”或“觉得……美”。

且庸人尚羞之，况于将相乎！

——《史记·廉颇蔺相如列传》

形容词“羞”作谓语，“之”作宾语，主语“庸人”在主观上认为“之”羞耻。所以，“羞”应理解为“认为……羞”或“对……感到羞”。

孔子登东山而小鲁，登泰山而小天下。

——《孟子·尽心上》

形容词“小”作谓语，“鲁”和“天下”作宾语，主语“孔子”在主观上认为“鲁”和“天下”小。所以，“小”应理解为“认为……小”或“觉得……小”。

时充国年七十余，上老之。

——《汉书·赵充国传》

形容词“老”作谓语，“之”作宾语，主语“上”在主观上认为“之”年纪老。所以，“老”应理解为“认为……老”或“觉得……老”。

巫医乐师百工之人，不耻相师。

——韩愈《师说》

形容词“耻”作谓语，“相师”作宾语，主语“巫医乐师”在主观上认为“相师”羞耻。所以，“耻”应理解为“认为……羞耻”。

（五）形容词的为动用法

形容词的为动用法，就是形容词活用为动词，充当谓语时，后面带宾语，但主语不是动作行为的发出者，宾语也不是动作行为支配的对象，而是表示主语为了宾语或替宾语怎么样。这就是为动用法。具体如下：

太祖苦头风，每发，心乱目眩。

——《三国志·魏书·方伎传》

“苦”字是形容词用作动词，有“为患……而苦恼”之意，“苦头风”即“为头风而苦”，“头风”是宾语，是主语产生“苦”的原因。

稷勤百谷而山死。

——《国语·鲁语》

“勤”是形容词用作动词，“百谷”是其宾语，是“勤”的目的，“勤百谷”是“为百谷而勤”之意。

君不见高堂明镜悲白发。

——李白《将进酒》

“悲”字是形容词用作动词，有“为……而悲”之意，“白发”即“为白发而悲”，“白发”是宾语，是主语产生“悲”的原因。

三、动词活用

（一）动词活用为名词

动词活用为名词，就是这个动词在句子中具有明显的表示人或事物的意义，它一般处于主语或宾语的位置。

（1）两个动词连用，则后一个动词一般活用为名词。

吾射不亦精乎？

——欧阳修《卖油翁》

射：射箭的技术。

夫大国，难测也，惧有伏焉。

——《左传·庄公十年》

伏：伏兵。

闻之，有献于公。

——《左传·隐公元年》

献：献上的物品。

追亡逐北。

——贾谊《过秦论》

亡：逃跑的军队。

（2）代词（其、之）后的动词活用为名词。

而其见愈奇。

——王安石《游褒禅山记》

见：见到的景象。

盖其又深，则其至又加少矣。

——王安石《游褒禅山记》

至：到达的人。

殚其地之出，竭其庐之入。

——柳宗元《捕蛇者说》

出：出产的东西；入：收入的东西。

（二）动词的使动用法

使动用法是指主语所代表的人或物不施行谓语动词所表示的行为动作，而是主语使宾语所代表的人或物发出这个动作。一般说来，被活用为使动用法的动词，多数是不及物动词。不及物动词不带宾语，用于使动时，后面就可以带宾语了。具体如下：

劳其筋骨，饿其体肤。

——《孟子·告子下》

动词“劳”“饿”作谓语，“筋骨”“体肤”作宾语。使宾语“筋骨”产生“劳”的动作，所以“劳”应理解为“使……劳”。使宾语“体肤”产生“饿”的动作，所以“饿”应理解为“使……饿”。

烛之武退秦师。

——《左传·僖公三十年》

动词“退”的意思是“退却”，作谓语，“秦师”作宾语。使宾语“秦师”产生“退”的动作，不能理解为“烛之武”退却，所以“退”应理解为“使……退却”。

舞幽壑之潜蛟，泣孤舟之嫠妇。

——苏轼《赤壁赋》

动词“舞”“泣”作谓语，“幽壑之潜蛟”“孤舟之嫠妇”作宾语。使宾语“幽壑之潜蛟”产生“舞”的动作，所以“舞”应理解为“使……舞”；使宾语“孤舟之嫠妇”产生“泣”的动作，所以“泣”应理解为“使……泣”。

庄公寤生，惊姜氏。

——《左传·隐公元年》

动词“惊”作谓语，“姜氏”作宾语。使宾语“姜氏”产生“惊”的动作，不能理解为“庄公”产生了“惊”的动作，所以“惊”应理解为“使……惊”。

不及物动词用作使动时，后面的宾语有时可以省略，但从特定的上下文关系，可以补足宾语。具体如下：

今由与求也相夫子，远人不服而不能来（之）也。

——《论语·季氏》

“来”动词用作使动，但并没有带宾语，能够看出“来”是“使（他们）生病”的意思。

及物动词也可用作使动，但比较少见。及物动词可以带宾语，在结构形式上与使动用法相同，它们之间的差别在于所表达的意义不同。具体如下：

孟子将朝王。

——《孟子·公孙丑下》

动词“朝”作谓语，“王”作宾语。使主语“孟子”产生“朝”的动作。

武丁朝诸侯。

——《孟子·公孙丑上》

使宾语“诸侯”产生“朝”的动作，不能理解为“武丁”产生了“朝”的动作，所以“朝”应理解为“使……朝见”。

晋侯饮赵盾酒，伏甲将攻之。

——《左传·宣公二年》

“饮”是及物动词，但这里说的是晋侯让赵盾喝酒。

（三）动词的为动用法

为动用法的动词不是直接支配宾语，而是表示为（替）宾语或对宾语施行某一动作。简言之，主语为宾语而动。“为动”的“为”在这里包括“为了”“因为”“给（替）”“对（向）”四个意思。翻译方法是：“为（给、替、对）+ 宾语 + 动词”。具体如下：

夫人将启之。

——《左传·隐公元年》

启之：为之开启。

遂置姜氏于城颍，而誓之曰：“不及黄泉，无相见也。”既而悔之。

——《左传·隐公元年》

悔之：为之（发誓）后悔。

单于视左右而惊，谢汉使。

——《汉书·苏武传》

谢汉使：向汉使道歉。

伯夷死名于首阳之下，盗跖死利于东陵之上。

——《庄子·骈拇》

死名：为了名而死；死利：为了利而死。

问其故，而患之。

——《左传·宣公二年》

患之：为之担忧。

提弥明死之。

——《左传·宣公二年》

死之：为之而死。

（四）动词用作状语

在古代汉语中，动词有时候也用来作状语，对作谓语的动词进行修饰，表示动作行为的方式、情态、状貌等。

1. 不及物动词作状语

一般来说，作状语的动词往往是不及物动词。具体如下：

于是相如前进缶，因跪请秦王。

——《史记·廉颇蔺相如列传》

跪：跪着。

邻人京城氏之孀妻有遗男，始龀，跳往助之。

——《列子·汤问》

跳：蹦蹦跳跳地。

两个动词之间可能有连词“而”或“以”。具体如下：

孟尝君笑而受之。（《战国策·齐策四》）笑：笑着。

浴乎沂，风乎舞雩，咏而归。（《论语·先进》）咏：唱着歌。

2. 动宾词组作状语

动宾词组同样也可以直接用在另一动词之前充当状语，常见的形式有两种。

（1）动宾词组直接用在另一动词之前。具体如下：

相如张目叱之。（《史记·廉颇蔺相如列传》）张目：睁大眼睛。

相如因持璧却立。（《史记·廉颇蔺相如列传》）持璧：拿着璧。

（2）动宾词组通过连词“而”或“以”与谓语动词连接。具体如下：

毕礼而归之。(《史记·廉颇蔺相如列传》)毕礼：完成礼仪。

余与四人拥火以入。(王安石《游褒禅山记》)拥火：拿着火把。

四、数词活用

(一)数词用作动词

数词很少活用为动词。如果数词临时具有动词的语法功能，在句子里作谓语，它的前面有能愿动词或作状语的副词，或者它的后面有作宾语的名词或代词，那么数词也就活用为动词了。

“孰能一之？”对曰：“不嗜杀人者能一之。”

——《孟子·梁惠王上》

数词“一”，前面有能愿动词“能”，后面有宾语“之”，活用为动词，意为“统一”。

六王毕，四海一。

——杜牧《阿房宫赋》

一：在句子里作谓语，意为“统一”。

叔命西鄙北鄙贰于己。

——《左传·隐公元年》

贰：在句子里作谓语，意为“从属二主”，即从属于庄公的同时从属于自己。

女也不爽，士贰其行。

——《诗经·卫风·氓》

贰：在句子里作谓语，意为“不专一、有二心”。

休祲降于天，与臣而将四矣。

——《战国策·魏策四》

四：前面的副词“将”，活用为动词，意为“成为四个人”

(二)数词用作形容词

数词作定语的时候，一般来说，这个数词就活用为形容词。

余观乎巴陵胜状，在洞庭一湖。

——范仲淹《岳阳楼记》

一：意思是“全”“满”。意为“全部在洞庭湖上”。

蚓无爪牙之利……用心一也。

——《荀子·劝学》

一：意思是“专一”。

（三）数词用作名词

数词作主语或宾语的时候，一般来说，这个数词就活用为名词。

合从缔交，相与为一。

——贾谊《过秦论》

“一”位于主语的位置，活用为名词，意为“一个整体”。

命夸娥氏二子负山，一厝朔东，一厝雍南。

——《列子·汤问》

“一”位于主语的位置，活用为名词，意为“一座山”。

（四）数词用作副词

予壹不知夫丧之踊也。(《礼记·檀弓》)

蔡、许之君，一失其位，不得列于诸侯。(《左传·成公三年》)

王事适我，政事一埤益我。(《诗经·邶风·北门》)

为法之敝，一至此哉！（《史记·商君列传》)

（五）数词的使动用法

数词活用为动词后也有使动用法。数词用如动词充当谓语时，如果其含义是主语代表的人或事物使宾语代表的人或事物施行这个用如动词的数词所表示的动作行为或发展变化等。使动用法的数词，不仅具有动词的语法功能和词汇意义，还具有使令意义。具体如下：

霸主将德是以，而二三之，其何以长有诸侯乎？

——《左传·成公八年》

数词“二三”，带宾语“之”，是“不专一”的意思。在句中具有使令意，“二三之”即“使……二三”，根据文意，可理解为“使德行反复无常”。

夫金鼓旌旗者，所以一人之耳目也。

——《孙子·军事》

数词“一”活用为动词，带宾语“人之耳目”，是“统一”的意思，在句中又具有使令意，“一人之耳目”即“使人的耳目统一起来”。

（六）数词的意动用法

数词活用为动词后也有意动用法。具体如下：

固知一死生为虚诞。

——王羲之《兰亭集序》

一：把……看作一样。

五、使动用法与意动用法的区别

意动用法和使动用法虽然同属词类的活用，结构上同是形容词、名词后面带宾语，但是使动用法是主语使宾语在客观上产生某种行为或行动，是见于事实的，有实际的行为动作、客观的结果，而意动用法是主观上认为宾语具有谓语所表示的性质与状态，是主观的看法，没有实际的行为动作、客观的结果。试比较以下句子：

诸侯恐惧，会盟而谋弱秦。

——贾谊《过秦论》

使宾语“秦”变弱，具有了“弱”的状态，所以“弱”应理解为“使……变弱”。

春风又绿江南岸，明月何时照我还。

——王安石《泊船瓜洲》

使宾语“江南岸”变绿，具有了“绿”的状态，所以“绿”应理解为“使……变绿”。

能富贵将军者，上也。

——《史记·魏其武安侯列传》

使宾语“将军”变富贵，具有了“富贵”的状态，所以“富贵”应理解为“使……富贵”。

吾妻之美我者，私我也。

——《战国策·齐策一》

主语“吾妻”在主观上认为“我美”，所以“美”应理解为“认为……美”或“觉得……美”。

且庸人尚羞之，况于将相乎！

——《史记·廉颇蔺相如列传》

主语“庸人”在主观上认为“之”羞耻，所以“羞”应理解为“认为……羞”或“对……感到羞”。

孔子登东山而小鲁，登泰山而小天下。

——《孟子·尽心上》

主语“孔子”在主观上认为“鲁”和“天下”小，所以“小”应理解为“认为……小”或“觉得……小”。

时充国年七十余，上老之。

——《汉书·赵充国传》

主语“上”在主观上认为“之”年纪老，所以“老”应理解为“认为……老”或“觉得……老”。

【课后实操训练】

一、请说明下列句中的词类活用现象。

要求：说明活用词原有的词性；说明是哪一类活用；说明活用后所表示的意义。

1. 故明君不官无功之臣，不赏不战之士。（曹操《论吏士行能令》）
2. 象入舜宫，舜在床琴。（《孟子·万章上》）
3. 贫生于不足，不足生于不农。（晁错《论贵粟疏》）
4. 此其人之勤劳，必千万于天下之人。（黄宗羲《原君》）
5. 是子报仇之时也，而子何故乃肯逃我？（《韩非子·外储说左下》）
6. 欲居之以为利，而高其值，亦无售者。（《聊斋志异·促织》）
7. 项伯杀人，臣活之。（《史记·项羽本纪》）
8. 故王不如东苏子，秦必疑齐而不信苏子矣。（《史记·苏秦列传》）
9. 成以其小，劣之。（《聊斋志异·促织》）
10. 古之用兵者，非利土壤之广，而贪金玉之略。（《淮南子·兵略》）
11. 当此三行者，而衣弗友，人君弗臣。（《淮南子·氾论训》）
12. 人貌荣名，岂有既乎？（《史记·游侠列传》）
13. 从弟子女十人所，皆衣缯单衣。（《史记·西门豹治邺》）
14. 浴乎沂，风乎舞雩，咏而归。（《论语·先进》）

二、请指出下列句中活用为一般动词的名词、形容词，并说明其活用的语法条件。

1. 子股肱鲁国，社稷之事，子实制之。（《国语·鲁语》）
2. 鼷鼠深穴乎神丘之下以避熏凿之患。（《庄子·应帝王》）
3. 乘坚策肥，履丝曳缟。（晁错《论贵粟疏》）
4. 置人所罾鱼腹中。（《史记·陈涉世家》）
5. 问其深，则其好游者不能穷也。（王安石《游褒禅山记》）
6. 非能耕而食之，织而衣之也。（晁错《论贵粟疏》）
7. 子谓公冶长："可妻也……。"（《论语·公冶长》）
8. 徐庶见先主，先主器之。（《三国志·蜀志·诸葛亮传》）
9. 孟尝君怪其疾也，衣冠而见之。（《战国策·冯谖客孟尝君》）

三、请指出下列句中活用为名词的动词、形容词，并加以翻译。

1. 亦以明死生之大。（张溥《五人墓碑记》）
2. 钩党之捕，遍于天下。（张溥《五人墓碑记》）
3. 秦北有甘泉谷口之固，南有泾渭之沃。（《史记·刺客列传》）
4. 荆轲有所待，欲与俱，其人居远未来，而为留待。（《史记·刺客列传》）
5. 虽乘奔御风不以疾也。（《水经注·三峡》）

6. 群贤毕至，少长咸集。（王羲之《兰亭集序》）

7. 死生亦大矣。（王羲之《兰亭集序》）

8. 不知老之将至。（王羲之《兰亭集序》）

四、指出下列句中加着重号的词哪些是使动用法，哪些是意动用法，并据以说明两种用法的不同。

1. 我醉，汝道苦我，何故？

2. 下乂其罪，上赏其奸。

3. 反欲斗两主，观祸败。

4. 客之美我者，欲有求于我也。

5. 有能则举之，无能则下之。

6. 沛公旦日从百余骑来见项王。

7. 外连横而斗诸侯。

8. 总此十思，弘兹九德。

9. 侣鱼虾而友麋鹿。

10. 不能竟书而欲搁笔。

第二节　名词作状语

【学习任务】

熟悉名词作状语的类型；通过教材举例、巩固训练，提高翻译能力。

现代汉语中，名词作状语一般要借助跟介词的结合，构成介宾短语才能作状语。例如，“我们在教室上课”。只有时间名词才能直接作状语。另外，少数能表示动作、方式、手段的普通名词也可直接作某些动词的状语，如“集体购票”“电话联系”“笑脸迎人”“公费留学”“现金支付”等。但在古汉语中，名词作状语却是名词的基本功能之一，也是古汉语语法的一个重要特点。

名词直接用在动词前，对动词起修饰、限制作用，即名词作状语。名词作状语所起的作用是多种多样的，有的还具有较浓重的修辞色彩，常见的有以下几种情况。

一、普通名词作状语

（一）表示处所

名词所表示的内容是动作、行为发生的地点、场所。

舜勤民事而野死。

——《国语·鲁语上》

野：在野外。

廷见相如。

——《史记·廉颇蔺相如列传》

廷：在朝廷上。

故令人持璧归，间至赵矣。

——《史记·廉颇蔺相如列传》

间：从小路。

良欲往从之，道遇沛公。

——《史记·留侯世家》

道：在路上。

（二）表示工具

名词所表示的事物是完成动作、行为所使用的工具或原料，含有“用……、拿……”的意思。

断肠湔洗，缝腹膏摩。

——《三国志·魏书·方伎传》

膏：用药膏。

使人手摸知所在。

——《三国志·魏书·方伎传》

手：用手。

人扶将还，载归家。

——《三国志·魏书·方伎传》

载：用车装载。

佗行道，见一人病咽塞，嗜食而不得下，家人车载欲往就医。

——《三国志·魏书·方伎传》

车：用车子。

太祖累书呼，又敕郡县发遣。

——《三国志·魏书·方伎传》

书：用书信。

于是传付许狱。

——《三国志·魏书·方伎传》

传：用传车。

叩石垦壤，箕畚运於渤海之尾。

——《列子·汤问》

箕畚：用箕畚。

（三）表示依据、方式

名词所表示的人或事物是主语所表示的人或事物动作、行为的依据或方式，含有“按……、依据……、根据……”的意思。具体如下：

失期，法皆斩。

——《史记·陈涉世家》

法：依照法律。表示依据。

公输盘曰：“吾义固不杀人。”

——《墨子·公输》

义：依照义理。表示依据。

灵运所未至，理未足怪也。

——沈括《雁荡山》

理：照理。表示依据。

群臣吏民能面刺寡人之过者，受上赏。

——《战国策·齐策一》

面：当面。表示方式。

（四）表示对宾语的态度

把宾语所表示的人或事物当作这个名词所表示的人或事物来对待，含有“像对待……一样地”的意思。

君为我呼入，吾得兄事之。

——《史记·项羽本纪》

兄：像对待兄长一样地。

齐将田忌善而客待之。

——《史记·孙子列传》

客：像对待宾客一样地。

人皆得以隶使之。

——张溥《五人墓碑记》

隶：像对待奴隶一样地。

余年少，父事张耳，两人相与为刎颈之交。

——《史记·张耳陈余列传》

父：像对待父亲一样地。

（五）表示比喻

用这个名词所蕴含的人或事物的情状特征，来比喻主语所表示的人或事物的行动方式、状态或特点，含有“像……一样”或“像……似的”的意思。具体如下：

一狼径去，其一犬坐于前。

——《聊斋志异·狼》

犬：像犬一样。

羽化而登仙。

——苏轼《前赤壁赋》

羽：像长了翅膀似的。

熊颈鸱顾，引挽腰体。

——《三国志·魏书·方伎传》

熊、鸱：像熊、鸱一样。

常以身翼蔽沛公，庄不得击。

——《史记·项羽本纪》

翼：像鸟儿张开翅膀一样地。

豕人立而啼。

——《左传·庄公八年》

人：像人一样。

嫂蛇行匍伏，四拜自跪而谢。

——《战国策·秦策一》

蛇：像蛇一样。

普通名词作状语和一般主谓结构形式一致，但意思不同。判断一个名词是作状语还是主语，一般来说要看这个名词前是否还另有主语，若另有主语那么这个名词就作状语，否则就是主语。

二、方位名词作状语

方位名词用作状语，表示动作的趋向或动作行为发生的处所。可译为“在……”“向……”“到……”等。具体如下：

蚓无爪牙之利，筋骨之强，上食埃土，下饮黄泉，用心一也。

——《荀子·劝学》

上：向上；下：向下。

及寡人之身，东败于齐，……西丧地于秦七百里，南辱于楚。

——《孟子·梁惠王上》

东：在东边；西：在西边；南：在南边。

泰山之阳，汶水西流；其阴，济水东流。

——姚鼐《登泰山记》

西：向西；东：向东。

月明星稀，乌鹊南飞。

——苏轼《前赤壁赋》

南：朝南、往南。

西望夏口，东望武昌。

——苏轼《前赤壁赋》

西：朝西、往西；东：朝东、往东。

疾者前入坐。

——《三国志·魏书·方伎传》

前：上前。

三、时间名词作状语

时间名词用在动词之前作状语，表示动作、行为发生的时间，古今汉语基本上是相同的。具体如下：

朝而往，暮而归。

——欧阳修《醉翁亭记》

朝：在早晨；暮：在傍晚。

彭城夫人夜之厕，虿螫其手。

——《三国志·魏书·方伎传》

夜：在夜晚。

欧阳子方夜读书。

——欧阳修《秋声赋》

夜：在夜里。

春生秋实。

——欧阳修《秋声赋》

春：在春天；秋：在秋天。

值得注意的是，时间名词用作状语有时不是单纯表示动作发生的时间，而是表达更为复杂的意义。

例如，“岁、月、日”用作状语。

“日、月、岁”位于动词之前，表示动作、行为的频率和经常性，含有“日日”“每日”“月月”“每月”“年年”“每年”的意思。具体如下：

请损之，月攘一鸡。

——《孟子·滕文公下》

月：每月。“月攘”可译为每个月偷。

吾诏书数下，岁劝民种树，而功未兴。

——《汉书·文帝纪》

岁：年年。“岁劝”可译为每年鼓励农民多种树。

其始，太医以王命聚之，岁赋其二。

——柳宗元《捕蛇者说》

岁：每年。“岁赋”可译为年年（每年）征集。

君子博学而日参省乎己。

——《荀子·劝学》

日：每日。“日”表示“省”这一行为不间断，每日进行的意思。

良庖岁更刀，割也；族庖月更刀，折也。

——《庄子·养生主》

岁：每年；月：每月。

“日”放在形容词或变化意义比较突出的动词之前作状语，表示情况的逐渐发展变化，含有“一天天、更加”或“一天比一天”的意思。具体如下：

而乡邻之生日蹙。

——柳宗元《捕蛇者说》

日：一天比一天。表示出生活一天一天地变化，越来越困苦的意思，加强陈述的内容。

于是与亮情好日密。

——《三国志·蜀志·诸葛亮传》

日：一天天地。表示出生活一天一天地变化，越来越密切起来的意思。

“日”用在句首主语前，充当全句的修饰语，往往含有追溯过去的含义，相当于“往日”“以前”。具体如下：

日我先君共王引领北望，日、月以冀。

——《左传·昭公七年》

“时”字作状语有两种意义：一种是“时”字用在动词前，表示“及时”“按时”的意思；另一种是“时”字用在主语前表示“当时”“这时”的意思。

谨食之，时而献焉。

——柳宗元《捕蛇者说》

句中的时间名词“时”作动词“献”的状语，表示“及时”的意思。“时而献焉”可译为“到时候交上去”。

秋水时至，百川灌河。

——《庄子·秋水》

句中的“时”字，是“按时”“应时”（即指季节）的意思，作动词“至”的状语。“秋水时至”，即“秋水按时到来”，为“秋水按节令而发”。

学而时习之，不亦说乎！

——《论语·学而》

“时”字用法、意义与前例相同。

时操军兼以饥疫，死者太半。

——《资治通鉴·赤壁之战》

“时”字在主语“操军”前，作时间状语，表示“当时”的意思，强调时间。

时操军众已有疾疫，初一交战，操军不利，引次江北。

——《资治通鉴·赤壁之战》

“时”字在主语“操军”前，表示“这时”的意思。

【课后实操训练】

一、下列句中均有名词充当状语，找出这些名词，并说明它们充当状语后表示的意义。

1 大月氏复西走。（《汉书·张骞传》）

2. 蜀太守以下郊迎。（《史记·司马相如列传》）

3. 箕畚运于渤海之尾。（《列子·汤问》）

4. 失期，法皆斩。（《史记·陈涉世家》）

5. 君为我呼入，吾得兄事之。（《史记·项羽本纪》）

6. 齐将田忌善而客待之。（《史记·孙膑》）

7. 嫂蛇行匍伏。（《战国策·秦策一》）

8. 其一犬坐于前。（《聊斋志异·狼》）

9. 尸居而龙见，渊默而雷声。（《庄子·在宥》）

10. 今而后知君之犬马畜伋。（《孟子·万章下》）

二、把下段文章中画线的句子译成现代汉语，并指出其中特殊的语法现象。

环滁皆山也。其西南诸峰，林壑尤美，望之蔚然而深秀者，琅琊也。山行六七里，渐闻水声潺潺，而泻出于两峰之间者，酿泉也。峰回路转，有亭翼然临于泉上者，醉翁亭也。作亭者谁？山之僧智仙也。名之者谁？太守自谓也。太守与客来饮于此，饮少辄醉，而年又最高，故自号曰醉翁也。醉翁之意不在酒，在乎山水之间也。山水之乐，得之心而寓之酒也。

若夫日出而林霏开，云归而岩穴暝，晦明变化者，山间之朝暮也。野芳发而幽香，佳木秀而繁阴，风霜高洁，水落而石出者，山间之四时也。朝而往，暮而归，四时之景不同，而乐亦无穷也。

至于负者歌于途，行者休于树，前者呼，后者应，伛偻提携，往来而不绝者，滁人游也。临溪而渔，溪深而鱼肥，酿泉为酒，泉香而酒洌，山肴野蔌，杂然而前陈者，太守宴也。宴酣之乐，非丝非竹，射者中，弈者胜，觥筹交错，起坐而喧哗者，众宾欢也。苍颜白发，颓然乎其间者，太守醉也。

已而夕阳在山，人影散乱，太守归而宾客从也。树林阴翳，鸣声上下，游人去而禽鸟乐也。然而禽鸟知山林之乐，而不知人之乐；人知从太守游而乐，而不知太守之乐其乐也。醉能同其乐，醒能述以文者，太守也。太守谓谁？庐陵欧阳修也。（欧阳修《醉翁亭记》）

第三节　古代汉语的词序

【学习任务】

掌握古代汉语的语序，包括宾语前置、谓语前置 、定语后置、状语后置的概念、类型及其特定的语法条件。熟练运用本节知识，分析文言文中的特殊词序。培养思考能力和综合归纳能力，养成良好的学习习惯。

词语在句子里的组合顺序叫作词序，又叫“语序”。古今汉语的词序大体上是一致的，从甲骨文开始，主语在前，谓语在后；动词在前，宾语在后；定语、状语在中心语之前，补语在中心语后。总的说来，古今汉语的语序基本一致。这反映了几千年来汉语语法的稳固性。在古代汉语中，还有一些现代汉语所不具备的特定语序。这种特定的语序其实是在先秦汉语中出现的，到了汉朝之后才发生了变化，之后大部分都从口头中消失了。但是，由于历代文人习于仿古，加之某些句子具有较强的表现力，因此在中古时期之后，这种特殊的语序仍然是屡见不鲜的。语序变化的特点和基础语序的稳定，使得语言呈现出波澜起伏、生动的特点。把握这种特定的语序演变规律，不但能更好地了解古代汉语的演变，而且能提升对古代汉语的理解能力与鉴赏能力。

一、谓语前置

谓语一般放在主语之后，但是有时为了强调谓语，把它放到主语之前，这就叫谓语前置，通常出现在感叹句和疑问句中。

（一）谓语前置的感叹句

甚哉，有子之言似夫子也！

——《孟子·滕文公上》

将谓语“甚哉”提前，放在主语前面，就是要强调对有子品格的赞美，以表现作者对“状似孔子”的孔氏弟子的崇敬。

甚矣，汝之不惠！

——《列子·汤问》

将谓语“甚矣”提前，放在主语前面，就是要强调对愚公采取讥讽的态度。

（二）谓语前置的疑问句

谁欤，哭者？

——《礼记·檀弓》

将谓语“谁欤”提前，放在主语前面，是为了突出问话者想急于知道啼哭之人是谁的迫切心情。

何哉，尔所谓达者？

——《论语·颜渊》

将谓语“何哉”提前，意在强调孔子想急于了解自己的学生子张所关注的“达者”的具体内容。

二、宾语前置

古代汉语中动宾、介宾词序和现代汉语基本一样。但在某些条件下，宾语要置于动词或介词之前，这也是古汉语的语法特点之一。

（一）疑问代词宾语前置

疑问句中，疑问代词作宾语前置。要具备两个条件：一是宾语必须是疑问代词，如“谁、何、奚、曷、胡、恶、安、焉”等；二是句子必须是疑问句。

1.疑问代词作动词宾语前置

吾谁欺？欺天乎？

——《论语·子罕》

正常语序为“吾欺谁？”，前句“吾谁欺？”是疑问句，疑问代词“谁”充当动词“欺”的宾语而前置；对比后句“欺天乎？”，由于宾语是普通名词“天”，所以不前置。

敢问何谓也？

——《左传·隐公元年》

正常语序为“敢问谓何也”。

臣实不才，又谁敢怨？

——《左传·成公三年》

正常语序为“又敢怨谁”。

彼且奚适也？我腾跃而上，不过数仞而下，翱翔蓬蒿之间，此亦飞之至也。

——《庄子·内篇》

正常语序为“彼且适奚也”。

沛公安在？

——《史记·项羽本纪》

正常语序为“沛公在安”。

因为“谁”“何”“奚”“安”是疑问代词，所以都位于动词的前面。

疑问代词“孰”“曷”“恶”比较少用作动词的宾语。但是当它们充当动词的宾语时，一般放在动词的前面。具体如下：

圣王有百，吾孰法焉？

——《荀子·非相》

虽闻，曷闻？虽见，曷见？虽知，曷知？

——《吕氏春秋·任教》

居恶在？仁是也；路恶在？义是也。

——《孟子·尽心上》

疑问代词作宾语置于动词之前这条规律，在先秦汉语中很少有例外。《论语》一书中，只有“子夏云何”一例是后置的。

2. 疑问代词作介词宾语前置

在疑问句中介词的宾语如果是疑问代词，一般都置于介词前，这与前面提到的疑问句中疑问代词作宾语情形基本一致。具体如下：

奚以知其然也？

——《庄子·内篇》

正常语序为“以奚知其然也”。

则何以哉？

——《论语·先进》

正常语序为“则以何哉”。

不然，籍何以至此？

——《史记·项羽本纪》

“何以”即“以何”。

（二）否定句中代词作宾语，宾语一般要前置

古代汉语中的否定副词主要有不、未、无（毋）、莫、勿、非等。但古代汉语否定句中代词作宾语前置只限于带有否定副词“不、未、无（毋）”或表否定性的无定代词“莫”的句子。在古代汉语中，“莫”字是一个否定性的无定代词，意思是“没有谁”“没有什么”。

要同时具备两个条件：一是宾语必须是代词；二是句子必须是否定句。

不患人之不己知，患不知人也。

——《论语·学而》

正常语序为“不患人之不知己”。

古之人不余欺也！

——苏轼《石钟山记》

正常语序为“古之人不欺余也”。

日月逝矣，岁不我与！

——《论语·阳货》

正常语序为“岁不与我”。

居则曰：“不吾知也。”

——《论语·先进》

正常语序为“不知吾也。”

是以后世无传焉，臣未之闻也。

——《孟子·梁惠王上》

正常语序为“臣未闻之也”。

我无尔诈，尔无我虞。

——《左传·宣公十五年》

正常语序为“我无诈尔，尔无虞我”。

如果宾语不是代词，即使是否定句，也不能构成宾语前置。具体如下：

君子不重伤，不禽二毛。（《左传·僖公二十二年》）

未绝鼓音。（《左传·成公二年》）

宫妇左右莫不私王，朝廷之臣莫不畏王。（《战国策·齐策一》）

这三个句子分别含有否定词“不”“未”“莫”，都属于否定句，但由于它们的宾语“二毛（老人）”“鼓音”“王”都是名词，而不是代词，不满足在否定句中构成宾语前置的条件，因此不属于宾语前置句。

否定句中代词宾语前置的规律，在先秦已不严格。具体如下：

有事而不告我。（《左传·襄公二十八年》）

不知我者，谓我何求。(《诗经·王风·黍离》)

吾不知之矣。(《论语·乡党》)

这表明，在口语里，否定结构的代词宾语很早就开始后置了，历代的文言文仍继续沿用先秦的语序，那只是仿古，并不反映口语中的情况。

(三) 用“之”“是”作标志的宾语前置

宾语不限于疑问代词或代词，还有名词或名词性词组。用“之”和“是”复指前置宾语，这种格式是为了强调宾语，比一般动宾的语气强烈。

1.“前置宾语 + 是(之) + 动词”

句读之不知，惑之不解。

——韩愈《师说》

“句读”是动词“不知”的宾语，“惑”是动词“不解”的宾语，为了强调宾语，把宾语提到动词前，中间插入“之”，其正常语序为“不知句读，不解惑”。需要进一步说明的是，这个句子虽然含有否定词“不”，属否定句，但其宾语“句读”“惑”是名词即宾语并不是由代词充当。因此，它并不属于前面提到的“否定句中代词宾语前置”这一类型。

今吴是惧而城于郢。

——《左传·昭公二十三年》

将虢是灭，何爱于虞。

——《左传·禧公五年》

岂不穀是为？先君之好是继。

——《齐桓公伐楚》

把“今吴是惧”和“今惧吴”，“将虢是灭”和“将灭虢”，“不穀是为？先君之好是继”和“为不穀？继先君之好”分别进行比较会发现：宾语前置的句子比一般的动宾格式在表达语气上更强。

凝固句式：“何……之有？”具体如下：

姜氏何厌之有？

——《左传·隐公元年》

正常语序是“姜氏有何厌”。

“何厌”作动词“有”的宾语，为了强调宾语，把它提到动词“有”的前边，并在被提前的宾语“何厌”与动词“有”之间插入结构助词“之”，表示复指。这个“之”也可以理解为宾语前置的标志，无实在意义。其正常语序是“姜氏有何厌”。

闻子为梯，将以攻宋，宋何罪之有？

——《墨子·公输》

正常语序是“宋有何罪”。

子曰：“君子居之，何陋之有？”

——《论语·子罕》

正常语序是“有何陋”。

“何”是动词“有”的前置宾语，“之”是复指，宾语前置的标志，可译为“有什么……呢”或“有什么……的呢”。

凝固句式：“……之谓也”“其……之谓也”“其……之谓乎”句式。

用“……之谓也”或“其……之谓也”，“其……之谓乎”句式表示总结性的判断。这是宾语放在动词“谓”之前的格式，意思是“说的就是……啊！”虽可看出“之”可作为提宾的标志，但“……之谓也”可以形成一种固定格式，因此在这简要谈及。

“辅车相依，唇亡齿寒”者，其虞虢之谓也。(《左传·禧公五年》)

诗曰“孝子不匮，永锡尔类”，其是之谓矣！(《左传·隐公元年》)

四方之民莫不具至，此之谓圣治。(《庄子·天地》)

“我之怀矣，自诒伊役”，其我之谓矣！(《左传·宣公二年》)

“虞虢之谓”“是之谓”“此之谓”“我之谓”是宾语前置的动宾词组。“谓”是动词，“之”是结构助词，宾语前置的标志。

2.“唯（惟）+前置宾语+是（之）+动词”

不能把“之”理解为“的”，不能把“是”理解为判断词。这种宾语前置的格式，还可以在宾语前面加上语气副词“惟（唯）”，构成“惟（唯）……是……”或“惟（唯）……之……”的格式，强调行为对象（宾语）的单一性，排他性。可译为只+谓语动词+前置宾语。具体如下：

天地之大，万物之多，而唯蜩翼之知。

——《庄子·达生》

“蜩翼”是“知”的宾语，助词“之”是宾语前置的标志。

“唯蜩翼之知”可译为只注意到蜩的翅膀。

唯陈言之务去。

——韩愈《答李翊书》

“陈言”是“去”的宾语，助词“之”是宾语前置的标志。

此句可译为只想去掉陈旧的言辞。

唯余马首是瞻。

——《左传·襄公十四年》

“余马首”是“瞻”的宾语，助词“是”是宾语前置的标志。

此句可译为只看我的马首。

这种特殊的句法形式对现代汉语产生了很深的影响。成语中的“唯你是问”“唯命是从”“唯利是图”“唯才是举”等，就是这种语法形式影响的结果。

（四）无形式标志的宾语前置

在肯定句中，有时为了突出和强调宾语，不借助词语，将宾语前置。

君子之所为，众人固不识也。

——《孟子·告子下》

正常语序为“众人固不识君子之所为也”。

臣死且不避，卮酒安足辞？

——《史记·项羽本纪》

正常语序为“臣且不避死，安足辞卮酒”。

尔贡包茅不入，王祭不共，无以缩酒，寡人是征。

——左丘明《齐桓公伐楚盟屈完》

寡人是征，正常语序为“寡人征是”，“是”代包茅，是“征”的宾语。

（五）介词宾语前置

有时为了突出介词所介绍的对象，便把介词的宾语提到介词的前面（不同于前面所说的疑问句中介词的疑问代词宾语前置）。这种情况，以介词“以”和“于”较为常见。具体如下：

伐竹取道，下见小潭，水尤清冽。全石以为底。

——柳宗元《小石潭记》

介词“以”的宾语是“全石”，突出介词所介绍的对象“全石”，便把宾语提到“以”之前。

楚国方城以为城，汉水以为池。

——《左传·僖公四年》

介词“以”的宾语是“方城、汉水”，突出介词所介绍的对象“方城、汉水”，便把宾语提到“以”之前。

其有不合者，仰而思之，夜以继日。

——《孟子·离娄下》

“夜以继日”就是“以夜继日”，“夜”是“以”的宾语，为了突出“夜”，便把宾语提到“以”之前。

是以区区不能废远。

——李密《陈情表》

例中的“是以”是“以是”的倒装，“以”解释为“因为”，“是”在这里是“这”的意思，作介词“以”的宾语，为了突出宾语而提前。

代词“是”作介词“以”的宾语较为常见，“是以”已经成了固定的形式。在翻译时，可以直接译为“因此”，承接上文，表示原因，逐渐具有了一些连词的性质。

有些介词的宾语是方位名词或时间名词等名词性短语则会构成宾语前置。具体如下：

项王、项伯东向坐，亚父南向坐。

——《史记·项羽本纪》

“东向”即“向东”，“南向”即“向南”。

顺流而东行，至于北海，东面而视，不见水端。

——《庄子·秋水》

“东面”即“面东”。

将子无怒，秋以为期。

——《诗经·氓》

“秋”也是作介词“以”的宾语，被提到了前面，正常语序是“以秋为期”。

谚所谓“室于怒市于色”者，楚之谓矣。

——《左传·昭公十九年》

介词是“于”，“室”和“市”作介词“于”的宾语，为了突出宾语，被置于介词之前，形成了介宾的倒置（宾语前置），正常语序是“于室怒，于市色”。

三、其他几种语序

（一）定语后置

现代汉语里，定语一般放在中心词的前面，起修饰、限制作用。但在古汉语里，为了强调和突出定语，把定语放到了中心词的后面，这种语法现象就称为定语后置。定语后置一般有标志性的词语和相应的形式。

（1）数量词作定语多放在中心词后面，具体形式为“中心词+数量定语”。

吏二缚一人诣王。

——《晏子春秋·内篇杂下》

“吏二缚一人”即“二吏缚一人”。

武王有臣三千而一心。

——《管子·法禁》

“武王有臣三千”即“武王有三千臣”。

我持白璧一双，欲献项王。

——《史记·项羽本纪》

“我持白璧一双”即“我持一双白璧”。

命子封帅车二百乘以伐京。

——《左传·隐公元年》

“命子封帅车二百乘”即“命子封帅二百乘车”。

（2）在中心词和后置定语之间加“之”字，构成“中心词＋之＋定语”的格式。

带长铗之陆离兮。

——《楚辞·九章·涉江》

“长铗之陆离”即“陆离之长铗”。

蚓无爪牙之利，筋骨之强。

——《荀子·劝学》

“爪牙之利”即“利之爪牙”，“筋骨之强”即“强之筋骨”。

居庙堂之高则忧其民；处江湖之远则忧其君。

——《岳阳楼记》

“居庙堂之高”即“居高之庙堂”；“处江湖之远”即“处远之江湖”。

仰观宇宙之大，俯察品类之盛。

——王羲之《兰亭集序》

“仰观宇宙之大，俯察品类之盛”即“仰观大之宇宙，俯察盛之品类”。

（3）在中心词和后置定语之间加“而”字，再用“者”字煞尾，构成“中心语＋之（而）＋定语＋者”的格式。

缙绅而能不易其志者，四海之大，有几人欤？

——张溥《五人墓碑记》

“缙绅而能不易其志者，四海之大”即“而能不易其志者缙绅，大之四海”。

群臣吏民能面刺寡人之过者，受上赏。

——《战国策·齐策一》

“群臣吏民能面刺寡人之过者”即“能面刺寡人之过者群臣吏民”。

（4）“……者”式，具体形式为“中心词＋定语＋者”。

计未定，求人可使报秦者，未得。

——《史记·廉颇蔺相如列传》

“求人可使报秦者”即“求可使报秦之人”。

客有吹洞箫者，倚歌而和之。

——苏轼《前赤壁赋》

“客有吹洞箫者”即“有吹洞箫者客”。

（二）状语后置

现代汉语中，状语置于谓语之前，若置于谓语之后便是补语，但在文言文中，处于补语位置的成分往往要以状语来理解，即翻译的时候大多数要提到谓语的前面去。例如，《史记·项羽本纪》："将军战河北，臣战河南。""战河南"即"战（于）河南"，应理解为"（于）河南战"。这种句式在文言文中叫"状语后置"，也叫"介词结构后置"。

在介词结构后置句中，介词多为"于""以""乎"等词，常见格式有以下几种。

（1）介词结构"于……"式，由介词"于"组成的介宾短语常放在谓语动词后作补语，按现代汉语习惯应该放在动词前作状语。具体如下：

青，取之于蓝，而青于蓝；冰，水为之，而寒于水。

——《荀子·劝学》

正常语序为"青，于蓝取之，而于蓝青；冰，水为之，而于水寒"。

善假于物也。

——《荀子·劝学》

正常语序为"于物善假"。

会于会稽山阴之兰亭，修禊事也。

——王羲之《兰亭集序》

正常语序为"于会稽山阴之兰亭会"。

（2）介宾结构"乎……"式，由介词"乎"组成的介宾短语，有时放在谓语动词后面作补语，这种情况在文言文中并不多见，今译时，一般都作状语。具体如下：

生乎吾前，其闻道也固先乎吾，吾从而师之；生乎吾后，其闻道也亦先乎吾，吾从而师之。

——韩愈《师说》

正常语序为"乎吾前生、乎吾后生"。

莫春者，春服既成，冠者五六人，童子六七人，浴乎沂，风乎舞雩，咏而归。

——《论语·先进》

介宾短语"浴乎沂"后置，正常语序为"乎沂浴、乎舞雩风"。

（3）介词结构"以……"式，由介词"以"组成的介宾短语，有时放在谓语动词后面作补语，这种情况在文言文中并不多见，今译时，一般都作状语。具体如下：

以精铜铸成，员径八尺，合盖隆起，形似酒尊，饰以篆文山龟鸟兽之形。

——《后汉书·张衡传》

正常语序为"以篆文山龟鸟兽之形饰"。

张良是时从沛公，项伯乃夜驰之沛公军，私见张良，具告以事，欲呼张良与俱去。

——《史记·项羽本纪》

正常语序为"以事具告"。

赏以春夏，刑以秋冬。

——《左传·襄公二十六年》

正常语序为"以春夏赏，以秋冬刑"。

四、省略句

省略句不是文言文中独有的语言现象，但是较现代汉语而言，它在古代汉语中出现的频率更高，而且有些在现代汉语中一般不省略的句子成分，古文中常常省略。

常见的省略句有以下几种。

（一）主语的省略

主语的省略，在古汉语中较为常见。其原因是文言的第三人称代词一般不独立作句子的主语，下一句若是重复上一句的主语又显得啰唆，这样省略主语的后续句就相当多了。句子中是否省略了主语，这要根据上下文的意思或整个语言环境去推断。主语的省略可以分为“承前省”“蒙后省”“对话省”“自述省”等形式。

1. 承前省

主语的承前省略是指下文的主语承接上文出现过的词语而省略，下文主语可以承上文出现过的主语省略，也可以承上文出现过的宾语省略。例如，晋太元中，武陵人捕鱼为业。（武陵人）缘溪行，（武陵人）忘路之远近。（陶渊明《桃花源记》）

2. 蒙后省

主语的蒙后省略是指上文的主语预知下文的主语或宾语将会出现某个词语而省略，这类省略主语的情形在文言文中相对少些。

例如，沛公谓张良曰：“（公）度我至军中，公乃入。”（《史记·项羽本纪》）

3. 对话省

对话双方有问有答，问话和答话的主语可以省略。

问：“（您）何以战？”公曰：“衣食所安，（我）弗敢专也，必以分人。”（《左传·庄公十年》）

4. 自述省

用第一人称讲述事件、阐明事理时，主语一般为叙述者本人，可不出现。例如，吾十有五而志于学，（吾）三十而立，（吾）四十而不惑，（吾）五十而知天命，（吾）六十而耳顺……（《论语·为政》）

（二）谓语的省略

谓语是句子的重要部分，无论是古代还是现代，谓语省略的情况都比较少。文言文中，通常在并列句中，如果一句用了某个动词，另一句中同样的动词就可以省略。

承前省：前后几个谓语相同，后面的谓语可以承前省略。

三人行必有我师焉，择其善者而从之，（择）其不善者而改之。（《论语·述而》）

蒙后省：前后谓语相同，后面将要出现的谓语，前面可以省去。

杨子之邻人亡羊，既率其党（追之），又请杨子之竖追之。（《列子·说符》）

（三）宾语的省略

文言文中省略宾语是比较普遍的，所省多为代词“之”，既可作动词宾语，又可作介词宾语。

若舍郑以（之）为东道主，行李之往来，共其乏困，君亦无所害。（《左传·僖公三十年》）

既罢，归国，以相如功大，拜（之）为上卿，位在廉颇之右。（《史记·廉颇蔺相如列传》）

（四）兼语的省略

“使、令、命”等类动词的宾语常兼作后一个主谓词组的主语，这个词即被称作兼语。兼语在现代汉语中不能省略，但在文言文中常常被省略，多为代词“之”。

扶苏以数谏故，上使（之）外将兵。（《史记·陈涉世家》）

今杀相如，终不能得璧也，而绝秦赵之欢。不如因而厚遇之，使（之）归赵。（《史记·廉颇蔺相如列传》）

（五）介词和介词宾语的省略

这种省略现象，古今汉语有明显的不同。现代汉语介词或介词的宾语（除了“被”字句）一般都不能省略，古汉语里却有省略的。介词“于”省略较多，“以”省略较少，其他如“自”也有省略的。具体如下：

晋军（于）函陵，秦军（于）氾南。（《左传·僖公三十年》）

竖子不足与（之）谋！（《史记·项羽本纪》）

这句话中省略了介词“与”的宾语“之”。

（六）定语所修饰的中心词的省略

文言文里偏正词组的中心词也可以省略，而以修饰中心词的定语代表整个词组的意思，这个被省略的中心词一般是指人或指事物的名词。可以根据已经出现的定语，或上下文已经出现的、与之相应的词，来推知省略了的中心词。具体如下：

公曰：“多行不义（　　），必自毙，子姑待之。”（《左传·隐公元年》）

“不义”后面的中心词省略。“不义”就是“不义之事”，省去中心词“事”（连同助词“之”一起省略）。

闻大王起兵，且不听不义（　　）。（《史记·项羽本纪》）

“不义”后面的中心词省略。“不义”就是“不义之命”，省去中心词“命”（连同助词“之”一起省略）。

【课后实操训练】

一、请用横线标出下列句子中的特殊词序，并指出其类别。

1. 天下之父归之，其子焉往？

2.《商书》曰："无偏无党，王道荡荡。"其祁奚之谓矣。

3. 其石之突怒偃蹇，负土而出，争为奇状者，殆不可数。

4. 今郑人贪赖其田，而不我与；我若求之，其与我乎？

5. 且晋慼忧以重我，天地以要我。

6. 非夫人之为恸而谁为？

7. 今闻购将军之首，金千斤，邑万家，将奈何？

8. 大王来何操？

9. 譬如以肉投馁虎，何功之有哉！

10. 亲昆弟在真定者，已遣人存问。

二、阅读短文，找出宾语前置句、定语后置句、状语后置句，省略的句子成分。并翻译短文。

晋平公与群臣饮，饮酣，乃喟然叹曰："莫乐为人君！惟其言莫之违。"师旷侍坐于前，援琴撞之。公披衽而避，琴坏于壁。公曰："太师谁撞？"师旷曰："今者有小人言于侧者，故撞之。"公曰："寡人也。"师旷曰："哑！是非君人者之言也。"左右请除之。公曰："释之。以为寡人戒。"

第四节　古代汉语的判断句、被动句

【学习任务】

掌握古代汉语判断句的形式，并能够解决阅读中的具体问题；能够熟练运用被动句知识分析古代汉语中的被动句。

一、判断句

判断句是对事物的性质、情况、事物之间的关系做出肯定或否定判断的句子。文言文判断句的特点不是用判断词"是"，而是以名词或名词性短语直接充当谓语，对主语进行判断。译成现代汉语时要加上判断词。

（一）常见的文言判断句形式

1.“……者，……也”式

这是文言判断句常见的形式。主语后用“者”，表示提顿，有舒缓语气的作用，谓语后用“也”结句，对主语加以肯定的判断或解说。具体如下：

廉颇者，赵之良将也。（《史记·廉颇蔺相如列传》）

南冥者，天池也。（《庄子·逍遥游》）

2.“……，……者也”式

在句末连用语气词“者也”，表示加强肯定语气，这时的“者”不表示提顿，只起称代作用。具体如下：

城北徐公，齐国之美丽者也。（《战国策·齐策一》）

莲，花之君子者也。（周敦颐《爱莲说》）

3.“……者，……”式

主语后用“者”，表示提顿。具体如下：

陈轸者，游说之士。（《史记·张仪列传》）

兵者，不祥之器，非君子之器，不得已而用之。（《道德经·第三十一章》）

4.“……，……也”式

这种表达形式只在句末用语气词“也”帮助判断。通常情况下，当主语是代词时这种表达方式用得比较多。具体如下：

和氏璧，天下所共传宝也。（《史记·廉颇蔺相如列传》）

贡之不入，寡君之罪也。（《左传·僖公四年》）

5.“……，……”式

既没有“者”，也没有“也”，翻译的时候加上“是”。具体如下：

夫鲁，齐晋之唇。（《左传·哀公八年》）

荀卿，赵人。（《史记·孟轲荀卿列传》）

6.“……者，……者也”式

故吏者，民之本纲者也。（《韩非子·难二》）

（二）用副词加强判断的判断句

用“乃、即、则、诚、实、必、盖、本、真、皆、固、素……”等副词表示肯定判断，用副词“非”表示否定判断。具体如下：

此乃歌夫“长铗归来”者也。（《战国策·齐策一》）

此则岳阳楼之大观也。（范仲淹《岳阳楼记》）

子诚齐人也。（《孟子·公孙丑上》）

列御寇盖有道之士也。（《庄子·让王》）

臣本布衣，躬耕于南阳。(诸葛亮《出师表》)

此真先君之言也。(《荀子·非十二子》)

若此者甚众，皆崩崖所陨。(郦道元《巫山·巫峡》)

项梁父即楚将项燕。(《史记·项羽本纪》)

子非鱼，安知鱼之乐？(《庄子·秋水》)

(三)用动词“为”表示判断，即“……为……”式

古汉语中也有部分判断句使用动词“为”。具体如下：

我为赵将，有攻城野战之大功，而蔺相如徒以口舌为劳，而位居我上。(《史记·廉颇蔺相如列传》)

如今人方为刀俎，我为鱼肉，何辞为？(《史记·项羽本纪》)

尔为尔，我为我。(《孟子·万章下》)

颍考叔为颍谷封人。(《左传·隐公元年》)

这些句子转换成典型的判断句意思无别，因此有人认为这个“为”是系词，但这样的例子很少，很多句子里的“为”还是实义动词。

(四)用“是”作判断动词

先秦汉语中，判断句里的“是”通常是指示代词，在句子里作主语，复指前文。一般认为，这个指示代词是后来判断词“是”的来源。具体如下：

是社稷之臣也。(《论语·季氏》)

日月星辰瑞历，是禹桀之所同也。(《荀子·天论》)

指示代词“是”在判断句中也可以作谓语。具体如下：

汤之问棘也是已。(《庄子·逍遥游》)

古之人有行之者，武王是也。(《孟子·梁惠王下》)

凡是能用“此”替换的，一般不宜视为判断词。

古汉语里还有一个形容词“是”，意思是“对的”“正确的”。它和判断动词“是”没有源流关系。

魏其言是也。(《史记·魏其武安后列传》)

主爵都尉汲黯是魏其。(《史记·魏其武安后列传》)

“是”在先秦古汉语中少作判断词，在汉以后作判断词则多了起来，要注意和用作代词的“是”的区别。具体如下：

此必是豫让也。

——《史记·刺客列传》

“是”前面有副词修饰。

余是所嫁妇人之父也。

——《论衡·死伪》

“是”前面另有代词作主语。

问今是何世，乃不知有汉，无论魏晋。

——陶渊明《桃花源记》

“是”夹在两名词之间，句尾已无加强判断语气的“也”字。

（五）判断句的表达功能

1. 表达比喻

君者，舟也；庶人者，水也。

——《荀子·王制》

“君”和“舟”，“庶人”和“水”既不是同一个事物，也不是同一类事物，从逻辑上来说，是不能做出这样的判断的。但是，这里显然是比喻的修辞手法，是一种隐喻。在语言中是允许的。从句法形式上来说，又是古代汉语典型的判断句。

曹公，豺虎也。

——《资治通鉴·汉纪五十七》

曹操是人，并不是豺虎这样的猛兽。这里用豺虎的贪婪、凶狠来比喻曹操，也构成了一个判断句。

2. 表达某种特殊逻辑关系

夫战，勇气也。

——《左传·庄公十年》

在古代汉语里，这是一种常见的判断句形式，主谓之间的关系不表现为同一性，也不是比喻，而是表达一种比较复杂的内容，也就是说“作战这一事物，需要勇气”，主谓之间只是存在某种逻辑关系。

勇怯，势也；强弱，形也。

——司马迁《报任安书》

勇敢还是怯懦，是由形势决定的；坚强还是懦弱，是由形势决定的。“形、势”指人所处的具体环境、条件、地位等。

3. 表达因果关系

轻辞天子，非高也，势薄也；重争士橐，非下也，权重也。

——《韩非子·五蠹》

“轻辞天子”和“重争士橐”是表示结果的分句，“非高也，势薄也”和“非下也，权重也”是表示原因的分句。

桓公九合诸侯，不以兵车，管仲之力也。

——《论语·宪问》

“桓公九合诸侯”是表示结果的分句，“不以兵车，管仲之力也”是表示原因的分句。

二、被动句

用动词或动词性词组作谓语，谓语动词表示的动作行为不是主语发出的，而是主语承受的，叫作被动句。

被动句主要有两大类型：一是有标志的被动句，即借助一些被动词来表示；二是无标志的被动句，又叫意念被动句。意念被动句一般不认为是真正的被动句，有被动形式标志的表示被动含义的句子才被认为是被动句。

有被动形式标志的主要有以下几种。

（一）用“为”“为……所……”“……为所……”表被动

介词“为”引进行为动作的施事者，与引进的名词或名词性词组构成介词结构在句中作状语。具体如下：

吴广素爱人，士卒多为用者。(《史记·陈涉世家》)

不者，若属皆且为所虏。(《史记·项羽本纪》)

今有一于此，将为戮乎？(《左传·成公二年》)

身死人手，为天下笑者。(贾谊《过秦论》)

（二）用“于”或“受……于……”表被动

介词“于”引出动作的主动者，与引进的名词或名词性词组构成介词结构，在句中作补语。具体如下：

故内惑于郑袖，外欺于张仪。(《史记·屈原贾生列传》)

劳心者治人，劳力者治于人。(《孟子·滕文公上》)

君子役物，小人役于物。(《荀子·修身》)

介词“乎”的语法功能与介词“于”相同。“乎”也可以用在被动句里引出动作行为的主动者。

志乎古，必遗乎今。(韩愈《答李翊书》)

有时也在介词“于”或动词前加“受”，形成“受……于……”的形式表被动。

吾不能举全吴之地，十万之众，受制于人。(《三国志·蜀志·诸葛亮传》)

（三）用“见”或“见……于……”表被动

在及物动词前加表被动助动词“见”，构成“见＋及物动词”的被动句式。具体如下：

信而见疑，忠而被谤。（《史记·屈原贾生列传》）

秦城恐不可得，徒见欺。（《史记·廉颇蔺相如列传》）

当句子需要明确表达出施事者的时候，“见”字句要同“于”字句搭配使用，构成“见＋及物动词＋于＋名词（施事）”的句式，这是一种比较完善的被动句式。

臣诚恐见欺于王而负赵……（《史记·廉颇蔺相如列传》）

吾长见笑于大方之家。（《庄子·秋水》）

（四）用“被”表被动

“被”引出动作的主动者，这种形式和现代汉语的被动句类似。具体如下：

信而见疑，忠而被谤。（《史记·屈原贾生列传》）

虽万被戮，岂有悔哉？（司马迁《报任安书》）

“被”本身有了表示被动的意味后，又能引进行为主动者，被动意味更强了，也就不产生歧义了。

汉魏以后使用“被”动句的越来越多，口语中的“被”动句逐渐取代了其他几种被动句。但在仿古的文言文中，上述几种表示被动的方法一直存在。这就构成了被动句的复杂性。

【课后实操训练】

阅读下面短文，找出判断句、被动句，并翻译。

沛公旦日从百余骑来见项王，至鸿门，谢曰：“臣与将军戮力而攻秦，将军战河北，臣战河南，然不自意能先入关破秦，得复见将军于此。今者有小人之言，令将军与臣有郤。”项王曰：“此沛公左司马曹无伤言之。不然，籍何以至此。”项王即日因留沛公与饮。项王、项伯东向坐；亚父南向坐，——亚父者，范增也；沛公北向坐；张良西向侍。范增数目项王，举所佩玉玦以示之者三，项王默然不应。范增起，出，召项庄，谓曰：“君王为人不忍。若入前为寿，寿毕，请以剑舞，因击沛公于坐，杀之。不者，若属皆且为所虏！”庄则入为寿。寿毕，曰：“君王与沛公饮，军中无以为乐，请以剑舞。”项王曰：“诺。”项庄拔剑起舞。项伯亦拔剑起舞，常以身翼蔽沛公，庄不得击。（《史记·项羽本纪》）

第五节 常见文言虚词用法举隅

【学习任务】

掌握常见文言虚词的用法，提高阅读古籍的能力；以历史发展的眼光来看待古今汉语的差异性，培养科学探究精神。

一、“其”“之”“者”“所”

（一）其

1.代词

代词又分以下几种情况：

（1）可代人、代事物，用在名词之前，通常只作定语，相当于“他的、它的（包括复数）”。具体如下：

原曾子有疾，孟敬子问之。曾子言曰：“鸟之将死，其鸣也哀；人之将死，其言也善。”

——《论语·泰伯》

“其”称代鸟。

今吾于人也，听其言而观其行。

——《论语·公冶长》

“其”称代人。

臣从其计，大王亦幸赦臣。

——《史记·廉颇蔺相如列传》

“其”称代人。“其”称代蔺相如。

且夫水之积也不厚，则其负大舟也无力。

——《庄子·逍遥游》

“其”等于“水之”，相当于“名词 + 之”，翻译成现代汉语，这种名词性的偏正结构都可以译成主谓结构，但是不能根据译文来分析古代的语法结构。

“其”字要想了解它所称代的是什么，就必须结合语境来译。具体如下：

夜至张柴村，尽杀其戍卒，据其栅。

——《资治通鉴·唐纪》

“其”称代张柴村，译为“把那里的守兵杀了，占据了那里的寨栅”。

（2）“其”所称代的对象，有时不是第三者，而是说话人自己，或是说话人。像“之”字一样，受其称代对象制约，应译为“我”或“你”。具体如下：

吴王曰：“将军罢休就舍，寡人不愿下观。”孙子曰：“王徒好其言，不能用其实。”

——《史记·孙子吴起列传》

“其言”“其实”应译为“我的言论”“我的实践”。

瑜曰：“有军任，不可得委署；傥能屈威，诚副其所望。”

——《资治通鉴·汉纪·汉纪五十七》

“其所望”应译为“我所期望的”。

坚默然良久，曰：“诸君各言其志。”

——《资治通鉴·晋纪》

“其志”可译为“你们的心志”。

（3）特指代词。“其”字是和“之”字相对应的一个代词。具体如下：

以其人之道还治其人之身。（朱熹《中庸集注》第十三章）

不在其位，不谋其政。（《论语·泰伯》）

其日牛马嘶，新妇入青庐。（《孔雀东南飞》）

例中的“其”字相当于现代汉语的非远指的“那个”，表示特定的人和特定的时候；“其”字还可以表示特定的事物、地点。因此，把它叫作特指代词。特指代词“其”经常用作定语。

（4）指示代词。表示“其中的”，后面多为数词。具体如下：

于乱石间择其一二扣之。（苏轼《石钟山记》）

一尺之棰，日取其半，万世不竭。（《庄子·天下》）

2. 副词

副词又分以下几种情况：

放在句首或句中，表示测度、反诘、婉商、期望等语气，常和放在句末的语气助词配合，可译为“大概”“难道”“还是”“可要”等，或省去。

（1）表示测度语气。可译为“大概”“恐怕”等。具体如下：

圣人之所以为圣，愚人之所以为愚，其皆出于此乎？（《师说》）

城上有乌，齐师其遁。（《左传·襄公十八年》）

（2）表示反问。可译为“难道”。“其庸可”“其无乃”等词组，可根据文义适当译出。具体如下：

其朝多君子，其庸可媮乎？（《左传·襄公三十年》）

国无主，其能久乎？（《左传·襄公二十九年》）

（3）表婉商、期望语气，可译为“还是”“可要”“一定”等。具体如下：

吾其还也。(《左传·僖公三十年》)

难不已，将自毙。君其待之！（《左传·闵公元年》)

3. 连词

连词又分以下几种情况：

（1）表假设，相当于“如果”。具体如下：

其济，君之灵也，不济，则以死继之。(《左传·僖公九年》)

其如是，孰能御之。(《孟子·梁惠王上》)

（2）表选择，相当于“还是”“是……还是……”。具体如下：

呜呼！其真无马邪？其真不知马也！（韩愈《马说》)

子可以止乎？其未邪？（《庄子·德充符》)

4. 语气助词

语气助词无实际意义，一般不译。

用在单音节形容词（或拟声词）之前，起加强形容的作用，其整个结构跟重言相当。译时“其”不必译出，而将单音节形容词（或拟声词）作重言。具体如下：

既见君子，云何其忧？（《诗经·唐风·扬之水》)

北风其凉，雨雪其雱。(《诗经·邶风·北风》)

（二）之

1. 用作代词

又分以下几种情况：

（1）可以代人、代物、代事。代人多是第三人称，相当于“他（他们）、它（它们）”，作宾语或兼语，不作主语。具体如下：

爱共叔段，欲立之。

——《左传·隐公元年》

“之”称代人，指代“共叔段”，作宾语。

宰夫胹熊蹯不熟，杀之。

——《左传·宣公二年》

“之”称代人，指代“宰夫”，作宾语。

有众逐虎，虎负嵎，莫之敢撄。

——《孟子·尽心下》

“之”称代物，指代“虎”，作宾语。

（2）“之”所称代的对象，有时不是第三者，而是说话人自己，或是说话人，受其称代对象所制约，应译为“我”或“你”。具体如下：

诏召见黯，黯为上泣曰："臣自以为填沟壑，不复见陛下，不意陛下复收用之。"

——《史记·汲郑列传》

"不意陛下复收用之"，想不到陛下又收纳任用我。

士季曰："谏而不入，则莫之继也。会请先，不入，则子继之。"

——《左传·宣公二年》

"莫之继也"的"之"，指称赵盾。"则子继之"的"之"，士季自称。

（3）"之"字是一个泛指代词。具体如下：

之二虫又何知？（《庄子·逍遥游》）

姜氏欲之，焉辟害？（《左传·隐公元年》）

巫医乐师百工之人，不耻相师。（韩愈《师说》）

"之二虫"是说"这蜩与学鸠"，作定语；"姜氏欲之"是说"姜氏要这样（或那样）做"；"巫医乐师百工之人"是说"巫医、乐师、各种工匠这些人"。应该说，"之"字既非近指，也非远指，而是广泛的称代。采用杨树达的说法，把它叫作"泛指"。"之"只用作定语和宾语，不用作主语。

2. 助词

分以下几种情况：

用在修饰语和被修饰语之间，使两者组成偏正短语，表示前后两项的各种关系。可根据情况灵活译出。

（1）连接偏正结构。连词"之"基本的作用就是连接定语和中心语，表示领属关系或修饰关系。具体如下：

古之学者必有师。（韩愈《师说》）

人之患在好为人师。（《孟子·离娄上》）

道之所存，师之所存也。（韩愈《师说》）

三军之士，视死如归。（《吕氏春秋·勿躬》）

以上各例用在修饰语和被修饰语之间，表示领属关系。"之"可译为"的"，也可不译出。

越王勾践栖于会稽之上。（《国语·越语上》）

幼好学，有文才，能书善画，於扇上图山水，咫尺之内，便觉万里为遥。（《南史·竟陵文宣王子良传》）

四海之内皆兄弟也。（《论语·颜渊》）

例中"之"用在前后两项之间，表示前项的方位，可译为"的""以"等，或不译。

小大之狱，虽不能察，必以情。（《左传·庄公十年》）

用在前后两项之间，属于一般的修饰关系。可译为"的"。

心之官则思，思则得之，不思则不得也。(《孟子·告子上》)

“心之官则思”意为心这个器官的职能在思考。

今人主处制人之势……虽有田常、子罕之臣不敢欺也，奚待于不欺之士！(《韩非子·五蠹》)

“虽有田常、子罕之臣不敢欺也”意为“即使有田常、子罕那样的臣子也不敢搞欺骗”。

以君之力，曾不能损魁父之丘。(《列子·汤问》)

凭你的能力，连魁父那样的小丘都不能损坏一点。

后三例中的“之”，用于修饰语和被修饰语之间，表示一种特殊的修饰关系，它在这里既不表领属关系，也不同于一般修饰关系，它的前后两个成分是同一性的，“之”可根据上下文译为“这个”“那样的”“这样的”等，或不译出。

(2) 连接主谓结构。一般说来，具备了主语和谓语两部分，就可以成为独立的句子了。但是如果在主语和谓语这两部分之间加上“之”字，那么这两部分就成为具有主谓关系的词组了。起取消句子独立性的作用，用作句子的主语、宾语、状语。不译。具体如下：

师道之不传也久矣，欲人之无惑也难矣。(韩愈《师说》)

宦三年矣，未知母之存否。(《左传·隐公元年》)

大道之行也，天下为公。(《礼祀·礼运》)

第一例中“师道之不传”“欲人之无惑”作主语；第二例中“母之存否”作宾语；第三例中“大道之行”作状语。

古代汉语中主谓结构作主语、宾语、状语的情况很罕见；但是用连词“之”插在主谓结构中间，使它变成一个名词性的偏正结构来充当句子的一个成分却很常见。“之”字的这种用法实际上也是连接定语和中心语；不过在“之”字没有插入前，前后两个成分的关系是主语和谓语的关系罢了。主谓结构中的“之”字在现代汉语中没有相当的词来对译，翻译时可以直接译成主谓结构，加上一个“的”字，反而不太通顺。这正反映了古今汉语在句法上的差别。

(3) 用在时间词或动词后面，凑足音节，没有实在意义。具体如下：

久之，目似瞑，意暇甚。(《聊斋志异·狼》)

顷之，烟炎张天，人马烧溺死者甚众。(司马光《赤壁之战》)

填然鼓之，兵刃既接，弃甲曳兵而走。(《孟子·梁惠王上》)

(4) 放在倒置的动(介)宾短语之间，作为宾语提前的标志。在前面宾语前置已经有介绍，不赘述。

(5) 放在倒置的定语与中心语之间，作为定语后置的标志。具体如下：

凌万顷之茫然。（苏轼《前赤壁赋》）

蚓无爪牙之利，筋骨之强。（《荀子·劝学》）

（三）者

1. 辅助性代词

用作起辅助性作用的代词，能指代一定的人或事物，但又都不能独立充当句子的成分，必须放在其他词或词组的前面，构成“者”字结构才能充当句子的成分。这种词为“辅助性代词”。

（1）动词、形容词（或动词性、形容词性词组）+ 者，构成“者”字结构，使整个结构具有名词性，它的作用很像现代汉语的“的”，可译为“……的”“……的人（事、物）”等。具体如下：

河滨之渔者争坻，舜往渔焉。

——《韩非子·难一》

“渔者”是动词“渔”与“者”字结合，称代“打鱼的人”。

假舆马者，非利足也，而致千里。

——《荀子·劝学》

“假舆马者”“假舟楫者”是动词性词组“假舆马”“假舟楫”分别与“者”结合，称代“借助车马的人”。

杨子过于宋东之逆旅，有妾二人，其恶者贵，美者贱。

形容词“恶”“美”分别与“者”结合，称代“丑妾”和“美妾”。

夺项王天下者，必沛公也。

——《史记·项羽本纪》

动词性词组“夺项王天下”与“者”结合，称代“夺项王天下的人”。

先破秦入咸阳者王之。

——《史记·项羽本纪》

动词性词组“先破秦入咸阳”与“者”结合，称代“先破秦入咸阳的人”。

言之，貌若甚戚者。

——柳宗元《捕蛇者说》

“者”字与形容词“戚”（包括它的修饰成分“甚”）结合，构成“者”字短语，作动词“若”的宾语。可根据上下文译为“的样子”或“……似的”。凡作“若”“似”“如”等动词宾语的“者”字结构，都可以这样译。

（2）主谓短语 + 者。例句如下：

臣闻地广者粟多，国大者人众。（李斯《谏逐客令》）

志不强者智不达，言不信者行不果。（《墨子·修身》）

（3）数词、时间词后面的“者”。与数词相结合，构成“者”字结构，这种短语不能用“的”来对译。通常是在数词与其所指称的对象之间加相应的名词和量词。具体如下：

农、商、官三者，国之常官也。

——《商君书·去强》

“三者”指称“农、商、官”三种职业，在对译时加进了相重的量词“种”，又加了名词“职业”。

夫发号布令而人乐闻；兴师动众而人乐战；交兵接刃而人乐死。此三者，人主之所恃也。

——《吴子·励士》

这三件事情才是君主可以依靠的。

与表时间的词相结合，构成名词性的“者”字短语，表示某一段时间，意为“……的时候”。可选择适当的时间词或短语对译。

古者丈夫不耕，草木之实足食也。(《韩非子·五蠹》)

古者来有君臣上下之时，民乱而不治。(《商君书·君臣》)

曩者志入而已，今则怯也。(《左传·襄公二十四年》)

2. 助词

“者”用在名词主语之后，表示语音上的停顿，并有引出下文的作用。可不译出。具体如下：

北山愚公者，年且九十。(《列子·汤问》)

吕公者，好相人也。(《史记·高祖本纪》)

石之铿然有声者，所在皆是也。(苏轼《石钟山记》)

（四）所

1.“所”字结构

用作起辅助性作用的代词，能指代一定的人或事物，但又都不能独立充当句子的成分，必须放在其他词或词组前面，构成“所”字结构，才能充当句子的成分。

扼要地说：“所”字作为辅助性代词，所指代的是某种动作的对象，它位于动词或动词性词组之前，和动词、动词性词组结合成“所”字结构，使整个结构具有名词性（如果用于名词或形容词之前，这个名词或形容词也活用作动词），可译为“……的”“……的人”“……的东西”等。具体如下：

其北陵，文王之所避风雨也。(《左传·僖公三十二年》)

君子于其所不知，盖阙如也。(《论语·子路》)

“所避风雨”是“避风雨的地方”，“所不知”是“不知道的事情”。“所”指代的是行为动作的对象，即行为动作的受事者。

需要注意的是，“所字结构”同“者字结构”所表达的意思是不相同的。试比较：

始臣之解牛之时，所见无非牛者。(《庄子·庖丁解牛》)

见者惊犹鬼神。(《庄子·达生》)

“所见”是庖丁（臣）“看见的东西”，是行为动作的受事者；“见者”是“见到东西的人”，是行为动作的施事者。一般来说，“所”是表动作的受事者、被动者，“者”是表动作的施事者、主动者。这就是“所”和“者”的区别。

“所”字还可以同“者”字结构起来使用，构成“所……者”的格式。具体如下：

孟尝君曰：“视吾家所寡有者。”(《战国策·齐策四》)

其所善者，吾则行之。(《左传·襄公三十一年》)

“所……者”仍然指代的是行为的受事者，等于“所”字结构，不等于“者”字结构。由于“所”是表示行为的受事、被动者，因此在“所字结构”前又可以加上行为的主动者。具体如下：

仲子所居之室，伯夷之所筑与？抑亦盗跖之所筑与？（《孟子·滕文公下》)

“仲子”“伯夷”“盗跖”是后面动词的施事者、主动者，用作所字结构的定语。一般要加连词“之”。

又由于“所”字虽然是指代行为动作的对象，但是它不能表示是什么人或者什么事物；因此，可以在“所字结构”后面再加上表示具体事物的名词。例如，上面所举的“仲子所居之室”。“室”就是“所居”的具体事物，给动作的对象限定了具体范围。

总之，“所字结构”运用起来有以下四种形式：

一是所＋动词（所见）。

二是所＋动词＋者（所爱者）。

三是施事（＋之）＋所＋动词（伯夷之所筑）。

四是施事（＋之）＋所＋动词＋受事（仲子所居之室）。

第一种“所”字的指代作用最明显；其他三种“所”字的指代作用就虚一些、弱一些，因此有的语法著作把“所”字看作助词。还有在“为……所”式的被动句中，“所”字的指代作用更弱。具体如下：

先即制人，后则为人所制。(《史记·项羽本纪》)

毋徒使母子为太子所鱼肉也。(《史记·晋世家》)

这种“所”字可以看作表被动的词头。

辅助性代词“所”还可以和其他词结合成凝固格式，如所谓、所以、所与等，前两个较常见。

“所谓”这种凝固格式后可另带宾语。具体如下：

孟子见齐宣王，曰：“所谓故国者，非谓有乔木之谓也，有世臣之谓也。”(《孟子·梁惠王下》)

此所谓战胜于朝廷。(《战国策·齐策一》)

“所以”用法较为复杂，这里“所”字后面不是动词，而是介词“以”。“所以”在古汉语里主要有两种意义，第一种意义比较具体，大致和现代汉语的“用来……的方法(人、东西等)”“凭借……的”相当，说明“怎样”。具体如下：

吾知所以距子矣，吾不言。

——《墨子·公输》

我知道用来对抗你的方法，我不说。

亲贤臣，远小人，此先汉所以兴隆也。

——诸葛亮《前出师表》

亲近贤臣，远离小人，这是先汉兴隆的原因。

师者，所以传道授业解惑也。

——韩愈《师说》

老师是用来传授道理，教授学业，解答疑难问题的人。

虽世殊事异，所以兴怀，其致一也。

——《兰亭集序》

即使世道变了事情不同了，用来生发感慨的东西，情致是一样的。

第二种意义比较抽象，用来表示原因，大致和现代汉语的“……的原因”相当，说明“为什么”。具体如下：

吾所以为此者，以先国家之急而后私仇也。(《史记·廉颇蔺相如列传》)

臣所以去亲戚而事君者，徒慕君之高义也。(《史记·廉颇蔺相如列传》)

君不此问而问舜冠，所以不对也。(《荀子·哀公》)

“所以”均译成“……的原因”。

需要强调的是，文言中的“所以”跟现代汉语“因为……所以……”中的“所以”是不同的。现代汉语中的“所以”是复合连词，用来连接复句中的两个分句，与“因为”相呼应，表示因果关系。这是文言中的“所以”跟现代汉语中“因为……所以……”格式中“所以”一词的不同之处。

与“所”字经常联用的几个惯用格式有“所谓”“有所……”“无所……”“非所……”“何所……”“所……者”。“所谓”可译为“所说的”；“有所……”可译为“有……”；“无所……”“非所……”可译为“没有……”；“何所……”可译为“……什么”；“所……者”可译为“所……的(人、事物)”等。具体如下：

所谓诚其意者，毋自欺也。

——《大学·诚意》

所说的使自己的意念诚实，就是说不要自己欺骗自己。

非吾所谓传其道解其惑者也。

——韩愈《师说》

不是我所说的传授道理，解答疑难问题的老师。

女亦无所思，女亦无所忆。

——乐府诗集《木兰诗》

我也没有想什么，也没有惦记什么。

人之能，天亦有所不能也。

——刘禹锡《天论中》

人能做到的，自然界也有做不到的。

内立法度，严刑罚，饬政教，奸伪无所容。

——《盐铁论·非鞅》

过去商鞅辅佐秦国时，国家制定法度，严格施行刑罚，整肃政治和教化，坏人没有容身之处。

劳师以袭远，非所闻也。

——《左传·僖公三十二年》

军队长途跋涉地去袭击远方的敌人，（我）没有听说过这种事情。

以上三例中的“所”字结构都是“有”“无”“非”的宾语。

何所闻而来？何所见而去？

——《世说新语·简傲》

听到什么来的？看见什么离开的？

2.“所”的其他用法

（1）“所”作名词，有“住所”“处”的意思；作不定数词，有“大约”的意思。

令鼓人各复其所。

——《国语·晋语九》

命令鼓地的人民各自回到自己的住所。

刺足阳明脉，左右各三所，病旋已。

——《史记·扁鹊仓公列传》

用针扎足阳明经络的穴位，左右各扎三处，病很快就好了。

今庆已死十年所。

——《史记·扁鹊仓公列传》

现在阳庆已经死了十年左右了。

（2）连词，表假设，相当于“如、若”，多用于誓词、咒语。

献子怒，出而誓曰：“所不此报，无能涉河。”（《左传·宣公十七年》）

所不与舅氏同心者，有如河水。（《国语·晋语》）

二、"于""以""为""因"

(一)于(乎)

介词"于"在古籍中又写作"乎",这是由于"于"和"乎"音近而借用。"乎"字用法和"于"字基本一致。

1.介词

"于"与名词、代词或名词性短语结合起来,组成介宾短语,在句中充当状语或补语。

(1)引进动作行为的处所、时间,相当于"在、到、从"等。具体如下:

宣子田于首山,舍于翳桑。(《左传·宣公二年》)

虎兕出于柙,龟玉毁于椟中,是谁之过与?(《论语·季氏》)

君子之学也,入乎耳,着乎心……(《荀子·劝学》)

醉翁之意不在酒,在乎山水之间也。(欧阳修《醉翁亭记》)

上面四例中的"于(乎)"字都是表示处所的,译成现代汉语,"于(乎)"字要分别译成"在""从""到"。"于(乎)"字表示动作行为的处所要分成三种情况,其实古人只是考虑动作行为发生的处所,而未加分别,所以都用"于"。

受任于败军之际,奉命于危难之间。(诸葛亮《出师表》)

诸葛谨弟亮及从弟诞,并有盛名,各在一国,于时以为"蜀得其龙,吴得其虎,魏得其狗"。(《世说新语·品藻》)

苟全性命于乱世。(诸葛亮《出师表》)

"于"字多表示动作行为发生的时间范围或时间终点。这种表示时间的"于"字,相当于现代汉语的介词"在"。

(2)引进动作行为涉及的对象,相当于"向、给、同、对于"等。具体如下:

寡人之于国也,尽心焉耳矣。(《孟子·梁惠王上》)

颍考叔为颍谷封人,闻之,有献于公。(《左传·隐公元年》)

或问乎曾西曰:"吾子与子路孰贤?"(《孟子·公孙丑上》)

始吾于人也,听其言而信其行。(《论语·公冶长》)

这种介绍行为动作所涉及的对象的"于"字,译成现代汉语相当于"向、给、对(对于)"等。需要注意的是,这是根据现代汉语词义的搭配习惯进行翻译的,而不是说古代汉语里介绍动作所涉及的对象的介词"于"要做这种分别。

(3)引进比较的对象,相当于"比"。具体如下:

青,取之于蓝而青于蓝。(《荀子·劝学》)

王如知此,则无望民之多于邻国也。(《孟子·梁惠王上》)

在介绍比较对象时,一般只用"于",而不用"於"。表示比较时,于字结构一般只用在形容词谓语的后面，作补语。“于”字译成现代汉语相当于“比”字，但介词结构在句中的位置古今却有所不同，“比”构成的介词结构要放在形容词谓语的前面，作状语。

（4）引入行为动作的主动者。具体如下：

故内惑于郑袖，外欺于张仪。（《史记·屈原贾生列传》）

臣诚恐见欺于王而负赵。（《史记·廉颇蔺相如列传》）

（5）引进动作行为产生的原因，相当于“因”“由于”。具体如下：

业精于勤，荒于嬉；行成于思，毁于随。（韩愈《进学解》）

2. 助词

常用于主语、谓语之间，加强语气。这种用法在《诗经》中较多，“于”在诗句中还有凑足音节、加强咏叹意味的作用。可根据文义灵活译出，或不译。具体如下：

黄鸟于飞，集于灌木，其鸣喈喈。（《诗经·周南·葛覃》）

之子于归，宜其室家。《诗经·周南·桃夭》

3. 连词

“于”作连词，连接两个并列的成分。可译为“和”等。具体如下：

告汝德之说于罚之行。

——《尚书·康诰》

告诉你施与恩惠的说法和施行惩罚的道理。

不克敬于和，则无我怨。

——《尚书·多方》

（你们）若不能谨慎与和洽，那可不要怨恨我。

4. 语气词

用于句末表示疑问语气，用法同“乎”。可根据文义灵活译出。具体如下：

然则先生圣于？（《吕氏春秋·审应》）

桓公问于管子曰：“不籍而赡国，为之有道于？”（《管子·山国轨》）

“于”等介词跟其他词组合，已经形成了一些较为固定的结构，如“于是”，其用法值得重视。具体如下：

祁奚请老，晋侯问嗣焉。称解狐，其仇也。将立之而卒。又问焉。对曰：“午也可。”于是羊舌职死矣，晋侯曰：“孰可以代之？”对曰：“赤也可。”于是使祁午为中军尉，羊舌赤佐之。君子谓祁奚于是能举善矣。（《左传·襄公三年》）

句中有三个“于是”：第一个译为“在这个时候”，第二个译为“在这些事情上”，第三个起关联作用，表示事理相承的结构关系，后来发展为承接连词，一直沿用到现在。

（二）以

1. 介词

介词主要有以下几种情况：

（1）引进动作行为的工具、手段或凭借。工具、手段、凭借是比较广泛的概念，既可以是具体的东西，也可以是抽象的事物。相当于“用”“拿”“凭”等。这种用法是介词“以”的基本用法。具体如下：

军中无以为乐，请以剑舞。(《史记·项羽本纪》)

以残年余力，曾不能毁山之一毛。(《列子·汤问》)

秦王以十五城请易寡人之璧，可予不？(《史记·廉颇蔺相如列传》)

君若以德绥诸侯，谁敢不服？(《左传·僖公四年》)

有时引进动作的协从者，这是一种行为方式。这样的介词“以”在古人心中是与引进行为工具、手段相似的；不过今天多以“率领”一词来翻译它，这并不意味着这个“以”就是动词。这种“以”字结构只作状语。具体如下：

宫之奇以其族行。

——《左传·僖公五年》

“以其族行”即“率领他的族人离开了（虞国）”。

四年春，齐侯以诸侯之师侵蔡，蔡溃，遂伐楚。

——《左传·僖公四年》

“以诸侯之师”即“率领诸侯国的军队”。

（2）引进动作行为凭借的资格、身份或地位，相当于“凭着……的身份”“凭着……资格、地位”。具体如下：

赵食其以主爵为右将军，曹襄以平阳侯为后将军，韩说以校尉从大将军。(《史记·卫青霍去病列传》)

齐使者如梁，孙膑以刑徒阴见，说齐使。(《史记·孙子吴起列传》)

（3）引进动作行为的理由或原因，相当于“因”“因为”“由于”。具体如下：

且以一璧之故逆强秦之欢，不可。(《史记·廉颇蔺相如列传》)

不以物喜，不以己悲。(范仲淹《岳阳楼记》)

（4）引进动作行为的时间，相当于“在”。具体如下：

初，田婴有子四十余人，其贱妾有子名文，文以五月五日生。(《史记·孟尝君列传》)

以崇祯十七年夏，自京师徒步入华山为黄冠。(顾炎武《复庵记》)

表示时间的“以”字相当于表示时间的“于（乎）”字，但表示时间的“于（乎）”字结构一般只作补语，而“以”字结构只作状语。

（5）引进动作行为涉及的对象，相当于“用”或“把”。具体如下：

陈子以时子之言告孟子。（《孟子·公孙丑下》）

项伯乃夜驰之沛公军，私见张良，具告以事。（《史记·项羽本纪》）

“以”字的用法有两点值得注意：一是“以字结构”在句中的位置，除第四种表示时间的只能作状语外，其他四种既可以用在动词前作状语，又可以用在动词后作补语；二是为了强调宾语，介词“以”的宾语有时可以前置。有时因为宾语在前面已经出现，又可以省略。

（6）“以”构成的凝固结构。“有以”“无以”——“有/没有什么东西（或办法）用来”（相当于有/无之后省略宾语）

长铗归来乎，无以为家。（《战国策·齐策》）——没有办法养家。

河曲智叟亡以应。（《列子汤问》）——没有办法回答。

吾必有以重报母。（《史记·淮阴侯列传》）——有办法重重地报答您。

“以……为……”式有两种情况，一种表示客观事实或实际做法，可译为“把（用）……作为（成）……”等。具体如下：

与孟孙以壬辰为期。

——《左传·定公八年》

和孟孙约定把初三作为预定日期。

天水陇西，山多林木，民以板为室屋。

——《汉书·地理志》

天水陇西一带地方，山上多森林树木，人民用木板做成房屋。

有时“以”的宾语省略，作“以为……”。具体如下：

（公孙青）以其良马见，卫侯以为乘马。（《左传·昭公二十年》）

（公孙青）用自己的好马作为进见礼，卫侯把（送的马）作为驾车的马。

另一种表示人们的主观看法，可译为“认为……是……”“把……看作……”等。具体如下：

我以不贪为宝，尔以玉为宝。

——《左传·襄公十五年》

我认为不贪心是宝贝，而你认为美玉是宝贝。

君子义以为上。

——《论语·阳货》

君子把义看作最高尚的。

有时省略“以”的宾语，可译为“以为……”。具体如下：

公子安之，从者以为不可。

——《左传·信公二十三年》

公子重耳安于齐国生活，随从者认为（这样）不行。

虎视之，庞然大物也，以为神。

——柳宗元《黔之驴》

老虎看到它是个庞然大物，以为它是神物。

2. 连词

“以”可以连接词与词、短语与短语、句与句。用法跟“而”相近，但“以”只能顺接，不像“而”可以表示转折，同时“以”表示并列关系的用法比“而”也少得多。

连接的前后两部分是补充关系。

（1）表示顺承关系，相当于“就、而”。具体如下：

齐因乘胜尽破其军，虏魏太子申以归。（《史记·孙子吴起列传》）

余与四人拥火以入。（王安石《游褒禅山记》）

（2）表示并列关系，相当于“并且、又、和”等。具体如下：

季康问：“使民敬、忠以劝，如之何？”（《论语·为政》）

夫夷以近，则游者众。（王安石《游褒禅山记》）

冬，季武子如宋，报向戌之聘也。褚师段逆之以受享，赋《常棣》之七章以卒。宋人重贿之。（《左传·襄公二十三年》）

“赋《常棣》之七章以卒”意为诵读《常棣》的第七章和末章。

（3）表示偏正关系，用于状语和中心词之间。具体如下：

木欣欣以向荣，泉涓涓而始流。

——陶渊明《归去来兮辞》

树木长势茂盛。泉水缓缓流动。

舟遥遥以轻飏，风飘飘而吹衣。

——陶渊明《归去来兮辞》

船在水上轻轻地漂荡，微风吹拂着衣裳。

此例中的“以”与下文的“而”互相呼应。

樊哙侧其盾以撞。

——《史记·项羽本纪》

樊哙侧过他的盾牌来撞击卫士。

（4）表示目的关系，“以”后的动作行为，往往是前一动作行为的目的。相当于“为了、来、用来”等。具体如下：

晋灵公不君。厚敛以雕墙。

——《左传·宣公二年》

“以”连接“厚敛”和“雕墙”两个动作，前一动作是后一动作的手段，后一动作是前一动作的目的。

作《师说》以贻之。

——韩愈《师说》

“以”连接“作《师说》”和“贻之”两个动作，前一动作是后一动作的手段，后一动作是前一动作的目的。

有时“以”字连接的是因果关系的复句。“所以”所连接的是两个分句，有的果句在前，因句在后，是由果溯因；有的因句在前，果句在后，是由因及果。这种“以”字可以译为“由于”或“因为”。具体如下：

晋侯秦伯围郑，以其无礼于晋，且贰于楚也。

——《烛之武退秦师》

此句是由果溯因。以：因为。

诸侯以公子贤，多客，不敢加兵谋魏十余年。

——《史记·魏公子列传》

太公相文、武以王天下；管仲相桓公以霸诸侯。

——《盐铁论》

后两个例句是由因及果。第二个例句中的“以”可译为因为。第三个例句中的“以”可译为才。

“以此”“以是”“以故”“是以”“此以”作连词，相当于“因此”等。

文帝宽，不忍罚，以此吴日益横。(《史记·吴王濞列传》)

人之貌有与也，以是知其天也，非人也。(《庄子·养生主》)

以故其后名之。(王安石《游褒禅山记》)

举世混浊而我独清，众人皆醉而我独醒，是以见放。(《史记·屈原列传》)

慧者心辩而不繁说，多力而不伐功，此以名誉扬天下。(《墨 子·修身》)

(5)连接时间或方位，后接“来”“往”“上”“下”“东”“西”“南”“北”等词，补充说明时间、处所或范围。可译为“以”“往”等。具体如下：

由山以上五六里，有穴窈然。(王安石《游褒禅山记》)

余暨以南属越，钱塘以北属吴。(《论衡·书虚》)

衡湘以南为进士者，皆以子厚为师。(《柳子厚墓志铭》)

夫神农以前，吾不知已。(《史记·货殖列传》)

自王侯以下，莫不逾侈。(《后汉书·张衡传》)

“以”有介词和连词两种词性。学习“以”要注意区分其词性的不同。“以”是介词时，它后面总要有名词或名词性词组构成介宾结构，用以修饰动词谓语。“以”是连词，它后面总要有被连接的两个部分，而后者通常是前者的目的或结果。如果“以”字后面紧接着“上、下、内、外、东、西、南、北”等方位词，肯定是连词。

（三）为

1. 介词

它的用法主要可以分为以下五种：

（1）“为”常和它的宾语一起，用于动词前，表示动作行为。后接受益的对象。可译为“给”“替”等。具体如下：

庖丁为文惠君解牛。(《庄子·内篇·养生主》)

及庄公即位，为之请制。(《左传·隐公元年》)

（2）引出动作行为发生的原因或目的。相当于“因为”“因此”“由于”或“为了”。具体如下：

天下熙熙，皆为利来。(《史记·货殖列传》)

天行有常，不为尧存，不为桀亡。(《荀子·天论》)

（3）表示动作、行为涉及的对象。可译为“跟”“向”“对”等。具体如下：

此中人语云：“不足为外人道也。”(陶渊明《桃花源记》)

（4）表示时间或处所。相当于“于、在”。具体如下：

今之时人，辞官而隐处为乡邑之下。(《淮南子·卷十三·汜论训》)

（5）引出动作的主动者。“为”相当于“被”。具体如下：

今有一于此，将为戮乎？（《左传·成公二年》)

身死人手，为天下笑者。(贾谊《过秦论》)

2. 连词

用在复合句的前一分句，表示假设。可译为“如果”。具体如下：

王甚喜人之掩口也，为近王，必掩口。(《韩非子·内储说下》)

秦为知之，必不救矣。(《战国策·秦策四》)

用在句末，与“何以”“奚以”“何用”等虚词相配合，表示疑问。可译为“呢”，或不译出。例如：

然则又何以兵为？（《荀子·议兵》)

奚以之九万里而南为？（《庄子·逍遥游》)

（四）因

1. 介词

介绍动作、行为发生的原因、依据、方式。可分别译为“因为”“趁着”“凭借”“依靠”“经过”“通过”“依照、根据”。具体如下：

振声激扬，伺者因此觉知。

——《后汉书·张衡传》

相当于“凭借”。

因宾客至蔺相如门谢罪……

——《史记·廉颇蔺相如列传》

相当于“通过”。

罔不因势象形。

——魏学洢《核舟记》

相当于“依照、根据”。

因利乘便，宰割天下，分裂山河。

——贾谊《过秦论》

相当于“凭借”“依靠”。

不如因而厚遇之。

——《史记·廉颇蔺相如列传》

相当于“趁着”。

恩所加则思无因喜以谬赏。

——《谏太宗十思疏》

相当于“因为”。

2. 连词

“因”作连词，连接前后两句，表示顺承，可译为“就”“于是”“因此”等。具体如下：

宋人有耕者，田中有株，兔走触株，折颈而死，因释其耒而守株，冀复得兔。（《韩非子·五蠹》）

宅边有五柳树，因以为号焉。（陶渊明《五柳先生传》）

三、“而”“则”“虽”“然”“且”

（一）而

1. 连词

“而”既可以连接词或词组，又可以连接两个分句。它的用法主要有以下三种：

（1）用于联合结构。连接形容词、动词或形容词、动词性词组，表示两种性质或行为之间的联系。

第一，并列关系。具体如下：

宋华父督见孔父之妻于路，目逆而送之，曰：“美而艳。”（《左传·桓公元年》）

北救赵而西却秦，此五霸之伐也。（《史记·魏公子列传》）

第二，承接关系。具体如下：

公入而赋："大隧之中，其乐也融融。"姜出而赋："大隧之外，其乐也泄泄。"（《左传·隐公二年》）

卒廷见相如，毕礼而归之。（《史记·廉颇蔺相如列传》）

第三，转折关系。具体如下：

不战而屈人之兵，善之善者也。（《孙子兵法·谋攻》）

青，取之于蓝，而青于蓝。（《劝学》）

（2）用于偏正结构，即连接状语和动词中心语，是一种顺接。具体如下：

填然鼓之，兵刃既接，弃甲曳兵而走。（《孟子·梁惠王上》）

项王按剑而跽曰："客何为者？"（《史记·项羽本纪》）

（3）连接主谓结构，即连接主语和谓语，是一种逆接，或是一种假设。具体如下：

"而"连接主语和谓语，含有转折的意味，可以译作"却"。

十人而从一人者，宁力不胜，智不若耶？畏之也。

——《战国策·赵策三》

"而"含有假设的意味，可以译作"如果"或"假如"。具体如下：

子产而死，谁其嗣之？（《左传·襄公三十年》）

管氏而知礼，孰不知礼？（《论语·八佾》）

且先君而有知也，毋宁夫人，而焉用老臣？（《左传·襄公二十九年》）

2. 第二人称代词

"而"经常作定语，偶尔也作主语，不能作宾语。可译作"你们""你们的"等。

夫差！而忘越王之杀而父乎？（《左传·定公十四年》）

汝知而心与左右手、背乎？（《史记·孙子吴起列传》）

3. 语气词

用在句末，表示感叹的语气。可译为"啊"等。

唐棣之华，偏其反而！（《论语·子罕》）

吁！汉帝之德，侯其祎而。（张衡《东京赋》）

复音虚词"而已"用于陈述句句末，表示限制语气。可译为"罢了"。具体如下：

闻道有先后，术业有专攻，如是而已。（《师说》）

（二）则

1. 连词

连词经常用于复句之中，起连接分句的作用。"则"的主要用法有以下几种：

（1）并列关系。这种"则"字是在几件事对举时使用，往往形成"……则……，……则……"的格式。不能译出。具体如下：

水则载舟，水则覆舟。（《荀子·王制》）

子女玉帛则君有之；羽毛齿革则君地生焉。(《左传·僖公二十三年》)

以上两例中的“则”字，它的前面有一个或几个名词时，两个“则”字分别用在并列的分句的主谓语之间。有时“则”字也可以用在表示对举的词语后面，现代汉语中无相应的词与之对应。具体如下：

故木受绳则直，金就砺则利。(《荀子·劝学》)

弟子，入则孝，出则弟。(《论语·学而》)

位卑则足羞，官盛则近谀。(韩愈《师说》)

(2)顺承关系。“则”字连接的两部分是承接关系，按时间的先后顺序发生，前一事情发生以后，紧接着就发生后一事情。这种“则”字相当于“就”，有时也可不译。具体如下：

强本而节用，则天不能贫。(《荀子·天论》)

若弗与，则请除之。(《左传·隐公元年》)

表示因果或情理上的联系，可理解为“那么”“那么就”等。

风之积也不厚，则其负大翼也无力。(《庄子·逍遥游》)

民贫则奸邪生。(晁错《论贵粟疏》)

有些句子中“则”字后面叙述的事情，客观上是发生在“则”字前面叙述的事情之前，但在表达、叙述的顺序上仍是后项承接前项，“则”字仍起连接作用。这种情况下，“则”字后面的话常含有“原来已经”“发现”等意思。具体如下：

使子路反见之，至，则行矣。(《论语·微子》)

及晏子如晋，公更其宅，反则成矣。(《左传·昭公三年》)

以上诸例中“则”字后叙述的情况虽形成在前，但这种情况被发现，却是在“则”字前的情况发生之后。所以，从“发现”的时间角度看，仍然是先后相承，是一种顺承关系。

(3)转折关系。“则”字连接的前项和后项，两项内容不一致，或者相反。这时，“则”相当于“却”。具体如下：

欲速则不达。(《论语·子路)》

于其身也，则耻师焉，惑矣！(韩愈《师说》)

(4)条件关系。“则”字连接的前项常常是产生后项的条件或原因，后项是前项的结果，前后两项形成条件关系。这种“则”字相当于“就”。

军志曰：“允当则归。”(《左传·僖公二十八年》)

布帛长短同，则价相若；麻缕丝絮轻重同，则价相匿；五俗多寡同，则价相若；屦大小同，则价相若。(《孟子·许行》)

(5)假设关系。“则”字连接的两项——条件和结果，如果是还没有实现的，那么两项之间就是假设关系。这种“则”字一般可以译为“就”。具体如下：

会请先，不入，则子继之。（《左传·宣公二年》）

君无术则弊于上，臣无法则乱于下。（《韩非子·定法》）

以上句中的“则”字都用在第二个分句中，有的句子中的“则”字用在第一个分句中，这时“则”字有“如果”的意思。具体如下：

时则不至，而控于地而已矣。（《庄子·逍遥游》）

谨守成皋！则汉欲挑战，慎勿与战。（《史记·项羽本纪》）

（6）让步关系。可理解为“虽然”“倒是”等。具体如下：

治则治矣，非书意也。（《韩非子·外储说左上》）

善则善矣，未可以战也。（《国语·吴语》）

（7）表示选择关系。可理解为“不是……就（便）是……”。具体如下：

然且语而不舍，非愚则诬也。（《庄子·秋水》）

意为“然而还是要谈论不休，不是愚昧便是欺骗”。

2. 副词

副词在判断句中起强调作用，帮助判断。可译为“是”“就是”等。具体如下：

此则寡人之罪也。（《国语·勾践灭吴》）

（三）虽

“虽”主要有以下两种用法：

（1）表示轻微转折的连词，作用是先承认事实，下面再转入正意，相当于“虽然”。具体如下：

齐国虽褊小，吾何爱一牛！（《孟子·梁惠王上》）

相如虽驽，独畏廉将军哉？（《史记·廉颇蔺相如列传》）

在“虽”后出现“而”或“然”的，“虽”可译为表转折的“虽然”。具体如下：

虽才高于世，而无骄尚之情。（《后汉书·张衡传》）

灌婴虽少，然数力战，乃拜灌婴为中大夫。（《史记·樊郦滕灌列传》）

其卒虽多，然而轻走易北，不能坚战。（《史记·张仪列传》）

这些句中的“而”或“然”“然而”与前文的“虽”连用，相当于现代汉语的“虽然……但是……”。

（2）用在假设关系的句子里，作用是先承认一种假设，然后转入正意，相当于“即使”“纵然”。具体如下：

然臣之弟子禽滑厘等三百人，已持臣守圉之器，在宋城上而待楚寇矣。虽杀臣，不能绝也。（《墨子·公输》）

虽我之死，有子存焉。（《列子·汤问》）

例如，在“虽”后用“犹”或“亦”的，“虽”可译为表假设的“即使”。

若夫豪杰之士，虽无文王犹兴。(《孟子·尽心上》)

江东虽小，地方千里，众数十万人，亦足王也。(《史记·项羽本纪》)

例句中的“犹”或“亦”与前文的“虽”连用，相当于现代汉语的“即使……也……”。

（四）虽然

古汉语中“虽”和“然”连用，构成“虽然”的结构。这种结构是连词“虽”和代词“然”的组合，意思是“虽然如此”，与现代汉语“虽然……但是……”中的“虽然”含义不同。具体如下：

滕君，则诚贤君也。虽然，未闻道也。(《孟子·梁惠王上》)

虽然，公输盘为我为云梯，必取宋。(《墨子·公输》)

（五）然

1.连词

“然”表示转折。这种用法的“然”，相当于现代汉语的“但是”“却”。具体如下：

吾不能早用子，今急而求子，是寡人之过也。然郑亡，子亦有不利焉！（《左传·僖公三十年》)

臣与将军戮力而攻秦，将军战河北，臣战河南，然不自意能先入关破秦，得复见将军于此。(《史记·项羽本纪》)

2.代词

相当于现代汉语的“这（那）样”“如此”。具体如下：

若阙地及泉，隧而相见，其谁曰不然？

——《左传·隐公元年》

“其谁曰不然”，谁说不是这样。

虽有槁暴，不复挺者，輮使之然也。

——《荀子·劝学》

“輮使之然也”意为用火萃取使它成为这样。

“然”字多用作谓语，有些古籍中也用作宾语。

3.助词

一般用于形容词后，有描摹状态的作用。相当于“……的样子”。具体如下：

天油然作云，沛然下雨，则苗浡然兴之矣。其如是，孰能御之。(《孟子·梁惠王上》)

填然鼓之，兵刃既接，弃甲曳兵而走。(《孟子·梁惠王上》)

念天地之悠悠，独怆然而涕下！（陈子昂《登幽州台歌》)

（六）然而

“然而”连用，是指示代词“然”和连词“而”的组合，一般是“这样（如此），而……”的意思。具体如下：

然而不胜者，是天时不如地利。（《孟子·公孙丑下》）

王曰：“舍之，吾不忍其觳觫，若无罪而就死地。”对曰：“然则废衅钟与？”（《孟子·梁惠王上》）

（七）然则

“然则”是指示代词“然”和连词“则”的连用。“然”总结上文，“则”引起下文的推论，意思是“既然如此，那就”“如果这样，那么”。

后来，“然则”变为凝固形式，可以认为是一个词，相当于“那么”。具体如下：

然则小固不可以敌大，寡固不可以敌众，弱固不可以敌强。（《孟子·梁惠王上》）

是进亦忧，退亦忧，然则何时而乐耶？（范仲淹《岳阳楼记》）

（八）且

1.连词

（1）连接前后两项，表示两者之间的并列关系。有单用“且”的，也有构成“其……”或“既……且……”的。相当于“一边（面）边（面）”“又”。具体如下：

居一二日，何来谒上，上且怒且喜。（《史记·淮阴侯列传》）

三军既惑且疑，则诸侯之难至矣，是谓乱军引胜。（《孙子兵法·谋攻》）

河水清且涟猗。（《诗经·魏风·伐檀》）

（2）连接分句与分句，表示意思更进一层。有时上文已成段落，“且”用于下文一句之首，其实仍有承接上文并表示更进一层的意思。相当于“而且”“况且”等。“且夫”“且又”连用，意同。具体如下：

大夫何罪？且吾不以一眚掩大德。（《左传·僖公三十三年》）

公等遇雨，皆已失期。失期当斩。藉第令毋斩，而戍死者固十六七。且壮士不死即已，死即举大名耳。（《史记·陈涉世家》）

今秦妇人婴儿，皆言商君之法，莫言大王之法，是商君反为主，大王更为臣也。且夫商君，固大王之仇雠也。愿大王图之。（《战国策·秦策一》）

（3）连接前后两项，表示抉择。相当于“还是”“或者”。具体如下：

王以天下为尊秦乎？且尊齐乎？（《战国策·齐策四》）

汉之圣者在高祖之孙且曾孙也。（《史记·封禅书》）

（4）“且”常用在复合句的前一分句，表示让步，以引起下文的推论，多与下句的“安”“况（于）”等相呼应，相当于“尚且”等。具体如下：

且庸人尚羞之，况于将相乎？（《史记·廉颇蔺相如列传》）

臣死且不避，卮酒安足辞！（《史记·项羽本纪》）

2.副词

（1）用在动词前，表示动作行为马上或将要发生。相当于“将、将要”“马上就要”等。

不出，火且尽。（王安石《游褒禅山记》）

驴一鸣，虎大骇，远遁，以为且噬已也。（柳宗元《黔之驴》）

（2）用在动词前，表示动作行为暂时。译为“暂且”“姑且”等。

民劳，未可，且待之。（《史记·伍子胥列传》）

先生且休矣，我将念之。（《史记·淮阴侯列传》）

（3）用在数词前，表示将要达到某一数字。译为“将近”“近”等。

北山愚公者，年且九十。（《列子·汤问》）

时人以为年且百岁，而貌有壮容。（《三国志·魏书·方技传》）

四、“也”“矣”“乎”“哉”

（一）也

句尾语气词“也”主要用在判断句句尾，表达的是判断语气，有肯定与确认的意味。用在复句及命令、疑问句中的“也”，也都是肯定与确认的语气。

廉颇者，赵之良将也。（《史记·廉颇蔺相如列传》）

不如早为之所，无使滋蔓。蔓难图也。（《左传·隐公元年》）

有一于此，不如死也。（《左传·宣公二年》）

不足为外人道也。（陶渊明《桃花源记》）

道之所存，师之所存也。（韩愈《师说》）

夫子何哂由也？（《论语·先进》）

“也”作句中语气词，表示停顿语气，有舒缓语气的作用。具体如下：

大隧之中，其乐也融融。（《左传·隐公元年》）

孔子时其亡也而往拜之，遇诸涂。（《论语·阳货》）

（二）矣

句尾语气词“矣”主要用在陈述句句尾，表达的是陈述语气，是把事情发展到现阶段出现的情况或将要出现的情况告诉别人，有报道意味。相当于现代汉语中的语气词“了”。具体如下：

使阳处父追之，及诸河则在舟中矣。（《左传·僖公三十三年》）

子趋而往视之，苗则槁矣。(《孟子·公孙丑上》)

吾知所过矣，将改之。(《左传·宣公二年》)

梁掩其口，曰："毋妄言，族矣！"(《史记·项羽本纪》)

甚矣，汝之不惠！(《列子·汤问》)

疑问句句尾用"矣"字，句中一般都另有疑问词表示疑问，"矣"可译为"呢"。

危而不持，颠而不扶，则将焉用彼相矣？(《论语·季氏》)

德何如则可以王矣？(《孟子·梁惠王上》)

（三）乎

1. 语气词

（1）用于是非问句中，要求对方做出肯定或否定的回答，可译成"吗"。具体如下：

日初出沧沧凉凉，及其日中如探汤，此不为近者热而远者凉乎？(《列子·汤问》)

吾与汝毕力平险，指通豫南，达于汉阴，可乎？(《列子·汤问》)

是非问句中常与"其""得无""无乃"等呼应，表示委婉推测地发问，可译成"吧""呢"。具体如下：

"览物之情，得无异乎？"（范仲淹《岳阳楼记》）可用现代汉语的"该不会（莫非、只怕、恐怕）（是）……吧"对译。

"居简而行简，无乃大简乎？"(《论语·雍也》)可用现代汉语的"恐怕……吧、只怕……吧"对译。

（2）用在选择问句中，相当于"呢"。具体如下：

此龟者，宁其死为留骨而贵乎？宁其生而曳尾于涂中乎？(《庄子·秋水》)

（3）用在反问句中（一般是"乎"字），表示反问语气，相当于"吗"。具体如下：

沛公不先破关中，公岂敢入乎？(《史记·项羽本纪》)

有朋自远方来，不亦乐乎？(《论语·学而》)

欲加之罪，其无辞乎？(《左传·僖公十年》)

王侯将相宁有种乎？(《史记·陈涉世家》)

（4）用于感叹句中，可译为"啊""呀"。具体如下：

中庸之为德也，其至矣乎！民鲜久矣。(《论语·雍也》)

天乎人乎！而竟已乎！（袁枚《祭妹文》）

（5）用在句中的停顿处。不需译出。具体如下：

胡为乎遑遑欲何之？(《归去来兮辞》)

（6）作形容词或副词的词尾（可加在单音或叠音形式之后），可不译出。例如：

浩浩乎如冯虚御风，而不知其所止。(苏轼《前赤壁赋》)

2. 介词

与介词“于”的用法相似，所不同的是，“于”及其宾语有少数用法必须在动词之前，而“乎”及其宾语只能放在动词或形容词的后面。“乎”常常引进处所、原因、比较的对象等。可译为“在”“于”“比”等，有时引进动作的对象，“乎”可不必译出。具体如下：

君子之学也，入乎耳，着乎心。(《荀子 · 劝学》)

醉翁之意不在酒，在乎山水之间也。(欧阳修《醉翁亭记》)

（四）哉

“哉”的基本用法是表达感叹语气，是比较强烈的感叹，相当于现代汉语中的“啊”。具体如下：

圣人以智笼群愚，亦犹狙公之以智笼众狙也。名实不亏，使其喜怒哉。(《列子 · 黄帝》)

儒术于我何有哉，孔丘盗跖俱尘埃。(杜甫《醉时歌》)

如果“哉”跟它前面的谓语一起提到句首，所表示的感叹语气就更为强烈。

“哉”字还可以跟疑问词配合用于询问句和反问句，一般同疑问代词或“安、岂”相配合，“哉”字则表示感叹语气，可译为“吗”“呢”。具体如下：

君子于役，不知其期，曷至哉？（《诗经 · 王风 · 君子于役》)

巨屦小屦同贾，人岂为之哉？（《孟子 · 滕文公章句上》)

景春曰：“公孙衍、张仪岂不诚大丈夫哉？”(《孟子 · 滕文公下》)

【课后实操训练】

一、请说明下列句子中加着重号的词的词性、用法，并译成相应的现代汉语。

1. 赵王岂以一璧之故欺秦耶？（《史记 · 廉颇蔺相如列传》)

2. 以不能取容当世，故终身不仕也。(《史记 · 张释之列传》)

3. 樊哙侧其盾以撞，卫士仆地。(《史记 · 项羽本纪》)

4. 孝公用商鞅之法，移风易俗，民以殷盛，国以富强。(李斯《谏逐客书》)

5. 吾如淮阴，淮阴人为余言。(《史记 · 淮阴侯列传》)

6. 先生不羞，乃有意欲为收责于薛乎？（《战国策 · 齐策四》)

7. 吾以女为死矣。(《论语 · 先进》)

8. 古我先王将多于前功。(《尚书 · 盘庚下》)

9. 二国治戎，臣不才，不胜其任，以为俘馘。(《左传 · 成公二年》)

10. 王曰：“舍之，吾不忍其觳觫，若无罪而就死地。”对曰：“然而废衅钟与？”(《孟子 · 梁惠王上》)

11. 诸侯之礼，吾未之学也。虽然，吾尝闻之矣。(《孟子 · 滕文公上》)

12. 子贡问：“师与商也孰贤？”子曰：“师也过，商也不及。”曰：“然则师愈与？”子曰：“过犹不及。”（《论语·先进》）

13. 己所不欲，勿施于人。（《论语·颜渊》）

14. 君子不以言举人，不以人废言。（《论语·卫灵公》）

15. 故不积跬步，无以至千里；不积小流，无以成江海。（《荀子·劝学》）

16. 属予作文以记之。（范仲淹《岳阳楼记》）

17. 今王事高祖甚恭，而高祖无礼，请为王杀之。（《史记·张耳陈馀列传》）

18. 子产而死，谁其嗣之？（《左传·襄公三十年》）

19. 欲富而家，先富而国。（《韩非子·外储说右下》）

20. 小大之狱，虽不然察，必以情。（《左传·庄公十年》）

21. 之子于归。（《诗经·桃夭》）

22. 不识今之言者，其觉者乎？其梦者乎？（《庄子·大宗师》）

二、判断下面文段中加着重号的词在短文中的词性、用法，并译成相应的现代汉语。

工之侨得良桐焉，斫而为琴，弦而鼓之，金声而玉应。自以为天下之美也，献之太常。使国工视之，曰：“弗古。”还之。工之侨以归，谋诸漆工，作断纹焉；又谋诸篆工，作古窾焉。匣而埋诸土，期年出之，抱以适市。贵人过而见之，易之以百金，献诸朝。乐官传视，皆曰：“希世之珍也。”工之侨闻之，叹曰：“悲哉世也！岂独一琴哉？莫不然矣！而不早图之，其与亡矣。”遂去，入于宕冥之山，不知其所终。（刘基《工之侨献琴》）

第六章　文选·三

第一节　寡人之于国也

【文化常识】

孟子，名轲，字子舆，战国邹（今山东邹城东南）人。著名的思想家、政治家、教育家。战国时期儒家著名的代表人物之一，继承和发扬了孔子的思想，是继孔子之后的又一位儒学宗师，被誉为“亚圣”，地位仅次于孔子，与孔子并称“孔孟”，与孔子的学说合称“孔孟之道”。孟子学说的出发点是“性善论”。他继承和发展了孔子“仁”的学说，在政治上提出了“仁政”主张，其核心是“仁”“义”，倡导以德治天下，“行王道”，反对“霸道”和“不义战争”；他提出了“民为贵，社稷次之，君为轻”的民本主义思想。孟子曾仿效孔子，带领门生游说各国，宣扬他的治国理念和政治理想，但其学说被诸侯认为迂阔、远离实际，并未被接受。于是，“退而与万章之徒序《诗》《书》，述仲尼之意，作《孟子》七篇”。《孟子》是一部完整反映孟子思想的散文集著作，属语录体，共七篇，是孟子言论的汇编，由孟子及其弟子共同编写而成，是记录孟子的政治活动、政治学说及其言论的书。《孟子》是儒家的经典著作之一，与《大学》《中庸》《论语》合称为“四书”。《孟子》的主要注本有《孟子注疏》《孟子集注》《孟子正义》。另有今人杨伯峻《孟子译注》（中华书局本）。

本篇节选自《孟子·梁惠王上》，记载了孟子与梁惠王的一次谈话，通过梁惠王向孟子问政，孟子围绕梁惠王“民不加多”的问题，以作战中“五十步笑百步”的故事为例，暗示梁惠王施以小恩小惠，是不能让国家富强、人口增加的，要增加人口，必须推行“仁政”，让老百姓发展生产，安居乐业，接受教育，从而达到“王天下”的目的。这种养民教民的思想就是“民本”思想的体现。

【学习任务】

掌握相关作家作品文学常识；积累文中出现的重要实词和虚词、词类活用、文言句式等文言知识，培养阅读浅易文言文的能力；培养热爱中国优秀传统文化的情感；能用历史唯物主义观点审视作品，评价其积极意义与历史局限。

梁惠王①曰："寡人之于国也，尽心焉耳矣。②河内凶，则移其民于河东③，移其粟于河内④。河东凶亦然。察邻国之政，无如寡人之用心者。⑤邻国之民不加少，寡人之民不加多⑥，何也？"

①梁惠王：战国时期魏国的国君，姓魏，名罃。魏国都城在大梁，今河南省开封市西北，所以魏惠王又称梁惠王。②之：助词，放在主谓之间，取消句子独立性。于：介词，对于。焉耳矣：焉、耳、矣都是句末助词，重叠使用，加重语气。③河内：今河南境内黄河以北的地方。古人以中原地区为中心，所以黄河以北称河内，黄河以南称河外。凶：荒年，年成不好。河东：黄河以东的地方。在今山西西南部。黄河流经山西境内，自北而南，故称山西境内黄河以东的地区为河东。④粟：谷子，脱壳后称为小米，也泛指谷类。⑤察：观察。无如：不如、比不上。⑥加少：更少。下文"加多"：更多。加：副词，更、再。

孟子对曰："王好战，请以战喻。①填然鼓之，兵刃既接②，弃甲曳兵而走③，或百步而后止，或五十步而后止。以五十步笑百步④，则何如？"曰："不可。直不百步耳，是亦走也。"⑤

①好战：喜欢打仗。战国时期各国诸侯热衷于争城夺地，角逐武力。请以战喻：让我用打仗来做比喻。请：请允许我。喻：打比方。②填：拟声词，模拟鼓声。鼓之：敲起鼓来，发动进攻。古人击鼓进攻，鸣锣退兵。鼓：名词作动词，击鼓。兵刃既接：两军的兵器已经接触，指战斗已开始。兵：兵器、武器。既：已经。接：接触，交锋。③弃甲曳兵：抛弃铠甲，拖着兵器。曳（yè）：拖着。走：跑，这里指逃跑。④或：有的人。以：凭着、借口。笑：耻笑、讥笑。⑤直：只是、不过。是：代词，这，指代上文"五十步而后止"。

曰："王如知此，则无望民之多于邻国也。①不违农时②，谷不可胜食也③。数罟不入洿池，鱼鳖不可胜食也。④斧斤以时入山林⑤，材木不可胜用也。谷与鱼鳖不可胜食，材木不可胜用，是使民养生丧死无憾也。养生丧死无憾⑥，王道之始也。"⑦

①无：通"毋"，不要。望：希望。于：介词，比。②不违农时：指农忙时不要征调百姓服役。违：违背，耽误。③谷：粮食的统称。不可胜食：吃不完。胜：尽。④数罟不入洿池：这是为了防止破坏鱼的生长和繁殖。数（cù）：密。罟（gǔ）：网。洿（wū）：深。鳖：甲鱼或团鱼。⑤斤：与斧相似，比斧小而刃横。时：时令、季节。⑥养生：供养活着的人。丧死：为死了的人办丧事。憾：遗憾。⑦王道：这是儒家的政治主张。与以武统天下的"霸道"相对。

"五亩之宅，树之以桑①，五十者可以衣帛矣②。鸡豚狗彘之畜，无失其时③，七十者可以食肉矣；百亩之田，勿夺其时④，数口之家可以无饥矣；谨庠序之教，申之以孝悌之义[5]，颁白者不负戴于道路矣[6]。七十者衣帛食肉，黎民不饥不寒，然而不王者，未之有也。”[7]

①宅：宅院。树：种植。②衣帛：穿上丝织品的衣服。衣：名词用作动词，穿。帛：丝织品。③豚（tún）：小猪。彘（zhì）：猪。畜（xù）：畜养，饲养。无：通“毋”，不要。失：错过。④夺：失，违背。⑤谨：谨慎，这里指认真从事。庠序：古代的乡学。申：反复陈述。孝：尊敬父母。悌：敬爱兄长。义：道理。⑥颁白：头发花白。颁：通“斑”。负：背着东西。戴：顶着东西。⑦黎民：百姓。王：名词用作动词，为王，称王。

“狗彘食人食而不知检，涂有饿莩而不知发。[1]人死，则曰：‘非我也，岁也。’[2]是何异于刺人而杀之[3]，曰：‘非我也，兵也。’王无罪岁，斯天下之民至焉。”[4]

①食人食：前一个“食”，动词，吃；后一个“食”，名词，指食物。检：制止、约束。涂：通“途”，道路。饿莩：饿死的人。莩（piǎo）：同“殍”，饿死的人。发：开仓赈济。②岁：年岁、年成。③异：区别。④罪：归咎，归罪。斯：那么，就。至：到，归顺。

【课后实操训练】

翻译下面短文。

景春曰：“公孙衍、张仪岂不诚大丈夫哉？一怒而诸侯惧，安居而天下熄。”

孟子曰：“是焉得为大丈夫乎？子未学礼乎？丈夫之冠也，父命之；女子之嫁也，母命之，往送之门，戒之曰：‘往之女家，必敬必戒，无违夫子！’以顺为正者，妾妇之道也。居天下之广居，立天下之正位，行天下之大道。得志，与民由之；不得志，独行其道。富贵不能淫，贫贱不能移，威武不能屈，此之谓大丈夫。”（《孟子·滕文公下》）

第二节　《老子》六章

【文化常识】

老子姓李名耳，生卒年不详，籍贯也多有争议。做过周朝的史官，管理王室的藏书。后来隐居不仕，西出函谷关后“莫知其所终”。

他学识渊博，据说孔子曾向他请教过很多问题。老子认为，万物运行有其自然的法则，人们应顺应自然；世间的事物都有其对立面，如难和易、长和短、前和后，对立的双方是可以相互转化的。老子善于从正反两方面思考问题。老子在政治上主张“无为而治”，人们与世无争，天下就能太平。他的学说集中在《道德经》一书中，亦称《老子五千文》，是道家哲学思想的重要来源，被誉为“万经之王”。

《老子》现一般认为编定于战国中期，存有老子本人的思想。《老子》共八十一章，前三十一章为《道经》，后四十四章为《德经》，历代关于《道经》《德经》的次序、真伪多有争论。1973年，长沙马王堆汉墓出土的帛书《老子》，《德经》在《道经》前，为现存最早的《老子》抄本。《老子》提出以“道”为核心的思想体系，其核心思想是朴素的辩证法，对中国哲学发展有很大影响。道教奉之为主要经典，称《道德真经》。历代注解达百部。

《老子·六章》即从《老子》中选出来的六段能够表达相对完整的意思的文字。文中不少经典语句，至今闪烁着智慧的光辉，给人以启迪。要辩证思考，取其精华弃其糟粕，丰富自身的思想，提高自身的修养。

【学习任务】

重点了解老子及《老子》；重点掌握、积累常用的文言实词、虚词及句式，识记文中的名句；理解选文的思想内容，思考其现实意义。

《老子》第十一章

三十辐共一毂[①]，当其无，有车之用[②]。埏埴以为器[③]，当其无，有器之用[④]。凿户牖以为室[⑤]，当其无，有室之用[⑥]。故有之以为利，无之以为用。[⑦]

①辐：车轮中连接轴心和轮圈的木条，古时代的车轮由三十根辐条构成。毂（gǔ）：是车轮中心的木制圆圈，中有圆孔，即插轴的地方。“辐”连接轮毂的木条。②当其无，有车之用：有了车毂中空的地方，才有车的作用。无：毂的中空之处。③埏埴：和泥。埏：糅合。埴：黏土。④当其无，有器之用：有了器皿中空地方，才有器皿的作用。⑤牖（shān）：窗户。⑥当其无，有室之用：有了门窗四壁中空的地方，才有房屋的作用。⑦故有之以为利，无之以为用：所以“有”给人便利，“无”使物发挥作用。

《老子》第二十二章

曲则全，枉则直[①]；洼则盈，敝则新[②]；少则得，多则惑。是以圣人抱一为天下式[③]。不自见，故明[④]；不自是，故彰[⑤]；不自伐[⑥]，故有功；不自矜，故长。

夫唯不争，故天下莫能与之争。古之所谓“曲则全”者，岂虚言哉！诚全而归之。

①枉：屈、弯曲。②敝：破败，破旧。③抱一：守道。抱：守。一：道。式：法式，范式。④自见：自现，自显于众。见：同“现”。明：彰明。⑤自是：自以为是。是：正确。彰：彰显。⑥伐：夸耀。

《老子》第二十四章

企者不立[①]，跨者不行[②]；自见者不明；自是者不彰；自伐者无功；自矜者不长[③]。其在道也，曰余食赘形[④]，物或恶之。故有道者不处。[⑤]

①企：通“跂”，踮脚。②跨：跃，越，阔步而行。不行：不能走远。③自见：显露自己。见：同“现”，显露。长：长久。一说读 zhǎng，意思是得到尊重。④其在道也，曰余食赘形：从“道”的角度衡量，以上这些急躁炫耀的行为，都是剩饭赘瘤，人们都讨厌这些。余食赘形：吃剩的食物，身上的赘瘤。赘形：多余的形体，因饱食而使身上长出多余的肉。⑤物：这里指常人。或：常常、时常。恶（wù）：讨厌、厌恶。故有道者不处：所以有道的人不居于以上的境地。

《老子》第三十三章

知人者智，自知者明。①胜人者有力，自胜者强。②知足者富。强行者有志。③不失其所者久。死而不亡者寿。④

①知人者智，自知者明：了解别人的人聪明，了解自己的人圣明（即了解自我更重要）。知：了解。②胜人者有力，自胜者强：能战胜别人的人有力量，能战胜自己的人更强大（即战胜自我更重要）。③强行者有志：砥砺前行的人有意志。强行：坚持不懈、持之以恒。④失其所者久：不丧失本分（比如自知、自胜的人）的人能够长久。死而不亡者寿：身虽死而“道”犹存的人，才算真正的长寿。

《老子》第六十四章

其安易持，其未兆易谋；其脆易泮，其微易散。①为之于未有，治之于未乱。②合抱之木，生于毫末③；九层之台，起于累土④；千里之行，始于足下。⑤

为者败之，执者失之。⑥是以圣人无为，故无败，无执故无失。⑦民之从事，常于几成而败之。⑧不慎终也。慎终如始，则无败事。⑨是以圣人欲不欲，不贵难得之货，学不学，复众人之所过，以辅万物之自然而不敢为。⑩

①其安易持，其未兆易谋；其脆易泮，其微易散：事物安然未生变数的时候容易持守；问题还没有显露迹象的时候容易解决，事物脆弱的时候容易分离，事物细小的时候容易散失。易持：容易维持、保持。泮：同“判”，分离、分散。②为之于未有，治之于未乱：做事情要在它尚未发生以前就处理妥当；治国理政，要在祸乱没有产生以前就早做准备。未有：没有出现。③合抱之木，生于毫末：合抱的大树，从细小的萌芽生长起来。于：由，从。毫末：较为细微。④九层之台，起于累土：九层的高台，从一筐筐泥土建筑起来。九层：形容很高。累：连续、重叠、堆积。⑤千里之行，始于足下：千里的远行，是从脚下一步步走出来的。⑥为者败之，执者失之：有所作为的将会招致失败，有所执着的将会遭受损害。⑦是以圣人无为，故无败，无执故无失：因此圣人无所作为所以也不会招致失败，无所执着所以也不遭受损害。无为：指顺应自然，不求有所作为。⑧民之从事，常于几成而败之：人们做事情，常常在接近成功时失败。从事：行事、做事。几：副词，几乎、差一点。⑨慎终如始，则无败事：所以当事情快要完成的时候，也要像开始时那样慎重，就不会失败。⑩“是以圣人欲不欲”五句：所以圣人求别人所不欲求的，不看重难得的财物，学别人所不学的，补救众人所犯的过错，以辅助万物的自然变化而不妄加干预。欲不欲：一“欲”，动词，

想往。二“欲”，名词，想往的东西。不贵：不珍视、不看重。贵：意动用法，“以……为贵”。不敢为：不妄加干预。

《老子》第八十章

小国寡民①，使民有什伯之器而不用②使民重死而不远徙③。虽有舟舆，无所乘之。④虽有甲兵，无所陈之。使民复结绳而用之。甘其食，美其服，安其居，乐其俗。⑤邻国相望，鸡犬之声相闻，民至老死不相往来。

①小国寡民：使国小，使民少。小、寡：形容词用作使动用法。②什伯：什，十倍；伯，通“佰”，百倍。“什伯之器”：泛指很多或各种器具。③重死：以死为重。重：形容词的意动用法。以……为重。④无所乘之：注意“无所……”结构。“无所……”表示“没有……人”或“没有……事物”等。“无所……”是动宾结构。无所乘之：没有乘坐它们的人。意为没有乘坐的必要。⑤甘其食四句：以自己吃的食品为甘甜，以自己穿的衣服为漂亮，以自己的居所为安适，以自己家乡的习俗为快乐。甘、美、安、乐：形容词的意动用法。

【课后实操训练】

阅读下面短文，把文中画横线的句子翻译成现代汉语。

老子者，楚苦县厉乡曲仁里人也，姓李，名耳，字聃，周守藏室之史也。

孔子适周，将问礼于老子。老子曰：“子所言者，其人与骨皆已朽矣，独其言在耳。且君子得其时则驾，不得其时则蓬累而行。吾闻之，良贾深藏若虚，君子盛德容貌若愚。去子之骄气与多欲，态色与淫志，是皆无益于子之身。吾所以告子，若是而已。”孔子去，谓弟子曰：“鸟，吾知其能飞；鱼，吾知其能游；兽，吾知其能走。走者可以为罔，游者可以为纶，飞者可以为矰。至于龙，吾不能知其乘风云而上天。吾今日见老子，其犹龙邪！”

老子修道德，其学以自隐无名为务。居周久之，见周之衰，乃遂去。至关，关令尹喜曰：“子将隐矣，强为我著书。”于是老子乃著书上下篇，言道德之意五千余言而去，莫知其所终。

第三节　逍遥游（节选）

【文化常识】

庄子，名周，战国时宋国蒙人，我国古代文学家、思想家、哲学家。他继承并发展了老子的思想，为道家学派的重要人物，后人把他与老子并称为“老庄”，他们的哲学思想体系被尊为“老庄哲学”。庄子的主要思想有“天道无为”、相对的认识论、无条件的精神自由等。《庄子》是庄子及其后学的著作，现存33篇，包括内篇7篇、外篇15篇、杂篇11篇。散文最富有想象力和浪漫主义色彩，擅长用寓言故事来说明道理，《史记》载：“其著书十余万言，大抵率寓言也。”如丑女效颦、望洋兴叹、鲲鹏展翅、不龟手之药等，都是巧妙隽永、妙趣横生的寓言，对后世文学的发展也有着深远的影响。

《庄子》一书作为先秦经典著作，历代研究者不断，多达数百部注本。

本篇节选自《庄子·内篇》中的《逍遥游》。

《逍遥游》是《庄子》中的代表作品，列于《内篇》之首。逍遥游是指没有依赖、自由地遨游于永恒的精神世界。庄子生活在社会大变革、大动荡、大战乱的时代，他追求自由的心灵只能在虚幻的世界中遨游，在自由的境界里寻求解脱。

本篇的主旨是寻求一种自由的人生观念，作者认为唯有超越物我的界限，达到无我、无功、无名的境界，无所依而遨游于无穷，才是真正的“逍遥游”。

文篇先是通过对大鹏与蜩、学鸠等小动物进行比较，阐明“小”和“大”的差异；在此基础上，作者指出不管是不善飞翔的蜩与学鸠，还是能借风力飞到九万里高空的大鹏，甚至是可以御风而行的列子，都是“有所待”，从而引出并阐述了“至人无己，神人无功，圣人无名”的道理。全篇想象丰富，构思新颖，雄奇怪诞，汪洋恣肆，言辞之间充满了浪漫主义精神。

【学习任务】

积累文中出现的重要文言实词、虚词、通假字、词类活用、古今异义词、文言句式等知识，提高文言文阅读能力；准确翻译全文；把握故事的寓意，学习运用寓言故事说理的技巧；批判庄子虚无主义和绝对自由的不合理因素，树立正确的人生观和价值观。

北冥有鱼①，其名为鲲②。鲲之大③，不知其几千里也。化而为鸟，其名为鹏。④鹏之背，不知其几千里也，怒而飞⑤，其翼若垂天之云⑥。是鸟也，海运则将徙于南冥。⑦南冥者，天池也。

①冥：通假“溟”，指海色深黑。“北冥”：北海。下文“南冥”指南海。传说北海无边无际，水深而黑。②鲲：传说中的大鱼。③之：主谓之间取消句子独立性。④鹏：传说中的大鸟。⑤怒：奋起的样子，这里指鼓起翅膀。⑥垂：同“陲”，边际。垂天之云：悬挂在天空的云。⑦海运：海水运动。这里指海涛汹涌。古有“六月海动”的说法。海运之时必有大风，因此大鹏可以乘风南行。徙：迁移。

《齐谐》者①，志怪者也②。《谐》之言曰：“鹏之徙于南冥也，水击三千里③，抟扶摇而上者九万里④，去以六月息者也。”⑤野马也，尘埃也⑥，生物之以息相吹也。天之苍苍，其正色邪？其远而无所至极邪？其视下也⑦，亦若是则已矣⑧。

①《齐谐》：书名。出于齐国，多载诙谐怪异之事，故名“齐谐”。②志怪：记载怪异的事物。志：记载。怪：形容词用作名词，怪异的事物。③水击：指鹏鸟的翅膀拍击水面。击：拍打。④抟：回旋而上，盘旋飞翔。扶摇：旋风，由地面急剧盘旋而上的暴风。九：表虚数，不是实指。⑤去：离，这里指离开北海。“去以六月息者也”指乘着六月间的大风飞往南冥。以：介词，用、凭借。息：风。⑥野马：山野中的游荡雾气，奔腾如野马，所以叫“野马”。扬在空中的土叫“尘”，细碎的尘粒叫“埃”。⑦其视下也：鹏在高空往下看。其：指代鹏。下：向下。⑧亦若是则已矣：看见的应该也是这个样子罢了。是：这样。

且夫水之积也不厚，则其负大舟也无力。覆杯水于坳堂之上①，则芥为之舟②；置杯焉则胶③，水浅而舟大也。风之积也不厚，则其负大翼也无力。故九万里，则风斯在下矣④，而后乃今培风⑤；背负青天而莫之夭阏者⑥，而后乃今将图南⑦。

①覆：倾倒。坳（ào）：低洼。坳堂：堂中低洼处。②芥：小草。③置杯焉则胶：将杯子放于其中则胶着搁浅。置：放。焉：于此。胶：粘住。④斯：则，就。⑤而后乃今：“今而后乃”的倒文，意为“这样，然后才……”。培：凭。⑥莫之夭阏：无所滞碍。夭：挫折。阏：遏制，阻止。“莫之夭阏”即“莫夭阏之”的倒装。⑦图南：打算向南飞。

蜩与学鸠笑之曰①：“我决起而飞②，抢榆枋而止③，时则不至，而控于地而已矣④，奚以之九万里而南为？”⑤适莽苍者⑥，三飡而反⑦，腹犹果然⑧；适百里者，宿舂粮⑨，适千里者，三月聚粮。之二虫又何知？⑩

①蜩：蝉。学鸠：斑鸠。②决起：迅速飞起。③抢：突，即碰上。枋：檀木。④控：投。⑤奚以：为何。之：往。为：句末语气词，表反问，相当于“呢”。南：名词作动词，向南。“奚以……为”，即“哪里用得着……呢”。⑥莽苍：野色迷茫的样子，此处指郊野。⑦三飡：指一日三餐。飡：同“餐”。反：同“返”，返回。⑧果然：饱的样子。⑨宿舂粮：舂捣一宿的粮食。宿：这里指一夜。⑩之：此，这。二虫：指蜩与学鸠。何知：宾语前置句。

汤之问棘也是已①：“穷发之北②，有冥海者，天池也。有鱼焉，其广数千里，未有知其修者，其名为鲲。有鸟焉，其名为鹏。背若泰山，翼若垂天之云。抟扶摇羊角而上者九万里③，绝云气④，负青天，然后图南，且适南冥也。斥鴳笑之曰⑤：‘彼且奚适也？我腾跃而上，不过数仞而下⑥，翱翔蓬蒿之间，此亦飞之至也⑦。而彼且奚适也？’”此小大之辩也。⑧

①汤：商汤，商朝第一个王。棘：人名，即夏革，商汤时贤大夫。是已：表示肯定。②穷发：不毛之地。③羊角：形容旋风旋转如羊角状态。④绝：超越。⑤斥鴳：生活在小池泽的一种小雀。斥：小池泽。鴳：小雀。⑥仞：周人以八尺为一仞。汉代以七尺为一仞。⑦飞之至：飞翔中最得意的境界。至：最。⑧辩：同“辨”，分辨、分别。

故夫知效一官①，行比一乡②，德合一君，而征一国者③，其自视也，亦若此矣④。而宋荣子犹然笑之。⑤且举世誉之而不加劝⑥，举世非之而不加沮⑦，定乎内外之分⑧，辩乎荣辱之境，斯已矣。彼其于世，未数数然也。⑨虽然，犹有未树也。夫列子御风而行⑩，泠然善也⑪，旬有五日而后反⑫。彼于致福者⑬，未数数然也。此虽免乎行，犹有所待者也。⑭若夫乘天地之正，而御六气之辩，以游无穷者⑮，彼且恶乎待哉⑯？故曰：至人无己，神人无功，圣人无名。⑰

①效：胜任。②比：投合，迎合。③而：通"能"，才能。征：信，取信。④其：指上述四种人。此：指斥鴳自以为"飞之至"这件事。⑤宋荣子：一说姓宋名荣，即《天下》篇中的宋钘。犹然：笑的样子。⑥劝：勉励。⑦非：责难、批评。沮（jǔ）：沮丧。⑧定：确定。内：主观。外：客观。⑨境：界限。数数然：指急迫用世、谋求名利、拼命追求的样子。⑩列子：郑国人，名寇，又名御寇，战国时代思想家。御：驾驭。⑪泠（líng）然：轻妙的样子。善：美好的。⑫旬有五日：十五日。旬：十天。有：通"又"，用于连接整数与零数。⑬彼于致福者：他对于求福的事。致福：求福。致：追求。⑭有所待：指依赖于风。待：凭借、依靠。⑮若夫乘天地之正，而御六气之辩，以游无穷者：至于顺应天地万物的本性，驾驭着六气的变化，遨游于无穷的境地的人。若夫：句首语气词，用在句首或段落的开始，表示另提一事，可以翻译为"至于"，并无实际意思。乘：遵循、凭借。天地：这里指万物，指整个自然界。正：本，这里指自然的本性。御六气之辩：驾驭六气的变化。御：驾驭、把握。六气：指阴、阳、风、雨、晦、明六气。辩：通"变"，变化的意思。以游无穷者：遨游于无穷的境地的人。以：连词，相当于"而"。⑯彼且恶乎待：他将要凭借什么呢？彼：他。且：将要。恶（wū）：何，什么。恶乎待：何须待，即什么都不依赖。⑰至人无己，神人无功，圣人无名：修养最高的人能忘掉自己，修养达到神化的人不求有功，有道德学问的圣人不求名声。至人：庄子认为修养最高的人。无己：忘掉自己。消除自我中心。神人：这里指精神世界能超脱于物外的人。无功：不求有功。圣人：这里指思想修养臻于完美的人。无名：不求名声。

【课后实操训练】

翻译下面短文。

秋水时至，百川灌河。泾流之大，两涘渚崖之间，不辩牛马。于是焉，河伯欣然自喜，以天下之美为尽在己。顺流而东行，至于北海。东面而视，不见水端。于是焉，河伯始旋其面目，望洋向若而叹曰："野语有之曰：'闻道百，以为莫己若'者，我之谓也。且夫我尝闻少仲尼之闻，而轻伯夷之义者，始吾弗信，今吾睹子之难穷也，吾非至于子之门，则殆矣，吾长见笑于大方之家。"（节选自《庄子·内篇》）

第四节　兼爱（上）

【文化常识】

墨子，名翟，春秋末期战国初期宋国人，一说鲁阳人，一说滕国人。墨子是宋国贵族目夷的后代，生前担任宋国大夫。他是战国时期著名的思想家、教育家、科学家、军事家。创建了与儒家相对立的墨家学派。墨家学派在当时的百家争鸣，有“非儒即墨”之称。墨子死后，墨家分为相里氏之墨、相夫氏之墨、邓陵氏之墨三个学派。其弟子根据墨子生平事迹的史料，收集其语录，完成了《墨子》这一传世之作。《墨子》是墨子及其弟子以及后期墨家著述的汇编。《汉书·艺文志》记载，《墨子》原有71篇，而流传至今的仅15卷53篇，佚失18篇。《墨子》的注本主要有清毕沅校注《墨子注》16卷，清孙诒让撰《墨子间诂》，清苏时学撰《墨子刊误》，近人李笠撰《墨子间诂校补》，吴毓江撰《墨子校注》15卷。

《兼爱》有上、中、下3篇，这里选的是上篇。所谓兼爱，其本质是要求人们爱人如己，彼此之间不要存在血缘与等级差别的观念。兼爱还表现在强国不侵犯弱国，国家之间没有战争，和平相处。墨子认为社会动乱的原因就在于人们不能兼爱，父与子、兄与弟、君与臣，都是更加爱自己而不爱对方，亏人而自利的，所以世界才会变得混乱；盗贼自爱而不爱他人，因此行窃和残害别人；诸侯大夫自爱其国与家，而不爱他人之国与家，所以互相攻击和伤害。若使天下兼相爱，爱人如己，则掠夺和争斗都会消失，世界也会变得太平安定。这种理论具有反抗贵族等级观念的进步意义，但同时带有强烈的理想色彩。

【学习任务】

积累文中出现的重要文言实词、文言虚词、古今异义、通假字、词类活用、文言句式等；体会“兼爱”的思想内涵，进一步思考其对现代社会的意义；明辨儒家“仁爱”与墨子“兼爱”的异同，建立“大爱”的情怀；学习墨子关心社会、关爱他人、积极救世的精神。

圣人以治天下为事者也①，必知乱之所自起，焉能治之②；不知乱之所自起，则不能治。譬之如医之攻人之疾者然③，必知疾之所自起，焉能攻之；不知疾之所自起，则弗能攻。治乱者何独不然？必知乱之所自起，焉能治之；不知乱之所自起，则弗能治。④

①以治天下为事者：把治理天下当作职业的人。以……为，把……当作。者：……的人。

②焉：连词，表示承接。相当于“则”“于是”。③譬之如医之攻人之疾者然：比方像医生给病人治病一样。譬：打比方。如……然：像……一样。攻：治疗、治病。④弗：否定判断词，不。

圣人以治天下为事者也，不可不察乱之所自起。①当察乱何自起②，起不相爱。臣子之不孝君父，所谓乱也。子自爱不爱父③，故亏父而自利④；弟自爱不爱兄，故亏兄而自利⑤；臣自爱不爱君，故亏君而自利，此所谓乱也。虽父之不慈子⑥，兄之不慈弟，君之不慈臣，此亦天下之所谓乱也。父自爱也，不爱子，故亏子而自利；兄自爱也不爱弟，故亏弟而自利；君自爱也，不爱臣，故亏臣而自利。是何也？皆起不相爱。虽至天下之为盗贼亦然。⑦盗爱其室⑧，不爱异室，故窃异室以利其室；贼爱其身⑨，不爱人身，故贼人身以利其身。此何也？皆起不相爱。虽至大夫之相乱家，诸侯之相攻国者亦然。大夫各爱其家，不爱异家，故乱异家以利其家；诸侯各爱其国，不爱异国，故攻异国以利其国。天下之乱物⑩，具此而已矣。察此何自起？皆起不相爱。

①察：考察。②当：通“尝”，尝试。③自爱：宾语前置句，“爱自”。④亏：使……受损失。⑤利：使……受益。⑥慈：慈爱。⑦盗贼：偷窃和劫夺财物的人。然：这样。⑧室：家。⑨身：指代自己。⑩乱物：纷乱之事，混乱之事。

若使天下兼相爱①，爱人若爱其身②，犹有不孝者乎③？视父兄与君若其身，恶施不孝？④犹有不慈者乎？视弟子与臣若其身，恶施不慈？故不孝不慈亡有。⑤犹有盗贼乎？视人之室若其室，谁窃？⑥视人身若其身，谁贼？故盗贼亡有。犹有大夫之相乱家、诸侯之相攻国者乎？视人家若其家，谁乱？视人国若其国，谁攻？故大夫之相乱家、诸侯之相攻国者亡有。若使天下兼相爱，国与国不相攻，家与家不相乱，盗贼无有。君臣父子皆能孝慈，若此则天下治。

①若使：假如。②若：像。③犹：还、仍然。④恶施：怎么实行。⑤亡：通“无”。⑥谁窃：宾语前置，“窃谁”。下文“谁贼”“谁乱”“谁攻”同。

故圣人以治天下为事者，恶得不禁恶而劝爱？①故天下兼相爱则治，交相恶则乱。②故子墨子曰不可以不劝爱人者③，此也。

①劝：鼓励。②交相：互相。③子墨子：墨子的弟子对墨子的尊称。

【课后实操训练】

翻译下面短文。

楚王谓田鸠曰：“墨子者，显学也。其身体则可，其言多而不辩，何也？”曰：“昔秦伯嫁其女于晋公子，令晋为之饰装，从衣文之媵七十人。至晋，晋人爱其妾而贱公女。此可谓善嫁妾而未可谓善嫁女也。楚人有卖其珠于郑者，为木兰之柜，薰以桂椒，缀以珠玉，饰以玫瑰，辑以翡翠。郑人买其椟而还其珠。此可谓善卖椟矣，未可谓善鬻珠也。今世之谈也，皆道辩说文辞之言，人主览其文而忘有用。墨子之说，传先王之道，论圣人之言，以宣告人。若辩其辞，则恐人怀其文，忘其直，以文害用也。此与楚人鬻珠、秦伯嫁女同类，故其言多不辩。”

第五节　劝学（节选）

【文化常识】

荀子，名况，战国时期思想家、教育家、文学家，时人尊为荀卿。荀况是战国后期儒家学派最大的代表人物。汉代著作因避汉宣帝刘洵讳，写作孙卿。曾两度到当时齐国的文化中心稷下（现在山东临淄西门）游学，任过祭酒，还到过秦国，拜见秦昭王，后来到楚国，任兰陵（现在山东枣庄东南）令。公元前 238 年失官，居家逝世，葬在兰陵。韩非子和李斯都是他的学生。他一生“序列著数万言”。

《荀子》一书共 32 篇，其中前 26 篇为荀子所著，末 6 篇或为其门人弟子所记。内容涉及哲学思想、政治问题、治学方法、立身处世之道、学术论辩等方面。《荀子》一书的思想，作为新兴地主阶级的思想意识，在当时的社会变革与发展中发挥了重要的作用。它的礼义伦理思想对于封建基础的巩固以及封建上层建筑的确立发挥了积极的作用。

《荀子》的注本有唐杨倞的《荀子注》、清王先谦的《荀子集解》、梁启雄的《荀子简释》、章诗同的《荀子简注》、熊公哲的《荀子今注今释》等。

《劝学》是《荀子》的第一篇。本篇是原文前几段的节录。

《劝学》中的“劝”是“劝勉”的意思，作者在文章中勉励人们要不停止地坚持学习，只有这样方可增加学识，施展才华，养成良好的道德品质。荀子虽然认为人的本性是恶的，但通过后天的学习教育，可以克服人性的邪恶，更可以弥补人本身的不足，提高人的能力。反映了先秦儒家在教育方面的一些正确观点。

【学习任务】

了解荀子关于学习的意义、作用和学习应持态度的论述；重点了解关于《荀子》的基本文学常识；积累文中出现的重要文言实词、文言虚词、古今异义、通假字、词类活用、文言句式等；通过探讨，了解“积累”“坚持”“专一”的学习之道，树立正确的学习观。

君子曰①：“学不可以已。”②

①君子：此指有学问、有修养的人。②已：停止。

青，取之于蓝，而青于蓝①；冰，水为之，而寒于水②。木直中绳③，輮以为轮④，其曲中规[5]。虽有槁暴[6]，不复挺者，輮使之然也[7]。故木受绳则直[8]，金就砺则利[9]，君子博学而日参省乎己，则知明而行无过矣[10]。

①青：第一个意为靛青，一种染料；第二个意为蓝色（深）。之：代词，代指第一个“青”，它。于：介词，第一个意为“从”；第二个表比较，意为“比”。蓝：一种草，也叫蓼蓝，叶子可制染料。②而：表转折的连词，但是、可是。为（wéi）：动词，形成、凝结。③中绳：（木材）合乎拉直的墨线。木工用拉直的墨线来取直。④輮：通“煣”，动词使动用法，（用火烤）使……弯曲。以为：“以之为”的省略，把……当作。⑤其：代词，代前文的“木”，它。曲（qū）：形容词作名词，曲度、弧度。规：圆规，测圆的工具。⑥虽：表让步连词，即使。有：通“又”。槁（gǎo）：枯。暴（pù）：通“曝”，晒。槁暴：枯干、晒干。⑦挺：直。之：它，代词，代“木直中绳”中的“木”。然：代词，这样。⑧故：所以。受绳：经墨线量过。则：就。⑨金：指金属制成的刀剑等。就：动词，靠近、接近。砺：磨刀石。利：锋利。⑩君子博学而日参省乎己，则知明而行无过矣：意为君子广泛地学习，而且每天对照检查自己，就智慧明达，行动不犯错误了。博：广泛。参（cān）：一译检验、检查；二译同“叁”，多次。省（xǐng）：省察。乎：介词，相当于“于”，意思是“对、向”。知：同“智”，智慧。明：明达。

吾尝终日而思矣[1]，不如须臾之所学也[2]；吾尝跂而望矣[3]，不如登高之博见也。登高而招，臂非加长也，而见者远[4]；顺风而呼，声非加疾也，而闻者彰。[5]假舆马者，非利足也，而致千里[6]；假舟楫者，非能水也，而绝江河。[7]君子生非异也，善假于物也。[8]

①尝：曾经。终日：整天。②须臾：片刻。所学：“所”字结构，学习的……（收获）③跂：踮起脚后跟。④见者远：人在远处也能看见。⑤疾：强，这里指声音洪大。闻：听。彰：明显，显著。⑥假：借助，利用。舆：车。利：形容词使动，使……快。致：达到、到达。⑦楫：船桨，代船。水：游水，名词用作动词。绝：横渡、横穿、渡过。⑧生（xìng）：通“性”，资质、禀赋。物：外物，指各种客观条件。

积土成山，风雨兴焉[1]；积水成渊，蛟龙生焉[2]；积善成德，而神明自得，圣心备焉。[3]故不积跬步，无以至千里[4]；不积小流，无以成江海。骐骥一跃，不能十步[5]；驽马十驾，功在不舍。[6]锲而舍之，朽木不折[7]；锲而不舍，金石可镂。[8]蚓无爪牙之利，筋骨之强[9]，上食埃土，下饮黄泉，用心一也[10]。蟹六跪而二螯，非蛇鳝之穴无可寄托者，用心躁也。[11]

①兴：起。焉：兼词，意为“于此”“于是”，可译为“在这里”“从这里”。②渊：深水。③积善成德，而神明自得，圣心备焉：意为积累善行养成高尚的品德，最高的智慧就会得到，通达事理的思维就具备了。善：形容词作名词，善行。德：品德。得：获得。神明：指人的高度智慧。圣心：圣人之心，通明的思想。④跬：古代的半步。古代称跨出一脚为“跬”，跨两脚为“步”。无以：没有用来……的（办法）。⑤骐骥：骏马。⑥驽马：劣马。十驾：驾，古代马拉车时，早晨套一上车，晚上卸去。套车叫驾，所以这里用“驾”指代马车一天的行程。十驾就是套十次车，指十

天的行程。此指千里的路程。舍：动词，放弃。⑦锲：雕刻。⑧金：金属。石：石头。镂：原指在金属上雕刻，泛指雕刻。⑨爪牙之利，筋骨之强：定语后置。⑩上、下：名词作状语，在上、在下。用心：不是合成双音词，“用”是引介原因的介词，意为“由于、因为”，“心”意为“心思”。一：数词作动词，专一的意思。⑪跪：蟹的脚。螯：蟹钳。躁：浮躁、不专心。

【课后实操训练】

翻译下面短文。

初，权谓吕蒙曰：“卿今当涂掌事，不可不学！”蒙辞以军中多务。权曰：“孤岂欲卿治经为博士邪！但当涉猎，见往事耳。卿言多务，孰若孤？孤常读书，自以为大有所益。”蒙乃始就学。及鲁肃过寻阳，与蒙论议，大惊曰：“卿今者才略，非复吴下阿蒙！”蒙曰：“士别三日，即更刮目相待，大兄何见事之晚乎！”肃遂拜蒙母，结友而别。

第六节　孙膑

【文化常识】

司马迁，字子长，史学家、文学家、思想家。元封三年，司马迁任太史令。太初元年，司马迁开始撰写《史记》。后因替投降匈奴的李陵辩护，获罪下狱，受腐刑。出狱后任中书令，继续发愤著书，终于完成了《史记》的撰写。人称其书为《太史公书》。《史记》是中国第一部纪传体通史，对后世史学影响深远。《史记》最初没有固定书名，或称“太史公书”，或称“太史公记”，也省称“太史公”。“史记”本来是古代史书的通称，从三国开始，“史记”由通称逐渐成为“太史公书”的专名。

《史记》从传说中的黄帝开始，一直写到汉武帝元狩元年，叙述了我国 3 000 年左右的历史。全书有本纪（给帝王作传的类别）12 篇，表（大事年表）10 篇，书（给礼、乐、律、历法、天文、封禅、水利、财用作传的类别)8 篇，世家(给诸侯作传的类别)30 篇，列传（给名人作传的类别）70 篇，共 130 篇。《史记》是一部纪传体通史，开创了我国史书的新体例——本纪、世家、列传、书、表。《史记》是正史的二十四史中的第一部。

各家各派注释和评价《史记》著作不断涌现。其中，影响较大的是俗称“三家注”的《史记集解》(南朝宋裴骃集解、唐司马贞索隐、唐张守节正义。)

本篇节选自西汉司马迁所著的《史记・孙子吴起列传》。

《史记・孙子吴起列传》中的“孙子”指孙武，孙膑事迹附在孙武传的后边，是因为孙膑是孙武的后代。孙膑名字不传于后世，因受过膑刑，所以称之为孙膑，他是战国时杰出的军事家，《孙膑兵法》早已失传（传于世的《孙子兵法》是孙武所著）。1972年，山东临沂银雀山发掘的西汉早期墓葬中，发现了《孙膑兵法》的部分竹简，它反映了孙膑的军事思想。他在作战中运用避实击虚的原则，创造了著名的“围魏救赵”战法，为古往今来兵家所效法。本篇通过“赛马”“桂陵之级”和“马陵之级”表现了孙膑的智慧和卓越的军事才能。

【学习任务】

进一步学习积累文言知识，掌握重点实词的意义和用法，以及“于、而、以”等虚词的用法；理解与现代汉语不同的句式和用法，提高学习文言文的能力；了解古代谋略思想的丰富内容，合理规划自我人生。

孙武既死，后百余岁有孙膑。①膑生阿、鄄之间，膑亦孙武之后世子孙也。孙膑尝与庞涓俱学兵法。庞涓既事魏②，得为惠王将军，而自以为能不及孙膑，乃阴使召孙膑③。膑至，庞涓恐其贤于己，疾之④，则以法刑断其两足而黥之⑤，欲隐勿见⑥。齐使者如梁，孙膑以刑徒阴见，说齐使。⑦齐使以为奇，窃载与之齐。⑧齐将田忌善而客待之。⑨

①孙武：春秋时代著名的军事家，著有《孙子兵法》。膑：古代的一种刑罚，挖去膝盖骨。孙膑的名字不传于后世，因为受过刖刑，所以称之为“孙膑”。②事魏：为魏国国君服务。③阴使：阴，暗地里。使：派人。④疾：妒忌。这个意义后来写作“嫉”。⑤以法：根据法律。刑：用刑。断其两足：指用膑刑，挖去其膝盖骨。黥：古代的一种刑罚，刺面后涂上墨，又称“墨刑”。⑥隐：使动用法，“使……隐”，“使……不显露”。见：同“现”，出现。这句是说，想使孙膑不能露面。⑦如：到……去。梁：魏国从迁都大梁（今河南开封市）后，称为“梁”。以：以……的身份。刑徒：受过刑的罪犯。⑧窃载：偷偷地载到车上。与之齐：和他一起到齐国去。“与”后面省略代词宾语“之”（他），文中的“之”是动词，“到……去”的意思。⑨田忌：齐国的宗室。善：意动用法，认为他有才能。客：名词作状语，像对待宾客一样地。

忌数与齐诸公子驰逐重射。①孙子见其马足不甚相远，马有上、中、下辈②，于是孙子谓田忌曰：“君弟重射，臣能令君胜。”③田忌信然之，与王及诸公子逐射千金。④及临质⑤，孙子曰：“今以君之下驷与彼上驷，取君上驷与彼中驷，取君中驷与彼下驷。”⑥既驰三辈毕，而田忌一不胜而再胜⑦，卒得王千金。于是忌进孙子于威王。威王问兵法，遂以为师。

①数：屡次。诸公子：指诸侯不继承君位的各个儿子。驰逐：驾马比赛。重射：下很大的赌注打赌。射：打赌。②马足：指马的足力。辈：等级。③弟：但，只管。臣：古人对人讲话时常谦称自己为臣，并非只对君才能称臣。④信然之：相信孙膑的话，认为孙膑的话对。这句中“信”“然”共一个宾语“之”。逐射千金：下千金的赌注赌驾马比赛的胜负。⑤临质：指临比赛的时候。质：评断。这里指比赛。⑥驷：古代称同驾一车的四马为“驷”。与：对付。⑦再胜：胜两次。“再”字古今的意义和词类都不相同。在古代“再”字是数词，一般专指两次。汉代以后，“再”字产生了“第二次”的意思。人们在阅读古书时，一般理解为“两次”或“第二次”。

其后魏伐赵，赵急，请救于齐。齐威王欲将孙膑①，膑谢曰："刑余之人不可。"②于是乃以田忌为将，而孙子为师，居辎车中③，坐为计谋。田忌欲引兵之赵，孙子曰："夫解杂乱纷纠者不控卷，救斗者不搏撠④，批亢捣虚，形格势禁⑤，则自为解耳。今梁赵相攻，轻兵锐卒必竭于外，老弱罢于内。⑥君不若引兵疾走大梁⑦，据其街路，冲其方虚⑧，彼必释赵而自救。是我一举解赵之围而收獘于魏也。"⑨田忌从之，魏果去邯郸，与齐战于桂陵大破梁军。⑩

①将：使动用法，使（任命）……为将。②谢：推辞。刑余之人：受过刑的人。③师：此处指军师。辎车：有帷的车。④"夫解杂乱纷纠者不控卷"两句，意思是，解乱丝不能整团地抓住了去硬拉，劝解打架的人不能在双方相持很紧的地方去搏击。杂乱纷纠：乱丝。控：引、拉。卷：指卷起来的乱丝。搏撠：揪住。⑤批：击。亢：喉咙。捣虚：冲击敌人的空虚之处。形格势禁：受形势的阻碍或限制，事情难于进行。格：阻碍，限制。⑥轻兵：轻装的士兵。罢：通"疲"。⑦疾走：快速奔向。大梁：魏国国都，在今河南开封市。⑧街路：指要道。方虚：正当空虚之处。⑨收獘于魏：对魏可以收到使它疲惫的效果。獘：通"弊"，疲惫，指力量削弱。⑩邯郸：赵国国都。在今河北邯郸市。桂陵：魏地。在今山东菏泽市东北。

后十三岁，魏与赵攻韩，韩告急于齐。齐使田忌将而往，直走大梁。魏将庞涓闻之，去韩而归，齐军既已过而西矣。孙子谓田忌曰："彼三晋之兵素悍勇而轻齐，齐号为怯①；善战者因其势而利导之。②兵法，百里而趣利者蹶上将，五十里而趣利者军半至。③使齐军入魏地为十万灶，明日为五万灶，又明日为三万灶。"庞涓行三日，大喜，曰："我固知齐军怯，入吾地三日，士卒亡者过半矣。"乃弃其步军，与其轻锐倍日兼行逐之。④孙子度其行，暮当至马陵。⑤马陵道狭，而旁多阻隘，可伏兵。乃斫大树白而书之曰⑥："庞涓死于此树之下。"于是令齐军善射者万弩⑦，夹道而伏，期曰："暮见火举而俱发。"⑧庞涓果夜至斫木下，见白书，乃钻火烛之。⑨读其书未毕，齐军万弩俱发，魏军大乱相失。⑩庞涓自知智穷兵败，乃自刭，曰："遂成竖子之名！"齐因乘胜尽破其军，虏魏太子申以归。孙膑以此名显天下，世传其兵法。

①三晋之兵：指魏军。三晋：指魏、赵、韩。晋是春秋时一个强大的诸侯国，后来它的三家大夫分晋，成了魏、赵、韩三国。号为怯：被称为胆小的。②因其势：根据客观情势。利导之：顺着有利的方向加以引导。③趣利：跑去争利。趣：通"趋"，趋向。蹶：跌、挫折。使动用法，"使……受挫折"。军半至：只有半数的兵力及时赶到战场。④轻锐：轻兵锐卒。倍日兼行：两天的路程并作一天走。⑤度其行：估量其行程。马陵：魏地，在今山东鄄城县。⑥斫大树白：把大树砍白了。指把树皮砍掉。斫：砍。书：写。⑦善射者万弩：善射箭的弩手一万人。⑧期：约。暮：时间名词作状语，在傍晚。⑨见白书：看到树白上的字。书：字。钻火：这里指取火。烛：照。⑩相失：彼此失去联系。

【课后实操训练】

给下面一段文字加上标点符号，翻译成现代汉语，并谈谈你对这段话的理解。

古者富贵而名摩灭不可胜记唯倜傥非常之人称焉盖文王拘而演周易仲尼厄而作春秋屈原放逐乃赋离骚左丘失明厥有国语孙子膑脚兵法修列不韦迁蜀世传吕览韩非囚秦说难孤愤诗三百篇大底圣贤发愤之所为作也此人皆意有所郁结不得通其道故述往事思来者乃如左丘无目孙子断足终不可用退而论书策以舒其愤思垂空文以自见。（节选自司马迁《报任安书》）

第七节 苏武传（节选）

【文化常识】

班固，字孟坚，东汉安陵（今陕西咸阳）人，著名史学家和文学家，与司马迁并称“班马”。班固立志继承父业，他在《后传》基础上，广搜材料，编写《汉书》。经过20多年的努力，他写成了《汉书》。汉章帝时，因文才深得器重，迁官玄武司马。永元初年，大将军窦宪出征匈奴，用班固为中护军，参加议论军事。不久窦宪因“谋反案”被诛，班固也受牵连被捕，死于狱中。

《汉书》是我国第一部纪传体断代史，“二十四史”之一，与《史记》《后汉书》《三国志》并称为“前四史”。记载了自汉高祖刘邦元年至王莽地皇四年共230年的历史。《汉书》体例上全承《史记》，只是改“书”为“志”，取消“世家”并入“列传”，全书有12纪（主要记载西汉帝王的事迹）、70传（主要记载各类人物的生平以及少数民族的历史等）、8表（主要记载汉代的人物事迹等）、10志（专述典章制度、天文、地理以及各种社会现象），共100卷，分120篇，80余万字。其中，8表和10志中的“天文志”是班固死后由他的妹妹班昭、班昭的弟子马续续写的。《汉书》以记载一个朝代为主，奠定了修正史的编例。《汉书》尤以史料丰富、闻见博洽著称。在文学史上亦占有很高的地位，其叙事详明，详赡严密，语言典雅繁复，富于文采，有骈体化倾向，对后世散文发展影响很大。

关于《汉书》的注本，唐朝以前诸家所注都已失传。唐人颜师古的《汉书注》，在审定音读、诠释字义方面用功较多，是现存最早最为通行的注本。

本篇节选自《汉书·李广苏建传》。本篇记述了苏武出使匈奴，因突发事变，被扣幽禁，面对威胁利诱坚守节操，历尽艰辛而不辱使命的事迹。他十九年如一日地“杖汉节牧羊，卧起操持，节旄尽落”。在异常艰苦的北海，渴饮雪，饥吞毡，却持汉节牧羊不辍。以常理推想，对宁死不屈的苏武，单于不可能不杀他，但正是由于苏武的这种节操，赢得了单于的尊重，在历史上也留下了美名。

【学习任务】

理解常见文言实词在文中的含义，理解常见文言虚词在文中的意义和用法，理解与现代汉语不同的句式和用法，提高学习文言文的能力；感受并传承苏武所体现出的责任意识和爱国思想；学习苏武的英雄气概，增强民族自豪感。

武字子卿①，少以父任②，兄弟并为郎③。稍迁至栘中厩监。④时汉连伐胡，数通使相窥观。⑤匈奴留汉使郭吉、路充国等，前后十余辈。⑥匈奴使来，汉亦留之以相当。⑦天汉元年，且鞮侯单于初立⑧，恐汉袭之，乃曰："汉天子我丈人行也。"⑨尽归汉使路充国等。武帝嘉其义⑩，乃遣武以中郎将使持节送匈奴使留在汉者⑪，因厚赂单于⑫，答其善意。武与副中郎将张胜及假吏常惠等募士斥候百余人俱⑬，既至匈奴，置币遗单于⑭；单于益骄⑮，非汉所望也。

①苏武的传是附在父亲苏建的传后面的，所以这里不再写明他的姓。②少以父任：年轻时，因为父亲职任。任：指他父亲的职任。汉朝制度，凡职位在二千石以上的官吏可以保举子弟一人做郎官。以：介词，表原因，因为。③兄弟并为郎：兄弟都做了皇帝的侍从官。兄弟：指苏武和他的兄苏嘉，弟苏贤。并：都。郎：官名，汉代专指皇帝的侍从官。④稍迁至栘中厩监：渐渐升到栘中厩监。稍：渐渐。迁：升迁、升任。栘中：厩名。监：此指管马厩的官。⑤时汉连伐胡，数通使相窥观：当时汉朝廷接连讨伐匈奴，多次互派使节彼此暗中侦察。伐：征讨。胡：此处指匈奴。数：多次。通使：互派使者。⑥十余辈：十余批。辈：本义是百辆车，引申为批。⑦以相当：用来作为抵押。⑧且（jū）鞮（dī）侯单于：单于嗣位前的封号。单（chán）于：匈奴的最高首领的称号。⑨汉天子我丈人行也：汉天子，是我的长辈啊。丈人：丈人，对老人和长辈的尊称。⑩嘉其义：赞许他合乎情理的做法。义：宜，做事合乎情理。⑪乃遣武以中郎将使持节送匈奴使留在汉者：（武帝）就派苏武以中郎将的身份，让他持节出使匈奴，送留在汉朝的匈奴使者。以：介词，表资格、身份，以……身份。节：旄节，以竹为竿，柄长八尺，拴上旄牛尾，共三层，是使者所持的信物（即凭证）。"匈奴使留在汉者"，就是"留在汉之匈奴使者"。⑫厚赂单于：赠以丰厚的礼物。赂：赠送礼物。⑬武与副中郎将张胜及假吏常惠等募士斥候百余人俱：苏武与副中郎将张胜以及临时充任使臣属吏的常惠等招募士卒和侦察人员一百多人，一同（前往）。假吏：临时委任的使臣属官。募：招募。斥候：侦察人员。俱：一同（前往）。⑭置币遗单于：备办了财物赠给单于。置币：备办财物。币：泛指财物。本义是古人用作礼物的丝织品。⑮益骄：更加倨傲。

方欲发使送武等①，会缑王与长水虞常等谋反匈奴中②。缑王者，昆邪王姊子也③，与昆邪王俱降汉，后随浞野侯没胡中④，及卫律所将降者⑤，阴相与谋劫单于母阏氏归汉⑥。会武等至匈奴，虞常在汉时，素与副张胜相知⑦，私候胜曰⑧："闻汉天子甚怨卫律，常能为汉伏弩射杀之⑨，吾母与弟在汉，幸蒙其赏赐。"⑩张胜许之，以货物与常。⑪

①发使送：都是动词，打发派送。②缑王：匈奴的一个亲王。长水：水名，在今陕西省蓝田县西北。虞常：长水人，长水校尉，后投降匈奴。③昆（hún）邪（yé）王：匈奴的一个王，其部落在今甘肃西北地区。④浞（zhuō）野侯：汉将赵破奴的封号。汉武帝太初二年率二万骑击匈奴，兵败而降，全军沦没。没：陷没，沦没。⑤卫律：本为长水胡人，但长于汉，被协律都尉李延年荐为汉使出使匈奴。回汉后，正值延年因罪全家被捕，卫律怕受牵连，又逃奔匈奴，被封为丁零王。⑥阴相与谋劫单于母阏（yān）氏（zhī）归汉：暗中一起策划劫持单于的母亲阏氏归汉。阴：暗中。相与：一起、互相。阏氏：匈奴单于配偶的称号，如同王后。⑦相知：相识，有交情。⑧私候：私自拜访。⑨常能为汉伏弩射杀之：我虞常能为汉朝暗中用弩弓射死他（指卫律）。⑩幸蒙其赏赐：希望得到皇上的赏赐。幸：希望。蒙：蒙受、得到。其：代词，指汉天子。⑪以货物与常：把财物给虞常。货物：一般指财物。

后月余，单于出猎，独阏氏子弟在。[①]虞常等七十余人欲发[②]，其一人夜亡[③]，告之。单于子弟发兵与战，缑王等皆死，虞常生得。单于使卫律治其事。[④]张胜闻之，恐前语发[⑤]，以状语武[⑥]。武曰："事如此，此必及我，见犯乃死，重负国！"[⑦]欲自杀，胜、惠共止之。虞常果引张胜。[⑧]单于怒，召诸贵人议[⑨]，欲杀汉使者。左伊秩訾曰[⑩]："即谋单于，何以复加[⑪]？宜皆降之。"

①独阏氏子弟在：只有阏氏和单于的子弟在家。独：只有。②欲发：准备动手。③其一人夜亡：他们当中有一个人夜里跑了出来。其：代词。夜：名词作状语，在晚上。亡：逃走。④治其事：审理这个案件。⑤恐前语发：担心以前（与虞常）的谈话泄漏。发：揭露、暴露。⑥以状语武：把情况告诉苏武。以状：把情况。语：告诉。⑦见犯乃死，重负国：等到受到匈奴侮辱以后才死，更加对不起国家。见犯：受到侵犯、侮辱。重：更加。⑧引：招供。⑨召诸贵人议：召集贵族们商议。⑩左伊秩訾（zī）：匈奴的王号，有"左""右"之分。⑪即谋单于，何以复加：假使谋杀单于，又该用什么更重的处罚呢？意思是说因为谋劫阏氏杀卫律就把汉使处死，处罚太重。

单于使卫律召武受辞。[①]武谓惠等："屈节辱命[②]，虽生何面目以归汉？"引佩刀自刺。卫律惊，自抱持武，驰召医。[③]凿地为坎，置煴火[④]，覆武其上[⑤]，蹈其背以出血[⑥]。武气绝，半日复息。[⑦]惠等哭，舆归营。[⑧]单于壮其节[⑨]，朝夕遣人候问武[⑩]，而收系张胜[⑪]。

①受辞：受审讯。②屈节辱命：失去了节操，辱没了使命。③自抱持武，驰召医：自己抱住苏武，派人骑马跑去召唤医生。抱持：抱住扶好。④凿地为坎，置煴火：在地上挖一个坑，放进无焰的火。坎：坑。煴火：无焰的火。⑤覆武其上：使苏武背朝上卧在燃火的坑上。⑥蹈其背以出血：用脚在苏武的背上推拿，让淤血流出来。蹈：踩。"蹈"不是手的动作，也不是一般意义的"踩"，而是一种用脚的推拿术。⑦复息：又能呼吸。息：气息。⑧舆：本义指抬、举。名词作状语，用车。⑨壮：意动，认为……壮。⑩候问：问候。⑪收系：逮捕监禁。

武益愈。单于使使晓武[①]，会论虞常[②]，欲因此时降武[③]。剑斩虞常已[④]，律曰："汉使张胜谋杀单于近臣[5]，当死；单于募降者赦罪。”举剑欲击之，胜请降。律谓武曰：“副有罪，当相坐。”[6]武曰：“本无谋[7]，又非亲属，何谓相坐？”复举剑拟之[8]，武不动。律曰：“苏君，律前负汉归匈奴，幸蒙大恩[9]，赐号称王，拥众数万，马畜弥山[10]，富贵如此。苏君今日降，明日复然。空以身膏草野[11]，谁复知之？”武不应。

①使使晓武：派使者通知苏武。前一个“使”是动词，派遣。后一个“使”是名词，使者。②会论：会同判定……的罪。③欲因此时降武：想趁这个时候使苏武投降。降：使动用法，使……投降。④剑：名词作状语，用剑。⑤近臣：亲近之臣。这里是卫律自指。⑥相坐：连坐罪。一个人犯了罪，有关的人连同治罪，叫“连坐”或“相坐”。⑦本无谋：本来就没有参与谋划。⑧拟：模拟，做……样子。⑨幸蒙大恩：幸而受到单于的大恩。⑩弥山：满山。⑪空以身膏草野：白白地用身体给草地做肥料。膏：使动用法，使…滋润肥美。

律曰：“君因我降[1]，与君为兄弟[2]；今不听吾计，后虽复欲见我，尚可得乎？”武骂律曰：“汝为人臣子，不顾恩义，畔主背亲[3]，为降虏于蛮夷[4]，何以汝为见[5]？且单于信汝，使决人死生[6]，不平心持正[7]，反欲斗两主，观祸败[8]。若知我不降明，欲令两国相攻，匈奴之祸，从我始矣！”

①君因我降：你通过我的关系投降。因：通过。②为：做，结交为。③畔主背亲：背叛主上，抛弃亲人。畔：通“叛”，背叛。④为降虏于蛮夷：在异族那里投降做奴隶。蛮夷：古代用以指边远民族。⑤何以汝为见：何以见汝为，要见你干什么？为：语气助词。⑥决：决定、判定。⑦不平心持正：居心不平，不主持公道。⑧斗两主，观祸败：挑拨汉天子和单于的关系，观看祸败。斗两主：使两主相斗。观祸败：意为幸灾乐祸。

律知武终不可胁[1]，白单于。单于愈益欲降之，乃幽武置大窖中[2]，绝不饮食[3]。天雨雪，武卧啮雪[4]，与旃毛并咽之[5]，数日不死。匈奴以为神，乃徙武北海上无人处[6]，使牧羝。羝乳乃得归。[7]别其官属常惠等各置他所。[8]武既至海上，廪食不至，掘野鼠去草实而食之。[9]杖汉节牧羊，卧起操持，节旄尽落。[10]积五六年，单于弟於靬王弋射海上。[11]武能网纺缴[12]，檠弓弩[13]，於靬王爱之，给其衣食。三岁余，王病，赐武马畜、服匿、穹庐。[14]王死后，人众徙去。其冬，丁令盗武牛羊，武复穷厄。[15]

①不可胁：不因威胁而屈服。②幽：禁闭。③绝不饮食：断绝供应，不给他喝的、吃的。④天雨雪，武卧啮雪：天下雪，苏武卧着嚼雪。雨：名词用作动词，下雪。啮：嚼。⑤与旃毛并咽之：同毡毛一起吞下去。旃：通“毡”。毡：毛织的毡毯。⑥北海：在匈奴北境，今俄罗斯东西伯利亚南部的贝加尔湖。⑦羝乳乃得归：公羊生了小羊才得归汉。羝：公羊。乳，名词用作动词，生羊羔。公羊不能生子，说明苏武永远不能被召回。⑧别其官属常惠等各置他所：分开他的随从官吏常惠等人，分别投放到别的地方。别：分别隔离。官属：所属官吏、部下。他所：别的处所。⑨武既至海上，廪食不至，掘野鼠去草实而食之：苏武迁移到北海后，公家发给的粮食不来，（只能）掘野鼠，收野生果实来吃。廪食不至：公家发给的粮食不来。这是指匈奴断绝了苏武的粮食供应。

去：通“弆”jǔ，收藏。⑩杖汉节牧羊，卧起操持，节旄尽落：拄着汉廷的节旄牧羊，睡觉、起来都拿着，节上的牦牛尾毛全部脱落。杖：名词用作动词，拄着。操持：拿着。节旄尽落：节上牦牛尾的毛全部脱落。⑪积五六年，单于弟於（wū）靬（jiān）王弋射海上：过了五六年，单于的弟弟於靬王到北海上打猎。积：过了。弋射：用绳系在箭上而射。⑫网：用作动词，结网。缴：系在箭上的丝线。⑬檠（qíng）：矫正弓弩的工具，这里名词用作动词，矫正弓弩。⑭服匿：盛酒酪的容器，类似今天的坛子。穹庐：圆顶大篷帐，犹今之蒙古包。⑮丁令：丁灵，匈奴族的一支。卫律被封为丁灵王。丁令盗武牛羊，也许是他所使。穷厄：陷于困境。

昭帝即位。①数年，匈奴与汉和亲。汉求武等，匈奴诡言武死。②后汉使复至匈奴。常惠请其守者与俱③，得夜见汉使，具自陈道④。教使者谓单于，言：“天子射上林中⑤，得雁，足有系帛书，言武等在某泽中。”⑥使者大喜，如惠语以让单于。⑦单于视左右而惊，谢汉使曰⑧：“武等实在。”

①昭帝：武帝少子刘弗陵。公元前87年至公元前74年在位。即位后次年（公元前86年）改年号为“始元”。始元六年（公元前81年），与匈奴达成和议。②诡言：欺骗说。③常惠请其守者与俱：常惠请求看守他的人同他一起去（见汉使）。俱：一起、一同。④具自陈道：自己详细地陈说（这几年的经过情况）。具：完全、详尽。陈道：陈述说明。⑤上林：上林苑。皇帝游猎的场所，在长安西，周围三百里。⑥足有系帛书，言武等在某泽中：脚上系有在绢帛上写的书信，说苏武等在某大泽中。泽：北海。⑦如惠语以让单于：依照常惠的话责备单于。如：依照、按照。让：责备。⑧谢：道歉。

单于召会武官属①，前以降及物故②，凡随武还者九人。武以始元六年春至京师。③武留匈奴凡十九岁④，始以强壮出，及还，须发尽白。

①召会武官属：召集苏武的随行人员。召会：召集。官属：随行人员。②前以降及物故：以前已经投降和死亡的人。以：通“已”，已经。物故：死亡。③以始元六年春至京师：苏武在始元六年春回到京师。京师：长安。④武留匈奴凡十九岁：留，扣留。凡：总共。岁：年。苏武汉武帝天汉元年（公元前100年）出使，至汉昭帝始元六年（公元前81年）还，共十九年。

【课后实操训练】

阅读下面的文言文并翻译。

骞以校尉从大将军击匈奴，知水草处，军得以不乏，乃封骞为博望侯。是岁元朔六年也。后二年，骞为卫尉，与李广俱出右北平击匈奴。匈奴围李将军，军失亡多，而骞后期当斩，赎为庶人。天子数问骞大夏之属。骞既失侯，因曰：“既连乌孙，自其西大夏之属皆可招来而为外臣。”天子以为然，拜骞为中郎将，将三百人，马各二匹，牛羊以万数，资金市帛直数千巨万，多持节副使，道可便遣之旁国。骞还，拜为大行。岁余，骞卒。后岁余，其所遣副使通大夏之属者皆颇与其人俱来，于是西北国始通于汉矣。

第八节　无标点白文选·三

愚公移山（《列子·湯問》）

太行王屋二山方七百里高萬仞本在冀州之南河陽之北北山愚公者年且九十面山而居懲山北之塞出入之迂也聚室而謀曰吾與汝畢力平險指通豫南達於漢陰可乎雜然相許其妻獻疑曰以君之力曾不能損魁父之丘如太行王屋何且焉置土石雜曰投諸渤海之尾隱土之北遂率子孫荷擔者三夫叩石墾壤箕畚運於渤海之尾鄰人京城氏之孀妻有遺男始齔跳往助之寒暑易節始一返焉河曲智叟笑而止之曰甚矣汝之不惠以殘年餘力曾不能毀山之一毛其如土石何北山愚公長息曰汝心之固固不可徹曾不若孀妻弱子雖我之死有子存焉子又生孫孫又生子子又有子子又有孫子子孫孫無窮匱也而山不加增何苦而不平河曲智叟亡以應操蛇之神聞之懼其不已也告之於帝帝感其誠命誇娥氏二子負二山一厝朔東一厝雍南自此冀之南漢之陰無隴斷焉

莊子妻死（《莊子·至樂》）

莊子妻死惠子吊之莊子則方箕踞鼓盆而歌惠子曰與人居長子老身死不哭亦足矣又鼓盆而歌不亦甚乎莊子曰不然是其始死也我獨何能無概然察其始而本無生非徒無生也而本無形非徒無形也而本無氣雜乎芒芴之間變而有氣氣變而有形形變而有生今又變而之死是相與為春秋冬夏四時行也人且偃然寢於巨室而我噭噭然隨而哭之自以為不通乎命故止也

三人成虎（《戰國策》）

龐恭與太子質於邯鄲謂魏王曰今一人言市有虎王信之乎曰不信二人言市有虎王信之乎曰不信三人言市有虎王信之乎王曰寡人信之龐恭曰夫市之無虎也明矣然而三人言而成虎今邯鄲之去魏也遠於市議臣者過於三人願王察之龐恭從邯鄲反竟不得見

第七章　音韵

语音演变史的分期：一是上古音（先秦两汉）；二是中古音（魏晋至唐宋）；三是近古音（元明清）；四是现代音。上古音以先秦两汉韵文、谐声字、重文、异文、假借、古书注音、声训等为研究材料；中古音主要以隋陆法言《切韵》（宋《广韵》的前身）为研究材料；近古音以元周德清《中原音韵》等韵书为研究材料。下面以上古音和中古音为例进行介绍。

第一节　中古音的声韵调

【学习任务】

了解古今语音差异的原因，培养依据韵文材料分析古今韵部变异的初步技能。

一、声

（一）声、纽、字母

声即声母，也叫声纽、声类、字母、纽、母等。古代没有音素字母，就选用一些汉字来表示声母，这些用来表示声母的汉字就称为“字母”。

（二）三十六字母

唐代和尚守温首创三十字母，后增加为 36 个字母，即“三十六字母”，大致反映了中古时期的声母系统。

三十六字母如下：

唇音：帮滂并明、非敷奉微。

舌音：端透定泥、知彻澄娘。

齿音：精清从心邪、照穿床审禅。

牙音：见溪群疑。

喉音：影晓匣喻。

半舌：来。

半齿：日。

中古音的声母通常由36个字母组成。究竟是不是真的有36个汉字所代表的声母，就不是三言两语可以解释的了。首先要弄清楚，中古音是以一个时间段的语音为代表的。从五胡十六国开始，一直到南宋初期，都属于中古音范畴。在这800多年的历史里，汉语的发音并不是一成不变的。中古音通常以隋末唐初的语音为代表。

这是由于《切韵》在这一时期诞生的，具有划时代的意义。研究中古音的学者，都把《切韵》和《切韵》系统韵书当作核心材料，而所谓的中古音系，则是《切韵》《切韵》系统韵书所反映的语音系统。而三十六字母是在唐代晚期和宋初出现的，它反映了宋代的声母体系，也就是说，36个字母并不能精确地表示中古声母。

许多学者对《切韵》《广韵》的声母体系进行了深入研究，得出的结论虽不尽相同，但总体趋势比较接近。大部分学者认为，中古的声母有36个，但与三十六字母是有区别的。

以三十六字母为基础来叙述则是这样：唇音非、敷、奉、微4母并入帮、滂、并、明4母之中，这样就减少4个；齿音照、穿、床、审中分出庄、初、崇、生4母，这就多出4个，喉音喻母分成喻三（也称于母、云母）、喻四（也称以母、余母），但同时把喻三与匣母合并，认为喻三与匣母在当时是一个声母，三十六字母的其余字母不变。这样中古声母总数仍然是36个，但是与三十六字母有了很大不同。中古声母的代表字和拟音如表7–1所示。

表7–1　中古声母的代表字和拟音

发音方法旧名 / 发音方法新名 / 发音部位			全清	次清	全浊	次浊	全清	全浊
七音	九音	新名	不送气 清塞音 塞擦音	送气 清塞音 塞擦音	不送气 浊塞音 塞擦音	鼻音 边音 半元音	清擦音	浊擦音
唇音	重唇	双唇音	帮 [p]	滂 [p‘]	并 [b]	明 [m]		
	轻唇	唇齿音	非 [pf]	敷 [pf‘]	奉 [bv]	微 [m]		
舌音	舌头	舌尖中	端 [t]	透 [t‘]	定 [d]	泥 [n]		
	舌上	舌面前	知 [t]	彻 [t‘]	澄 [d]	娘 [n]		
齿音	齿头	舌尖前	精 [ts]	清 [ts‘]	从 [dz]		心 [s]	邪 [z]
	正齿	舌面前	照 [tc]	穿 [tc‘]	床 [dz]		审 [c]	禅 [z]
牙音		舌根音	见 [k]	溪 [k‘]	群 [g]			

续 表

<table>
<tr><th colspan="3">发音方法旧名
发音方法新名
发音部位</th><th>全 清</th><th>次 清</th><th>全 浊</th><th>次 浊</th><th>全 清</th><th>全 浊</th></tr>
<tr><td colspan="2" rowspan="3">喉音</td><td>零声母</td><td>影 [Ø]</td><td></td><td></td><td></td><td>晓 [x]</td><td>匣 [y]</td></tr>
<tr><td>舌根音</td><td></td><td></td><td></td><td>疑 [ny]</td><td></td><td></td></tr>
<tr><td>半元音</td><td></td><td></td><td></td><td>喻 [j]</td><td></td><td></td></tr>
<tr><td rowspan="3">半舌音</td><td rowspan="6">舌齿音</td><td rowspan="3">舌尖中
边音</td><td></td><td></td><td></td><td rowspan="3">来 [1]</td><td></td><td></td></tr>
<tr><td></td><td></td><td></td><td></td><td></td></tr>
<tr><td></td><td></td><td></td><td></td><td></td></tr>
<tr><td rowspan="3">半齿音</td><td rowspan="3">舌面
鼻擦音</td><td></td><td></td><td></td><td rowspan="3">日 [nz]</td><td></td><td></td></tr>
<tr><td></td><td></td><td></td><td></td><td></td></tr>
<tr><td></td><td></td><td></td><td></td><td></td></tr>
</table>

对上表应该补充说明的是，李荣在《切韵》的残本中发现了俟母。俟母属于齿音庄组，与禅母相对。目前学术界的大部分学者都认可俟母，但也有人提出了不同的看法。李荣还认为中古不存在娘母，此观点赞成的人少，持异议者较多，本表仍列出娘母。总的来说，中古声母总数为 35（不承认俟母和娘母）～ 37 个（承认俟母，不排除娘母）。

（三）五音、七音（发音部位）

五音：指声母按发音部位分为唇音、舌音、齿音、牙音、喉音五类。

七音：五音及半舌音、半齿音。

（四）清浊（发音方法）

清音：发音时声带不颤动的辅音，又称不带音。

浊音：发音时声带颤动的辅音，又称带音。

全清：发音时不送气、声带也不颤动的塞音、塞擦音以及擦音。

次清：发音时送气而声带不颤动的塞音、塞擦音。

全浊：指发音时声带颤动的塞音、擦音、塞擦音。

次浊：发音时声带颤动的鼻音、边音和半元音。

（五）双声

两个字的声母相同谓之双声。

考察古汉语的双声时，应以古音为依据，而不能以今音为依据。 现代汉语中是双声的，古代不一定是双声，如“威望”等；现代汉语中不是双声的，古代不一定就不是双声，如“微妙”等。

二、韵

韵的含义比较复杂。一般意义有三种。第一，现在所说的韵母，也就是除了第一个音节的第一个辅音之外的其他部分。在音系研究中，经常把这种韵称为韵类。比如，《广韵》中的东韵有两个韵母，也说有两个韵类。第二，指韵书中将主元音、尾音、声调等同音的词归为一个单元，也就是韵书中的韵，如《广韵》中的 206 个韵，就是将 26 194 个词按照主元音、收尾音、声调是否相同划分为 206 个单位。第三，押韵。古代诗词中的某个字和某个词的押韵，古人常说，“× 与 × 韵”，或说“× 与 × 为韵”。押韵条件是韵尾相同、主元音相同或相似。编韵书的本意是便于诗人查找押韵字。但事实上，诗歌的押韵要比韵书中所规定的宽一些，并且允许邻韵通押。

（一）韵母、韵、韵目、韵部、韵摄

韵母：一个音节除去声母的部分就是韵母。韵母由韵头、韵腹、韵尾三部分组成，其中韵腹是每个韵母必不可少的，韵头和韵尾则不一定都具备。

韵：有别于韵母，要求韵腹和韵尾相同，声调相同，但不要求韵头相同。

韵母则要求韵头、韵腹、韵尾相同，但不要求声调相同。

例如，“东董送屋”虽然韵母相同，但声调不同，因此不同韵。“林、深、音、吟”虽然韵母不同，但韵腹相同，声调相同，因此同韵。

韵目：从同韵的字中选取的代表字。韵目代表的同韵字往往因韵头不同，而包含几个不同的韵母。

韵部：韵腹和韵尾相同，即同一韵部，不讲求韵头和声调。

韵摄：简称摄，即把韵腹相同或相近、韵尾相同的韵归并而成的大类。

前人把《广韵》的 206 韵归并为 16 摄：通摄、江摄、止摄、遇摄、蟹摄、臻摄、山摄、效摄、果摄、假摄、宕摄、梗摄、曾摄、流摄、深摄、咸摄。

（二）开合口和四呼（韵头或韵腹）

呼即根据韵头和韵腹发音时唇形的不同给韵母分的类。

宋元时期将韵母分为开、合口两呼。凡韵头是 u 或以 u 作韵腹的，就是合口呼，其余为开口呼。开口呼是以 a、o、e 开头的韵母；齐齿呼是以 i 开头的韵母；合口呼是以 u 开头的韵母；撮口呼是以 ü 开头的韵母。四呼如表 7–2 所示。

表 7–2　四呼

齐齿呼	i、ia、ie、iao、iou、ian、in、iang、ing
开口呼	-i（前、后）、a、o、e、ê、er、ai、ei、ao、ou、an、en、ang、eng

续 表

合口呼	u、ua、uo、uai、uei、uan、uen、uang、ueng、ong
撮口呼	ü、üe、üan、ün、iong

（三）阴声韵、阳声韵、入声韵（韵尾）

阴声韵：指无韵尾或以元音 [-u][-i] 收尾的韵，如戈果过韵和脂旨至韵。阴声韵简称阴声。

阳声韵：以鼻辅音 [-m][-n][-ŋ] 收尾的韵，如真轸震韵、东董送韵和侵寝沁韵。阳声韵简称阳声。

舒声韵：指读音舒缓的音节，即没有韵尾或元音、鼻音韵尾的字。阴声韵和阳声韵都是舒声韵。舒声韵读音可以自延长。舒声韵简称舒声、舒调。

入声韵：指以塞音 [-p][-t][-k] 收尾的韵，又称促声韵。

（四）叠韵

音韵学中，韵母相同的两个字构成词，叫叠韵。例如，侏儒、童蒙、崆峒、螳螂、滴沥。判定古汉语中的叠韵，必须以古音为依据。

（五）其他

韵书是按声、韵、调关系将汉字编排而成的书，是为写诗文押韵而作的。现存最完整的韵书是《广韵》。现存最早的韵书是隋代陆法言著的《切韵》，在隋唐影响很大。

等韵图简称“韵图”，是古代音韵学家制定的一种声韵调配合表，它用图表的形式将汉语的语音系统表现出来。现存最早的等韵图之一是《韵镜》。

三、调

（一）四声

调指声调。现代汉语普通话的声调，指音节内部的音高变化。这样的定义不能完全适用于中古声调，因为中古有入声，而现代普通话的声调不包括入声。

关于中古四声的调值，古人有过文字描写：平声哀而安、上声厉而举、去声举而远、入声急而促。《康熙字典》前面载有《分四声法》：“平声平道莫低昂，上声高呼猛烈强，去声分明哀远道，入声短促急收藏。”

仅凭简略的说明，无法模拟出中古四声调值。再加上调值受方音影响很大，调类相同的字，方音不同，调值迥异。

中古平上去入四声，发展到现代，变成普通话的阴阳上去四声，变化的主要情况是这样：中古平声字受声母清浊的影响，变成阴平和阳平两类，清声母字为阴平，浊声母字为阳平，中古上声也变成两类，全浊声母变为去声，其余仍为上声。中古去声到今天没有变化，仍是去声。中古入声变化比较复杂，变成阴阳上去的都有。阳入变成去声和阳平，其中鼻音声母和零声母读去声，其余读阳平，阴入则毫无规律可循，变成阴阳上去的都有。入声字总的变化情况是这样，二分之一变成去声，三分之一变成阳平，余下的六分之一变成阴平和上声，其中上声最少。

现在无论是从事古诗的写作，还是从事汉语的教学和研究，都要熟悉古入声字。对古代的入声字不熟悉，就很难真正地掌握近体诗的格律。

（二）平仄、舒促

根据声音高低变化的角度分析声调，分平声和仄声（上去入）两类。

根据声音长短缓急的角度分析，又分为舒声（平上去）和促声（入）。

四、反切

反切也称反语、反言、反音、反纽，或单称反、翻、切、纽。反切是我国传统的注音方法，用两个字拼合成另一个汉字的读音，如都，当孤切。被注音字“都”称为被切字，用作反切的前一个字“当”称为反切上字，简称切上字或上字，用作反切的后一个字“孤”称为反切下字，简称切下字或下字。所谓“上”“下”是就汉字直行书写的款式而说的。

反切的基本原理是，切上字与被切字的声母相同，切下字与被切字的韵母和声调相同。在拼合过程中上字取声母，舍弃其韵母，下字取韵母和声调，舍弃其声母。例如，红，胡笼切。反切上字“胡”，上字取声，定清浊，h；下字取韵，下定四声，ó ng。红 h ó ng。

由于古今音的变化，有时用现代的音切不出正确的读音来。

第二节　上古音的声韵调

【学习任务】

应全面透彻地理解“叶音说”及其错误，应了解有关上古韵部、声母、声调等的研究情况。

一、上古音的声母

上古声母指两汉以前的声母系统。其代表是《诗经》音。

掌握了中古声母，以中古36个声母往上推上古音的声母，就很容易。上推的方法与古声母研究的几个发明密切相关。

（一）古无轻唇音

这是指两汉前没有唇擦音。钱大昕提出，轻唇音非、敷、奉、微，在上古分别读帮、滂、并、明。“旁”从“方”声，“匍”从“甫”声，“枹”又作“桴”，“父”古读“爸”，……轻唇音是上古重唇三等合口音，在后代分化出来的。即唇音一至四等古为一类。

说古无轻唇音是因为在现代汉语中可以找到只有重唇而没有轻唇的方言，却找不到只有轻唇而没有重唇的方言。厦门、潮州、福州等方言只有重唇音而无轻唇音，这是古音的遗留。一些地名的读音具有很强的稳定性，根据这些地名的读音也可以确定古无轻唇音。费旧读 bì，春秋鲁季孙氏封邑，“费”属敷母；阿房宫，音 ē páng gōng“房”属奉母。

（二）古无舌上音

这是指两汉以前没有舌面前塞音。钱大昕提出，舌上音即二、三等的知、彻、澄三母，在上古分别读作舌头音端、透、定。例如，“直”古读“特”，《说文》“冲”古读“动”，古音“竹”如“笃”……舌上音是上古端、透、定的二、三等在后代分化出来的。即舌音一至四等古为一类。已知材料证明三十六字母中的舌头、舌上音在上古也只有一类，或者只有舌头没有舌上，或者只有舌上没有舌头。为什么会得出“古无舌上音”的结论，重要根据之一是在现代方言中可以找到只有舌头没有舌上音的方言，而找不到只有舌上没有舌头音的方言。

（三）娘日归泥

这是指两汉以前没有舌尖后鼻音和擦音。章太炎提出“古音娘日二纽归泥说”。中古有娘、日、泥三纽，上古只有“泥”纽，中古的“娘日”二纽是从上古的“泥”纽中分化出来的。章氏的“日纽归泥说”并没有得到学术界的认可，多数学者认为“日”与“泥”在上古是分立的。至于娘母与泥纽的关系，多数学者认为两者在《切韵》时代尚且为一类，在上古自然为一类。

（四）照二归精、照三归端

这是指两汉以前舌叶塞擦音与舌尖前塞擦音同类，舌面前塞擦音与舌尖中塞音同类。黄侃提出，照系二等（庄、初、崇、生四母）上古音分别与精、清、从、心四母同类；照系三等[照穿床（神）审禅]五母上古与端系同类。这样齿音栏中，古音只有一类，即精系。黄氏的这一观点并没有得到学术界的认可，原因是黄氏对自己的观点没有做充分的论证，另外从精组分化出照二组的条件还没有找到。

（五）喻三归匣、喻四归定

这是近代音韵学家曾运乾在他的《喻母古读考》一文中提出来的，“喉声影母独立，本世界制字审音之通则，喻、于二母（近人分喻母三等为于母），本非影母浊声。于母古隶牙声匣母，喻母古隶舌声定母，部件秩然，不相陵犯。等韵家强之与影母清浊相配，所谓‘非我族类，其心必异’者也”。意谓中古喻母分为喻三（于母）和喻四（以母）两个声母，喻三上古归于匣母，喻四上古归于定母。曾氏的证据很充分，“喻三归匣”说得到学术界的认可，对于“喻四归定”说学术界的看法不一。

上述五条论断先后在学术界引起强烈反响，当代学者考定上古声母时，主要参考上述见解。

二、上古音的韵部

古代韵部的研究始于读《诗经》觉得不押韵。《诗经》是在先秦时期出现的。随着时间的流逝，语音也在不断改变。从南北朝以来，其语音与《诗经》时期相比，有了很大的差异，而在唐宋之后，其语音发生了较大的变化。不过，到了南北朝甚至唐宋时期，还没有形成古今音不同的概念，《诗经》的发音，如果出现押韵不和谐的地方，就会临时改变，变成自己觉得合适的发音，文人称这种做法为“叶音”或者“叶韵”（“叶”也写“协”）、“取韵”。“叶音”说是在宋朝流行起来的，吴棫的《毛诗补音》是其代表作品，这本书早已失传，朱熹《诗集传》的注音可以看出吴氏叶音的大概情况（也有人说，朱氏《诗集传》中的“叶音”是取自吴氏《毛诗补音》）。直至明代后期，陈第对“叶音”说进行了批判，并提出了具有划时代意义的古今语音不同说的观点。陈氏将其理论总结为“时有古今，地有南北，字有更革，音有转移”。在这一学说的指导下，古音学的研究真正走上正确的道路。陈氏所著《读诗拙言》，主要论述其古音学观点，并著有《屈宋古音义》《毛诗古音考》。他对《诗经》和《楚辞》中的押韵字进行了细致考察，凡是认为古今读音不同的，他都标出古音，并注出证据。他对古韵的研究只是随字注音，而没有做古韵分部工作。陈第是古音学的开拓者，而顾炎武是其奠基者。顾氏分古韵 10 部，初步确定了古韵分部的规模。其后有江永、戴震、段玉裁、孔广森、江有诰、王念孙、章炳麟、黄侃等人不断得出新的结论，最后集大成者为王力。他最初分上古韵为 29 部，后来从侵部分出冬部，成 30 部，如表 7-3 所示。

表 7-3　上古音的韵部

阴声韵		入声韵		阳声韵	
无韵尾	之 a	韵尾 -k	职 ək	韵尾 -kη	蒸 əη
	幽 u		觉 uk		冬 uη
	宵 ō		药 ōk		
	侯 o		屋 ok		东 oη
	鱼 a		铎 ak		阳 aη
	支 e		锡 ek		耕 eη
韵尾 i	歌 ai	韵尾 -t	月 at	韵尾 -n	元 an
	脂 ei		质 et		真 en
	微 əi		物 ət		文 ən
		韵尾 -p	缉 əp	韵尾 -m	侵 əm
			叶 ap		谈 am

三、上古音的声调

上古声调指两汉以前的声调系统。从明末陈第到现在，一直有人在研究上古声调，但始终没有达成一致。陈第、江永主张“四声不拘”；顾炎武主张“四声一贯”；段玉裁认为古无去声；孔广森提出古无入声；王念孙、江有诰明确提出古有四声；黄侃认为先秦只有平入两声；王力认为古无去声；周祖谟认为古有四声。焦点在于去声的问题。笔者认为王念孙、江有诰的观点合理，上古有四声，但某些字古今调类不同而已。即平上去入四声。

第二节　近体诗的格律

【学习任务】

了解古体诗与近体诗的不同；掌握律诗的基本特点；学会分析律诗平仄的方法，并能具体应用，提高诗歌鉴赏能力，培养爱国情操，增强文化自信。

我国古代韵文包括诗、词、曲、辞赋等多种形式，其中诗、词的格律要求较为严格。下面进行简要介绍。

唐代以前的诗都属自由体古诗范畴，没有严格的格律。到了隋末唐初，出现了近体诗，它要求按一定的格律来写作。

近体诗又称今体诗，它在句数、平仄、对仗、押韵等方面都有严格的规定。

一、近体诗的分类

近体诗也叫“格律诗”，是指在唐初形成一种以讲究平仄、对仗为特点的格律诗。近体诗是在“永明体”诗的基础上形成的，是我国诗体的正宗。

五律：每句五个字，全诗共八句，40字。

七律：每句七个字，全诗共八句，56字。

五绝：每句五个字，全诗共四句，20字。

七绝：每句七个字，全诗共四句，28字。

排律：超过八句。

律诗：一二句称作首联，三四句称作颔联，五六句称作颈联，七八句称作尾联。奇句称作“出句”，偶句称作“对句”。

超过八句的律诗称排律或长律，它的句数必须是双数，而且除首尾联外，其余各联必须对仗。

对仗原则：平仄相对；词性相同；词义（内容）相对。

二、近体诗的用韵

（一）用平声韵

古体诗平仄通押，近体诗只能押平声韵。

韵：除去韵头的韵腹、韵尾部分。

押韵：韵文中最后一个字的韵相同。

韵脚：押韵的字。

平仄：“平”为平，“上去入”为仄。

中古有四个声调，即平上去入。这四种声调的具体调值是什么，现在已无从得知，古人描写说：“平声平道莫低昂，上声高呼猛烈强，去声分明哀远道，入声短促急收藏。”通过这种描写可以得知中古平声的调值是平直的，而上去入三声的调值则是短曲不平的。

变化分配到上声、去声中的入声字，因为大类上仍属于仄声，不影响人们对诗律平仄的判断，所以不用太费心去分辨。关键是变化分配到阴平、阳平中的入声字，拿现代音来看，它已经属于平声一类，而实际在中古是仄声一类。如果不将这种字分辨开来，就会影响人们对平仄的判定，即该是仄声的当成了平声。

辨识入声字的方法：

（1）现代汉语声母为“b、d、g、j、zh、z”的阳平字，除了“鼻”古为去声，“雹、甭、咱”古是平声之外，都是古入声字。

（2）现代汉语声母为“d、t、n、l、z、c、s”，韵母为“e”的字，除了阴阳上去外，在中古汉语中都是入声字。

（3）现代汉语中声母为“b、p、m、d、t、n、l”，韵母为“ie”的字，除了爹字之外，都是古入声字。

（4）现代汉语“ue”韵母字，除了“嗟、瘸、靴”外，都是古入声字。（口诀：瘸子嗟叹穿不了靴子）

（5）通过入声字的谐声偏旁来识记。例如，已知“白”是入声字，则以“白”为声符的“柏、帛、魄、泊、迫”也必为入声字。

（6）《入声字歌诀》：一六七，八十百。苜蓿绿，割大麦。腊月日，积雪落。逐白鹿，射黑貉。卒执槊，伐敌国。滑贼恶，莫捉错。鳄食肉，鹤啄木。鳖喝粥，獭独哭。北极湿，岳麓热。蝶悉逸，蚱灭绝。墨客脱袜，合睫即榻，毒蝎突出，赤足摸蜡。拆屋扒阁，砸脚喋血，喝药缩舌，吃蜜节约。伯乐学习，石碏服役，郤克寂寞，墨翟歇息。击碟拍钵，不识弈乐，即席瞎说，邋遢缺德。

（二）用平水韵

北宋陈彭年的《广韵》分206韵。根据“同用”的原则，一些邻近的韵可以合起来用。南宋江北平水人刘渊，著《壬子新刊礼部韵略》，将《广韵》的206韵合并为107韵；与此同时，金人王文郁著《平水新刊韵略》，将《广韵》的206韵合并为106韵。后人就把这106韵称为“平水韵”。

（三）用韵位置

近体诗用韵的位置规定在偶数句的末一字。第一句的末字可用韵也可不用韵。

（四）一韵到底

近体诗要求每一首都必须是“平水韵”中同一韵里的字，否则就叫“出韵”。近体诗要求一韵到底，不能换韵。

三、近体诗的平仄

（一）何为平仄

平为一类，其音色比较平直，古人把它称作“平”。上、去、入为一类，其音色都有变化，古人将此三声统称为“仄”。

（二）平仄作用

为了追求诗歌的韵律美，在诗句中的交替使用平仄，使诗句回环起伏，抑扬顿挫。

（三）近体诗的格式

1.一句之内，平仄相间

“相间”就是平仄交替的意思。值得注意的是，平仄交替是以两个音节为单位的。换言之，就是“平平”和“仄仄”交替，不是单音节的“平”和“仄”交替。五言律诗有三个节拍，即二/二/一或二/一/二。七言律诗有四个节拍，即二/二/二/一,二/二/一/二。这样，五言的二二一句式，就有平平/仄仄/平、仄仄/平平/仄两种平仄形式；七言的二二二一句式，就有仄仄/平平/仄仄/平、平平/仄仄/平平/仄两种平仄形式。

由于近体诗只押句尾韵，逢偶句必然押韵，除首句之外，单句都不入韵，一般只用平声韵，因此一句诗的末一字的平仄必然要受到韵律的影响，当五言的二二一句式和七言的二二二一句式的末一字的平仄不合韵律时，后两个节拍就必须换位，以调整平仄，也就是选用二一二或二二一二这两种句式，就有了平平/平/仄仄和仄仄/仄/平平这两种五言诗平仄句式，以及仄仄/平平/平/仄仄和平平/仄仄/仄/平平这两种七言诗平仄句式。

五言句的平仄有以下四种句式：

甲式：仄仄平平仄（仄起仄收式）。

乙式：平平仄仄平（平起平收式）。

丙式：平平平仄仄（平起仄收式）。

丁式：仄仄仄平平（仄起平收式）。

七言句实际是五言句的扩张，按平仄相间的规律在五言句上加两字即可（仄前加平，平前加仄）。

甲式：平平仄仄平平仄（平起仄收式）。

乙式：仄仄平平仄仄平（仄起平收式）。

丙式：仄仄平平平仄仄（仄起仄收式）。

丁式：平平仄仄仄平平（平起平收式）。

这四种句式的交错使用，就构成不同格式的五律或七律。

2.两句之间，平仄相对

近体诗中每两句相配叫作一联，单句叫出句，偶句叫对句。平仄相对，指一联中出句和对句的平仄要相互对立。

由于要受韵律的影响，一句诗的后两个节奏，即后三个字的平仄，有时要因押韵或不押韵的关系而做调整，引起句式的变化而用二一二或二二一二句式，故一联中出句和对句的平仄有时并不是每一个节奏都对立或相反，但五言的第二、四字和七言的第二、四、六字都必然是对立或相反的。否则为“失对”。

3. 两联之中，邻句相粘

所谓粘，就是粘连在一起，平粘平，仄粘仄。平仄相粘，指下联的出句和上联的对句平仄要相同。否则为“失粘”。

平仄相粘，本来也是就五言二二一和七言二二二一句式而言的。由于受韵律等的影响，两联之间平仄相粘，实际变成主要针对五言诗的第一个节拍的第二字，七言诗的前两个节拍的第二字和第四字而言了，它们的后两个节拍节不完全相粘。

一首诗是一个完整的统一体，必须坚持粘对规则、平仄格律才能实现平仄统一的抑扬交替的节奏运动。

4. 近体诗的四种基本格式

按照近体诗平仄规则和韵律要求，便有了近体诗的四种基本格式。

第一,五言律诗基本格式。

甲式：仄仄平平仄（仄起仄收式）。

杜甫《春望》

国破山河在，仄仄平平仄 （甲）城春草木深。平平仄仄平（乙）
感时花溅泪，平平仄仄平 （丙）恨别鸟惊心。仄仄仄平平（丁）
烽火连三月，仄仄平平仄 （甲）家书抵万金。平平仄仄平（乙）
白头搔更短，平平仄仄平 （丙）浑欲不胜簪。仄仄仄平平（丁）

乙式：平平仄仄平（平起平收式）。

李商隐《晚晴》

深居俯夹城，平平仄仄平（乙）春去夏犹清。仄仄仄平平（丁）
天意怜幽草，仄仄平平仄（甲）人间重晚晴。平平仄仄平（乙）
并添高阁迥，平平仄仄平（乙）微注小窗明。仄仄仄平平（丁）
越鸟巢干后，仄仄平平仄（甲）归飞体更轻。平平仄仄平（乙）

丙式：平平平仄仄（平起仄收式）。

李白《送友人》

青山横北郭，平平平仄仄（丙）白水绕东城。仄仄仄平平（丁）
此地一为别，仄仄平平仄（甲）孤蓬万里征。平平仄仄平（乙）
浮云游子意，平平平仄仄（丙）落日故人情。仄仄仄平平（丁）
挥手自兹去，仄仄平平仄（甲）萧萧班马鸣。平平仄仄平（乙）

丁式：仄仄仄平平（仄起平收式）。

王勃《送杜少府之任蜀州》

城阙辅三秦，仄仄仄平平（丁）风烟望五津。平平仄仄平（乙）

与君离别意，平平平仄仄（丙）同是宦游人。仄仄仄平平（丁）
海内存知己，仄仄平平仄（甲）天涯若比邻。平平仄仄平（乙）
无为在歧路，平平平仄仄（丙）儿女共沾巾。仄仄仄平平（丁）
第二,七言律诗基本格式。
甲式：平平仄仄平平仄（平起仄收式）。

杜甫《客至》

舍南舍北皆春水，平平仄仄平平仄 （甲）
但见群鸥日日来。仄仄平平仄仄平 （乙）
花径不曾缘客扫，仄仄平平平仄仄 （丙）
蓬门今始为君开。平平仄仄仄平平 （丁）
盘飧市远无兼味，平平仄仄平平仄 （甲）
樽酒家贫只旧醅。仄仄平平仄仄平 （乙）
肯与邻翁相对饮，仄仄平平平仄仄 （丙）
隔篱呼取尽馀杯。平平仄仄仄平平 （丁）
乙式：仄仄平平仄仄平（仄起平收式）。

杜甫《登高》

风急天高猿啸哀，仄仄平平仄仄平 （乙）
渚清沙白鸟飞回。平平仄仄仄平平 （丁）
无边落木萧萧下，平平仄仄平平仄 （甲）
不尽长江滚滚来。仄仄平平仄仄平 （乙）
万里悲秋常作客，仄仄 平平平仄仄（丙）
百年多病独登台。平平仄仄仄平平 （丁）
艰难苦恨繁霜鬓，平平仄仄平平仄 （甲）
潦倒新停浊酒杯。仄仄平平仄仄平 （乙）
丙式：仄仄平平平仄仄（仄起仄收式）。

杜甫《咏怀古迹·其四》

蜀主窥吴幸三峡，仄仄平平平仄仄 （丙）
崩年亦在永安宫。平平仄仄仄平平 （丁）
翠华想像空山里，平平仄仄平平仄 （甲）
玉殿虚无野寺中。仄仄平平仄仄平 （乙）
古庙杉松巢水鹤，仄仄平平平仄仄 （丙）
岁时伏腊走村翁。平平仄仄仄平平 （丁）

武侯祠堂常邻近，平平仄仄平平仄　（甲）
一体君臣祭祀同。仄仄平平仄仄平　（乙）
丁式：平平仄仄仄平平（平起平收式）。

祖咏《望蓟门》

燕台一望客心惊，平平仄仄仄平平　（丁）
笳鼓喧喧汉将营。仄仄平平仄仄平　（乙）
万里寒光生积雪，仄仄平平平仄仄　（丙）
三边曙色动危旌。平平仄仄仄平平　（丁）
沙场烽火侵胡月，平平仄仄平平仄　（甲）
海畔云山拥蓟城。仄仄平平仄仄平　（乙）
少小虽非投笔吏，仄仄平平平仄仄　（丙）
论功还欲请长缨。平平仄仄仄平平　（丁）

通过以上例子可以看出，首句不押韵的甲、丙两式一个是甲乙丙丁的交替反复，另一个是丙丁甲乙的交替反复。而首句押韵的乙、丁两式相较于甲、丙则只有首句不同，丁种句起头的是把甲种句起头的首句甲式句换成丁，成为“丁乙丙丁甲乙丙丁”。乙种句起头的是把丙种句起头的“丙”换成“乙”，成为“乙丁甲乙丙丁甲乙”。因此，律诗其实只有两种基本格式，剩余两种不过是在基本格式的基础上稍有变化罢了。要推出一首具休的近体诗所用的正格格式，只要看首句的第二字和最后一字的平仄，先确定首句的句式，再据上面的方法就可以推出。

元稹《行宫》

寥落古行宫，宫花寂寞红。白头宫女在，闲坐说玄宗。

首句的第二字是“落”，仄声，最后一字是“宫”，平声。能判断出首句是仄起平收的五言丁式句，故全首绝句诗平仄基本格式如下：

仄仄仄平平（丁），平平仄仄平（乙），平平平仄仄（丙），仄仄仄平平（丁）。

四、孤平、三平调和三仄调、拗救

（一）孤平

过去作诗有一个口诀，叫“一三五不论，二四六分明”，意思是说七言近体诗的第一、三、五字，五言则为一、三，平仄可以不论，第二、四、六字平仄必须分明。一般说来，第二、四、六字平仄不能违反（节奏点），第一、三、五字往往可以随意（不是节奏点，可变通），但这个口诀不完全正确。例如，平起平收（乙式）的五言句中第一字、仄起平收（乙式）的七言句中第三字必须是平声，否则叫犯孤平。具体说，“平平仄仄平”不能变为“仄平仄仄平”，“仄仄平平仄仄平”不能变为“仄仄仄平仄仄平”。其之所以称为孤平，是因为除了韵脚之外，只剩下一个平声字。孤平是近体诗的大忌。要掌握平仄规律，还得加上“仄（脚）避三仄、仄平仄，平脚避开孤、三平”。这样对律诗平仄规律的概括就比较完整了。

（二）三平调和三仄调

指一句诗的最后三个字连用三个平声或三个仄声。由于近体诗的句末三字是两个节奏，声律上必须有变化，连用三个平声或三个仄声就显得平板而不和谐，故避忌三平调和三仄调。例如，“平平仄仄仄平平”是丁种句，第一、三字平仄可变动，而第五字必须是仄，否则句尾就成了“平平仄仄平平平”，句尾三个平声字，这就是三平调。这是律诗大忌。

（三）拗救

近体诗有些地方对平仄的要求很严，不能随意变动，变动了叫作“拗”。出现了“拗”就必须采取补救措施，称作“救”。“拗”与“救”合称“拗救”。常见的拗救有三种：（“拗”用波浪下划线表示，“救”用横线下划线表示）

1. 孤平拗救

此拗救是就乙种句式而言。

乙种句式：五言第一字“拗”，第三字“救”。

正格：平平仄仄平。拗：仄平仄仄平（孤平）。救：仄平平仄平。

例证：

李白《夜宿山寺》

危楼高百尺，平平平仄仄 手可摘星辰。仄仄仄平平

不敢高声语，仄仄平平仄 恐惊天上人。仄平平仄平

“恐惊天上人”，这句恰在第一个字（头节上字），该用平声的字眼上，用了仄声“恐”字，若不救便成了孤平句（仄平仄仄平）。于是就在本句第三个字（腹节上字），该用仄声的字眼上，用了平“天”字，这就把孤平救过来了。仄平仄仄平——仄平平仄平

七言第三字拗，第五字救。

正格：仄仄平平仄仄平。拗救：仄仄仄平平仄平。

例证：未到晓钟犹是春。拗救：仄仄仄平平仄平（贾岛《三月晦日送春》）。

七言乙种式（仄仄平平仄仄平），如果第三字仄拗了，能不能用第一字的平去救？不能，即使第一字用了平声（平仄仄平仄仄平），还算“孤平”句，必须用第五字的平去救。那为什么？原来救孤平是以五言为准的，五言必须在第三字上救，七言就必须在第五字上救。

2. 特种拗救

此拗救是就丙种句式而言，五言第四字拗，第三字救；七言第六字拗，第五字救。

正格：平平平仄仄。大拗：平平平平仄　四拗不分明。

拗救：平平仄平仄。四拗三救，三四平仄互换。

例证：无为在歧路。平平仄平仄——平平平仄仄（三四平仄互换）（王勃《送杜少府之任蜀川》）。

七言第六字拗，第五字救。

正格：仄仄平平平仄仄。大拗：仄仄平平平平仄　六拗不分明。

拗救：仄仄平平仄平仄。六拗五救，五六平仄互换。

例证：千载琵琶作胡语，仄仄平平仄平仄（杜甫《咏怀古迹》）。

这种五言的第四字该仄而平，第三字该平而仄，七言的第六字该仄而平，第五字该平而仄，在前人诗中屡见不鲜，乃至科举考试的试帖诗，也容许用此种句式。这种特许犯规的句式，用的人多了，公认为合辙的句式，也难称其为“拗”了，故王力《汉语诗律学》中称之为“特拗”。

3. 对句相救

此拗救是乙种句式救甲种句式。

第一种：

五言：甲种句式出句第四字拗，乙种句式对句第三字救。

正格：仄仄平平仄，平平仄仄平。

救格：仄仄平仄仄，平平平仄平。出句第四字拗，对句第三字救。

例证：野火烧不尽，春风吹又生。仄仄平仄仄　平平平仄平。

七言：甲句式出句第六字拗，乙句式对句第五字救。

正格：平平仄仄平平仄，仄仄平平仄仄平。

救格：平平仄仄平仄仄，仄仄平平平仄平。出六拗对五救。

例证：南朝四百八十寺，多少楼台烟雨中。

平平仄仄平仄仄。仄仄平平平仄平。

第二种：

五言：甲句式出句第三字拗，乙句式对句第三字互救。

正格：仄仄平平仄，平平仄仄平。

救格：仄仄仄平仄，平平平仄平。第三字互救。

例证：挥手自兹去，萧萧班马鸣。仄仄仄平仄，平平平仄平。

七言：甲句式出句第五字拗，乙句式对句第五字救。

正格：平平仄仄平平仄，仄仄平平仄仄平。

救格：平平仄仄仄平仄，仄仄平平平仄平。第五字互救。

例证：雨中草色绿堪染，水上桃花红欲然。

平平仄仄仄平仄，仄仄平平平仄平。

五、对仗

格律诗中规定：律诗颔联和颈联必须对仗，首联和尾联可对可不对。绝句的两联也是可对可不对。排律的首联可对可不对，中间各联都必须对仗，最后一联不对，以便结束。具体如下：

杜甫《旅夜书怀》

细草微风岸，危樯独夜舟。星垂平野阔，月涌大江流。

名岂文章著，官应老病休。飘飘何所似？天地一沙鸥。

这是首、颔、颈都对仗。颔联上句的句式是“主谓定宾状”，下句也用相同的句式相对。颈联用的也是相同的句式。

（一）对仗的特点

（1）句法要相同，如上例。

（2）不能用相同的字相对。例如，“人有悲欢离合，月有阴晴圆缺”这种对仗，在词、曲中是允许的，在近体诗中则绝不允许。除非是修辞的需要，否则在近体诗中必须避免出现相同的字。具体如下：

杜甫《月夜忆舍弟》

戍鼓断人行，秋边一雁声。露从今夜白，月是故乡明。

有弟皆分散，无家问死生。寄书长不避，况乃未休兵。

颔联上句的写法是把“白露”一词拆散，下句的写法也相同，是把“明月”一词拆散。

（3）词性要相对，也就是名词对名词，动词对动词，形容词对形容词，虚词对虚词，实词对实词，等等。

（二）对仗的种类

（1）工对：句子结构相同，词性一致，而且词的小类也相同的对仗。具体如下：

两个黄鹂鸣翠柳，一行白鹭上青天。（杜甫《绝句》）

杜甫的《绝句》中“黄鹂”对“白鹭”，“翠柳”对“青天”，不仅是名词对，还包含颜色对。“两个”对“一行”，量词和量词相对，名词和名词相对，“鸣”和“上”是动词对。像这样上下句每个词的小类都是一致的，是标准的工对。其中，名词又细分为以下小类：

天文（日月风云等）、时令（年节朝夕等）、地理（山水江河等）、宫室（楼台门户等）、器物（刀剑杯盘等）、衣饰（衣冠巾带等）。具体如下：

水落鱼龙夜，山空鸟鼠秋。（杜甫《秦州杂诗》）

晓战随金鼓，宵眠抱玉鞍。（李白《塞下曲》）

枫林木脱悲秋瘦，霜菊花开向客圆。（吴继曾《登元辰山》）

（2）宽对：词性相同，但小类不相同的对仗。具体如下：

遥怜小儿女，未解忆长安。（杜甫《月夜》）

感时花溅泪，恨别鸟惊心。（杜甫《春望》）

（3）借对：一个词有两个以上的意义，诗人在诗中用的是甲义，同时又借用乙义或丙义构成工对，便称借对。除了借义，还有一种借对是借音。借对又叫“假对”。

酒债寻常行处有，人生七十古来稀。（杜甫《曲江二首》）“八尺曰寻，倍寻曰常”中“寻常”两字也可当成数目字，与“七十”对得相当工整。

辛苦灌园忘我老，未甘伏枥得春先。（吴毓苏《辛未年春联》）借“甘”之甜对“苦”。

若听清猿后，应多白发生。（马戴《送人游蜀》）借“清”为“青”（颜色：深绿色）。

西山白雪三城戍，南浦清江万里桥。（杜甫《野望》）借“清”为“青”（颜色：深绿色）。

沧海月明珠有泪，蓝田日暖玉生烟。（李商隐《锦瑟》）借“沧”为“苍”（颜色：深蓝色）。

（4）流水对：指一联中相对的两句关系不是对立的，且单句意思不完整，合起来才构成一个意思，似水顺流而下，故称流水对。具体如下：

即从巴峡穿巫峡，便下襄阳向洛阳。（杜甫《闻官军收河南河北》）

行到水穷处，坐看云起时。（王维《终南别业》）

典型的流水对上下句用连词串接，或一句话分两句话来说。具体如下：

欲穷千里目，更上一层楼。（王之涣《登鹳雀楼》）

请看石上藤萝月，已映洲前芦荻花。（杜甫《秋兴》）

很多流水对上下句分别是两个连贯的动作。具体如下：

忽逢青鸟使，邀入赤松家。（孟浩然《清明日宴梅道士房》）

玉玺不缘归日角，锦帆应是到天涯。（李商隐《隋宫》）

（三）对仗的位置

律诗的对仗一般用在颔联和颈联。具体如下：

《高冠谷口招郑鄠》（岑参）

谷口来相访，空斋不见君。涧花然暮雨，潭树暖春云。

门径稀人迹，檐峰下鹿群。衣裳与枕席，山霭碧氛氲。

颔联也可以不对仗。这样全诗就只有颈联对仗了。具体如下：

《早寒有怀》（孟浩然）

木落雁南度，北风江上寒。我家襄水曲，遥隔楚云端。
乡泪客中尽，归帆天际看。迷津欲有问，平海夕漫漫。

首联也有对仗的。具体如下：

《遣意二首》之二（杜甫）

檐影微微落，津流脉脉斜。野船明细火，宿雁聚圆沙。
云掩初弦月，香传小树花。邻人有美酒，稚子夜能赊。

有的尾联也用对仗。具体如下：

《闻官军收河南河北》（杜甫）

剑外忽传收蓟北，初闻涕泪满衣裳。却看妻子愁何在？漫卷诗书喜欲狂！
白日放歌须纵酒，青春作伴好还乡。即从巴峡穿巫峡，便下襄阳向洛阳。

也有全诗四联都对仗的。具体如下：

《登高》（杜甫）

风急天高猿啸哀，渚清沙白鸟飞回。无边落木萧萧下，不尽长江滚滚来。
万里悲秋常作客，百年多病独登台。艰难苦恨繁霜鬓，潦倒新停浊酒杯。

也有全诗四联都不用对仗的。具体如下：

《夜泊牛渚怀古》（李白）

牛渚西江夜，青天无片云。登舟望秋月，空忆谢将军。
余亦能高咏，斯人不可闻。明朝挂帆席，枫叶落纷纷。

排律除了首、尾两联外，都用对仗。

【课后实操训练】

标出下列各诗的正格格律，并说明何处用了对仗。

1.《病起书怀》（陆游）

病骨支离纱帽宽，孤臣万里客江干。位卑未敢忘忧国，事定犹须待阖棺。
天地神灵扶庙社，京华父老望和銮。出师一表通今古，夜半挑灯更细看。

2.《寄杨五桂州谭》（杜甫）

五岭皆炎热，宜人独桂林。梅花万里外，雪片一冬深。
闻此宽相忆，为邦复好音。江边送孙楚，远附白头吟。

3.《送严大夫赴桂州》（白居易）

地压坤方重，官兼宪府雄。桂林无瘴气，柏署有清风。
山水衙门外，旌旗艛艓中。大夫应绝席，诗酒与谁同。

4.《桂林》（李商隐）

城窄山将压，江宽地共浮。东南通绝域，西北有高楼。

神护青枫岸，龙移白石湫。殊乡竟何祷，箫鼓不曾休。

5.《送桂州严大夫》（韩愈）

苍苍森八桂，兹地在湘南。江作青罗带，山如碧玉篸。

户多输翠羽，家自种黄甘。远胜登仙去，飞鸾不假骖。

6.《桂林山水甲天下》（王正功）

桂林山水甲天下，玉碧罗青意可参。士气未饶军气振，文场端似战场酣。

九关虎豹看劲敌，万里鲲鹏伫剧谈。老眼摩挲顿增爽，诸君端是斗之南。

第四节 词律

【学习任务】

通过本节学习，了解词的产生时代，掌握“词调”“词牌”“词谱”等的基本概念，掌握词在用韵、平仄、对仗等方面的特点及其与近体诗的区别。赏析词的音律之美，增强文化自信，培养爱国主义情操。

一、词的产生时代与发展过程

词是一种和音乐有密切联系的文学形式，最初称为曲子词。在词的创始时期，是用来配合乐曲演唱的，先有乐曲，然后根据乐曲的长短节奏，填上词句，所以写词叫“倚声填词”，也就是依照曲谱填写歌词的意思，词就是曲子词的简称。词起源于唐代，盛于宋代。它上承唐诗，下启元曲，是我国诗歌的主要形式之一，也是格律诗的另一种表现形式。词到南宋时期，逐渐与音乐脱离，不再用来歌唱，成为一种独立的具有特殊形式的文学体裁。

二、词的别名

词又称曲、曲子、曲子词、乐府、长短句、诗余。

三、词的分类

（一）根据词的字数分类

小令：58 字以下的词。

中调：59 ～ 90 字的词。

长调：91 字以上的词。

这种根据字数的分法太拘泥、太绝对化了，只要把小令、中调和长调大致分类就可以了。

（二）根据词的分段情况分类

词的一段叫作一片，也叫一阕。以双调为常见。

单调：一段的词（如忆江南）。

双调：由上下两阕的词（如菩萨蛮）。

三叠：有三段的词（如兰陵王）。

四叠：有四段的词（如莺啼序）。

四、词调、词牌和词谱

词调：填词的时候所依据的乐谱。

词牌：各种词调的名称。

词谱：按照词的句式、平仄、用韵等所编写的各种词的具体格式。

词调渐渐失传后，填词的人便按照前人作品中的句式、平仄、用韵等格式去写。这些格式后来被固定下来，称作词谱。依照词谱的规定创作词叫作“填词”。较早的词谱著作有清人万树的《词律》和王奕清等奉旨编纂的《词谱》。其后的词谱著作有清人舒梦兰的《白香词谱》、谢元淮的《碎金词谱》、今人杨文生的《词谱简编》等。

第一，同一词牌可以有不同名称：西江月——步虚词、江月令；念奴娇——大江东去、酹江月、百字令。

第二，同一名称可以指不同的词牌：卖花声——浪淘沙、谢池春。

第三，同一词牌可以有不同的别体：现存词牌 800 多个，但有 2 000 多个体。

五、词律的特点

（一）词韵

诗有诗韵，词韵则没有明确的规定，基本上用的还是诗韵，只是比诗韵更宽泛、更自由一些。词兴之初，大多以口语相押，不严格依照诗韵。到了宋代，词作者也多是根据当时的实际语音来用韵。较早的词韵书相传是根据南宋大晟乐府韵所编的《词林韵释》，或称《菉斐轩词林要韵》。清人编撰的词韵较多，较为通行的是戈载的《词林正韵》。该书合并诗韵而成，平上去三声合为十四部，入声合为五部，共十九部。这种分部基本符合宋词用韵的实际情况，为后来的学者和词作者所认同。词韵分为平声韵、仄声韵（上声和去声合并）、入声韵三类。某些词调规定只能用入声韵的，不能任意改变。《满江红》《贺新郎》《忆秦娥》《念奴娇》《声声慢》等调，虽然可用仄声韵或平声韵，但用入声韵能恰当体现该调的声情。作词应有入声的概念。

（二）平仄与句式

词的平仄与律诗的平仄有同有异。相同的是，词和律诗都要求一句之中平仄相间；不同的是，律诗对句中的平仄有统一的规定，易于掌握，词句中的平仄则根据词调而定，词调不同，平仄也不相同。律诗仄声中的上、去、入可以通押，词的仄声上、去、入三声有时泾渭分明，不能通押。律诗一联之间平仄相对；词上下句的平仄有时候却可以完全相同。在句式方面，律句的字数都是固定的，

词句的字数则不固定，参差不齐，最短的一字成句，最长的有十一字句。

1. 一字句

一字句罕见。只见于十六字令。起句作平，结句有平有仄，都入韵。例如，“山，倒海翻江卷巨澜。奔腾急，万马战犹酣”。（毛泽东《十六字令》）其中，“山”是一字句，用于起句，平声，入韵。

2. 二字句

“平仄”特点多为“上平下仄”式，常用于起句或叠句，一般都入韵。起句如“恋恋，楼中燕。燕子楼空春色晚”。（秦观《调笑令》）“恋、燕、晚”三字押韵。叠句如，“居士，居士。莫忘小桥流水”。（苏轼《如梦令》）“十、士、水”三字押韵。

3. 三字句

三字句一般是用五言律句或七言律句的三字尾，即“平平仄”“仄平平”“仄平仄”“平仄仄”。例如，“左牵黄，右擎苍”（苏轼《江城子》），此二句都是“仄平平”式；“风雷动，旌旗奋，是人寰。”（毛泽东《水调歌头》），此三句分别是“仄平仄”“平仄仄”“仄平平”式。

4. 四字句

一般是用七言律句的上四字，平仄格式为“平平仄仄”“仄仄平平”。例如，“平平仄仄”式，如“兰亭古墨”；“仄仄平平”式，如“翠被难留”；“平平平仄”式，如“秦峰苍翠”；“平仄平平”式，如“西子同游”（秦观《望海潮》）。还有一种“仄平平仄”（第三字必平）的格式，可以说这是一种特殊的四字律句。例如，“一分流水”（苏轼《水龙吟》）。四字句的节奏单位一般分为两个，一般是“上二下二”式（前两个字作为一个节奏单位，后两个字作为一个节奏单位），也有“上一下三”式的，如“对长亭晚”（柳永《雨霖铃》）。也有“上三下一”式的，如“江上舟摇，楼上帘招”（蒋捷《一剪梅》）。

5. 五字句

五字句的平仄格式同于五言律句，“仄仄平平仄”式，如“但愿人长久”；“仄仄仄

平平”式，如“何似在人间”（苏轼《水调歌头》）；“平平平仄仄”式，如“青春元不老”（辛弃疾《感皇恩》）。五字句的节奏单位一般是“上二下三”式。也有“上一下四”，如“望长城内外”（毛泽东《沁园春》）和“上三下二”式，如“问辽东消息”（朱敦儒《好事近》）。

6. 六字句

四字句的变形，在平起的四字句前加“仄仄”或在仄起的四字句前加“平平”即构成六字句。前者如“又恐琼楼玉宇”（苏轼《水调歌头》）等，后者如“当时共客长安”（苏轼《沁园春》）等。六字句中还有一种比较特殊的平仄格式，即“仄仄仄平平仄”（第五字必平），如“一笑人间万事”（辛弃疾《贺新郎》）。六字句的节奏单位一般是“上二下四”式，如“一笑人间万事”，也有“上四下二”式的，后者如“气吞万里如虎”（辛弃疾《永遇乐》）。此外，也有“上三下三”，如“知我者，二三子”（辛弃疾《贺新郎》）；“二二二”式，如“青蓑黄箬裳衣，红酒白鱼暮归”（苏轼《调笑令》）。

7. 七字句

基本上是七言律句的平仄格式。“平平仄仄平平仄”式，如“长空雁叫霜晨月”（毛泽东《忆秦娥》）；“仄仄平平仄仄平”式，如“已是悬崖百丈冰”（毛泽东《卜算子》）；“仄仄平平平仄仄”式，如“料得年年肠断处”（苏轼《江城子》）；“平平仄仄仄平平”式，如“当年戏马会东徐”（苏轼《西江月》）；“平平平仄仄平平”式，如“郡亭枕上看潮头”（白居易《忆江南》）。七字句的节奏单位一般是“上四下三”式，如“二十万军重入赣，风烟滚滚来天半。唤起工农千百万”（毛泽东《渔家傲》）三句都属于这种情况。也有些属于“上三下四”式，如“想当年，金戈铁马”（辛弃疾《永遇乐》）。

8. 八字句

八字句以上的句式，都可以看作上述句式复合而成的，如八字句一般是上三下五，九字句可分上三下六，或上五下四，其三字、四字、五字、六字的平仄一般不超出上面所说的范围，这里不再一一列举了。

9. “一字豆”

“一字豆”和一字句不同，它不是独立的句子，其作用是领起一句或几句，这是词所特有的，具体如下：

寒蝉凄切，对长亭晚。（柳永《雨霖黔》，领单句）

有华灯碍月，飞盖妨花。（秦观《望海潮》，领两句）

望长城内外，惟余莽莽；大河上下，顿失滔滔。（毛泽东《沁园春·雪》，领排句）

充当一字豆的词可以是动词，如“对、望、看、念、叹、算、料、想、怅、恨、怕、问”等。有的是虚词，起转折、过渡、串合、联结、引领下文等作用，如“但、正、又、渐、更、甚、乍、尚、况、且、方、纵”等。这些字大多是去声，这是一字豆的特点。

（三）押韵

词是必须押韵的。唐人填词用当时的诗韵。五代至宋，间或杂以方音，韵部比诗韵宽。当时并无特定专供填词用的韵书。清代沈谦的《词韵略》、戈载编的《词林正韵》，都是归纳宋词参酌审定的书，反映了宋词用韵的一般情况。

填词用韵，大体有以下规则。

1. 一韵到底，中途不得换韵

或者是平声韵，平韵词牌如“捣练子”“浪淘沙”“江城子”“长相思”“浣溪沙”等，或者是仄声韵，仄韵词牌如“卜算子”“醉花阴”“齐天乐”“念奴娇”等。这类词牌，韵的平仄界限非常清楚：某调规定用平韵，就不能用仄韵，某调规定用仄韵，就不能用平韵。除非“又一体”（正格之外的变体）。

2. 中途换韵，平仄互押

例如，“菩萨蛮”上片起句用仄声韵，两句一韵。第三、四句换平声韵，两句一韵。过片处换两仄声韵，结尾再换韵，押两平声韵。

楼夫《菩萨蛮·丝丝杨柳莺声近》

丝丝杨柳莺声近。晚风吹过秋千影。寒色一帘轻。灯残梦不成。

平平平仄平平仄。仄平平仄平平仄。平仄仄平平。平平仄仄平。

耳边消息在。（换叶）笑指花梢待。又是不归来。满庭花自开。

仄平平仄仄。（换叶）仄仄平平仄。仄仄仄平平。仄平平仄平。

3. 一韵到底，平仄互押

即同部的平与上去互押。“互押”的位置是固定的。即一首词押同一韵，但平声仄声交错。具体如下：

苏轼《西江月·世事一场大梦》

世事一场大梦，人生几度秋凉？夜来风叶已鸣廊。看取眉头鬓上。

酒贱常愁客少，月明多被云妨。中秋谁与共孤光。把盏凄然北望。

上片用“凉”字起韵，平声“廊”字、去声“上”字互押。下片同。

总之，词的用韵比近体诗复杂得多。

（四）词的对仗

由于词的种类繁多，句式互不相同，因此其对仗不可能有统一的规定。对同一词牌来说，对仗的位置、平仄、词性及用字也都不那么严格。词的对仗和律诗相比更为自由，主要表现在以下三个方面：

1. 词的对仗比较自由

律诗的对仗有固定的位置，词的对仗则一般没有固定的位置，用不用对仗比较自由。词是长短句，只要字数相同而又相连的两句，就有可能用对仗，如“乱石穿空，惊涛拍岸”（苏轼《念奴娇》），“茫茫九派流中国，沉沉一线穿南北”（毛泽东《菩萨蛮》）。一首词的上下两阕句式相同，在上下阕相同的位置上，可以都用对仗，也可以上阕用，下阕不用。例如，范仲淹的《苏幕遮》上阕起句是“碧云天，黄叶地”，下阕起句是“黯乡魂，追旅思”，上下阕都用对仗；而周邦彦的《苏幕遮》上阕起句“燎沉香，消溽暑”是用对仗的，下阕起句“故乡遥，何日去”就没有用对仗。这说明词的对仗并没有固定的要求。

虽然如此，但出于修辞的需要和词人的模仿，词的对仗是有一定习惯的。一般来说，上下阕开头两句，如果字数相同，大多用对仗，有些词牌除首句外，在一定位置上也常用对仗，如“满江红”上阕的五、六两句，下阕的七、八两句就以对仗为常见；一字豆领起的几句一般也使用对仗。

2. 词的对仗可以是律诗式的，也可以是非律诗式的

律诗的对仗是平仄相对，即平对仄，仄对平。词的对仗有两种：一是律诗式的对仗，即平仄相对；二是非律诗式的对仗，即平仄不完全相对，甚至平仄相同。例如，辛弃疾《满江红》“乳燕引雏飞力弱，流莺唤友娇声怯”中的第五字“飞”和“娇”是平对平，第三字“引”和“唤”和第七字“弱”和“怯”是仄对仄，但其余平仄仍然相对。毛泽东《浣溪沙》“长夜难明赤县天，百年魔怪舞翩跹”则是律诗式的对仗。有些词牌如“浣溪沙”“西江月”“满江红”在一定的位置上也以用对仗为常。

3. 词的对仗不避同字对

律诗的对仗要避免同字相对，词的对仗则可以同字相对。例如，苏轼《水调歌头》“人有悲欢离合，月有阴晴圆缺”，白居易《忆江南》“日出江花红胜火，春来江水绿如蓝”，苏轼《水龙吟》“春色三分，二分尘土，一分流水”。

由一字豆领起的几句，往往也可以用对仗，领字所领的句子如在两句以上时，往往构成对仗，若在三句以上，就是排比式的对仗或扇面对。

所谓扇面对，又叫“隔句对”指隔句相对。具体如下：

（看）万山红遍，层林尽染；漫江碧透，百舸争流。（毛泽东《沁园春》）

（惜）秦皇汉武，略输文采；唐宗宋祖，稍逊风骚。（毛泽东《沁园春》）

去掉领字，两例各四句，对仗的特点分别是一、三句相对，二、四句相对，构成扇面对。“看”和“惜”是一字豆，后面各领四句。从对仗上说，是一对三，二对四，这就叫“扇面对”。

第八章　文选·四

第一节　张衡传（节选）

【文化常识】

本篇节选自《后汉书·张衡传》（中华书局 1965 年版）。

范晔，字蔚宗，南朝宋代顺阳山阴（今浙江绍兴）人。他在南朝刘宋时期，曾任尚书史部郎、宣城太守、太子左卫将军等职。官至左卫将军、太子詹事。宋文帝元嘉九年，范晔因为“左迁宣城太守，不得志，乃删众家《后汉书》为一家之作”，开始撰写《后汉书》，至元嘉二十二年以谋反罪被杀止，写成了 10 纪，80 列传。《后汉书》包括 10 纪、10 志、80 列传，共 100 篇。此书对考核史事有参考价值，文字亦朴素精练。注释《后汉书》的著作很多，其中以惠栋的《补注》为最好。王先谦的《集解》一书，也颇受人们重视。

张衡，字平子，南阳西鄂（今河南南阳市石桥镇）人。中国东汉时期伟大的天文学家、数学家、发明家、文学家。他为我国古代科技与文化事业的发展，做出了巨大的贡献，他发明了世界上首个观察星象的天文仪器“浑天仪”，写下了《灵宪》《浑仪图注》等著作，提出了“月光生于日之所照”的科学论断，说明月光是日光的反照。发明了世界上第一台用来测试地震方位的仪器——地动仪，这比西方国家早 1 700 多年。本篇通过记叙张衡在文学、科学、政治各方面的贡献，介绍了张衡的品格和卓越的才能，重点突出了他一生中辉煌的科学成就，赞扬了他刻苦求学、科学务实的精神。

【学习任务】

理解课文内容，积累文中常见文言知识（实词、虚词、古今异义词、词类活用、特殊句式等），提高文言文阅读能力；学习张衡刻苦钻研的探索精神；了解“地动仪”，批判历史虚无主义，坚定“文化自信”。

张衡字平子，南阳西鄂人也。①衡少善属文②，游于三辅，因入京师，观太学③，遂通五经，贯六艺[4]。虽才高于世，而无骄尚之情。[5]常从容淡静[6]，不好交接俗人。永元中，举孝廉不行，连辟公府不就。[7]时天下承平日久，自王侯以下，莫不逾侈。[8]衡乃拟班固《两都》作《二京赋》，因以讽谏。[9]精思傅会，十年乃成。[10]大将军邓骘奇其才，累召不应。[11]

①南阳西鄂：南阳郡的西鄂县，在今河南南阳。②属（zhǔ）文：写文章。属：连缀。③游于三辅：在三辅一带游学。游：游历、游学。三辅：京兆、左冯翊、右扶风，所辖皆京畿之地，故合称“三辅”（辖境相当今陕西中部地区）。观：游。京师：东汉首都洛阳（今河南省洛阳市）。太学：古代设在京城的全国最高学府。④遂：于是。通：通晓，全面透彻地理解。五经：《诗》《书》《礼》《易》《春秋》五部经书。六艺：指礼、乐、射、御、书、数六种学问和技艺。⑤虽才高于世，而无骄尚之情：虽……而……，相当于“虽然……但是……”。文言文里，前边分句用“虽”，后边分句有时候用“而”“然”“犹”等词同它呼应。高于世：比世上的人高明。于：比。骄尚：骄傲自大。尚：矜夸自大。⑥从容：言语举止适度得体。淡静：恬淡宁静，不追慕名利。⑦举孝廉不行，连辟（bì）公府不就：推荐为孝廉，没有去应荐；屡次被公府征召，（他）也不去就任。永元：东汉和帝刘肇的年号。举：推荐。连：屡次。辟：召。公府：三公的官署。东汉以太尉、司徒、司空为三公。孝廉：汉武帝时设立的察举制考试，以任用官员的一种科目，孝廉是“孝顺亲长、廉能正直”的意思。不行：不去应荐。不就：不去就职。以上几句的主语“衡”，承前省略。⑧时天下承平日久，自王侯以下，莫不逾侈：当时社会长期太平无事，从王侯直到下面的一般官吏，没有谁不过度奢侈的。时：当时。承平：太平，指国家太平安定。日久：时间长。莫：无指代词，表示“没有谁”的意思。逾侈：过度奢侈。⑨乃：于是、就。拟：模仿。《两都》：指《两都赋》，分《西都赋》《东都赋》。《二京赋》：指《西京赋》《东京赋》。因：介词，通过。后省宾语“之”。讽谏：用委婉的语言进行规劝而不直言其事。⑩精思傅会：精心创作的意思。乃：才。⑪邓骘：东汉和帝邓皇后的哥哥，立安帝，以大将军的身份辅佐安帝管理政事。奇其才：认为他的才能出众。奇：认为……奇：形容词的意动用法。奇：奇特、少有的。累召：多次召请。应：接受。

衡善机巧，尤致思于天文、阴阳、历算。[1]安帝雅闻衡善术学，公车特征拜郎中，再迁为太史令。[2]遂乃研核阴阳[3]，妙尽璇玑之正[4]，作浑天仪[5]，著《灵宪》《算罔论》[6]，言甚详明。

①善机巧，尤致思于天文、阴阳、历算：擅长机械方面制造的技巧，尤其是在天文、气象、历法推算方面花心思。机巧：设计制造机械的技艺。巧：技巧、技艺。致思：花心思。致：极、尽。阴阳：指日月运行规律。历算：推算年、月、日和节气。于：在……方面。②雅闻：常听说。雅：副词，素来、常。术学：关于术数方面的学问，指天文、历算等。公车：汉代官署名称，设公车令。征拜：对有特殊才德的人指名征召，与平常的乡举里选相区别。拜：任命、授给官职。郎中：官名。再：两次。迁：调动官职。太史令：东汉时掌管天文、历数的官（西汉以前太史令掌管天象历法兼有修史之责）。③遂乃：于是就。研核：研究考验。阴阳：这里指天象、历算。④妙尽璇玑之正：精妙地研究透了测天仪器的原理。妙尽：精妙地研究透了。璇玑：玉饰的测天仪器。

正：道理。⑤浑天仪：一种表示天象的仪器，类似现在的天球仪。⑥《灵宪》：历法书。《算罔》：算术书。

阳嘉元年，复造候风地动仪。[①]以精铜铸成，员径八尺，合盖隆起，形似酒尊，饰以篆文山龟鸟兽之形。[②]中有都柱，傍行八道，施关发机。[③]外有八龙，首衔铜丸，下有蟾蜍，张口承之。[④]其牙机巧制，皆隐在尊中，覆盖周密无际。[⑤]如有地动，尊则振龙，机发吐丸，而蟾蜍衔之。[⑥]振声激扬，伺者因此觉知。[⑦]虽一龙发机，而七首不动[⑧]，寻其方面，乃知震之所在。验之以事，合契若神。[⑨]自书典所记，未之有也。[⑩]尝一龙机发而地不觉动，京师学者咸怪其无征。[⑪]后数日驿至，果地震陇西[⑫]，于是皆服其妙。自此以后，乃令史官记地动所从方起。[⑬]

①阳嘉元年：汉顺帝年号。候风地动仪：测验地震方位的仪器，已失传。在东汉末年至范晔成书之前的320余年间，有《续汉书》《后汉纪》《后汉书·顺帝纪》和《鼎录》4部史书对地动仪的描述更详尽，有254个字。②“以精铜铸成”五句：用纯铜铸造的，圆直径有八尺，上下两部分相合盖住，中间凸起，样子像个大酒樽，外面用篆体文字和山龟鸟兽的图案装饰。以：用，介词。员径：圆的直径。员：通“圆”。隆：高。尊：同“樽”。饰：装饰。“饰”后省宾语“之”，“之”代候风地动仪。③“中有都柱”三句：内部中央有根粗大的铜柱，铜柱的周围伸出八条滑道，设置关键（用来）拨动机件。都柱：大铜柱。都：大。“傍”：同“旁”，旁边。八道：八条滑道，分别代表东、南、西、北、东南、西南、西北、东北八个方向。④龙：指龙形的机件。首：头。下：指龙首下面。⑤牙机巧制：互相咬合制作精巧的部件。尊中：酒樽形的仪器里面。覆盖周密无际：指仪器盖子与樽形仪器相接处没有缝隙。⑥地动：地震。则：就。振：振动。机发：机件拨动。⑺激扬：这里指声音响亮。伺者：守候观察候风地动仪的人。⑧发机：拨动了机件。七首：指其余七龙之首。⑨验之以事，合契若神：用实际发生的地震来检验仪器，彼此相符，真是灵验如神。验：检验、验证。合契：相符。⑩自书典所记，未之有也：从有典籍记载以来，从来没有过这件事。未之有也，宾语前置，即“未有之也”。⑪尝：曾经。而：可是。咸：都，副词。怪：感到奇怪。无征：没有应验。⑫驿：驿站，这里指驿站上传送文书的人。陇西：汉朝郡名，在今甘肃省兰州市、临洮、陇西一带。⑬所从方起：从哪个方位发生。

时政事渐损，权移于下，衡因上疏陈事。[①]后迁侍中，帝引在帷幄，讽议左右。[②]尝问天下所疾恶者。[③]宦官惧其毁己，皆共目之，衡乃诡对而出。[④]阉竖恐终为其患，遂共谗之。[⑤]衡常思图身之事，以为吉凶倚伏，幽微难明。[⑥]乃作《思玄赋》以宣寄情志。[⑦]

①时：当时。损：腐败。因：于是。②迁：升迁。引：让进、任用。帷幄：指皇宫。天子居处必设帷幄，故称。讽议：讽谏议论、婉转地发表议论。左右：身边。③尝：曾经。疾：憎恨。恶：指坏人坏事。④目之：给他递眼色。目：名词活用为动词。诡对：不用实话对答。⑤阉竖：对宦官的蔑称。谗：毁谤。图身之事：图谋自身安全的事。⑥吉凶倚伏：祸福相因。出自《老子》：祸兮福所倚，福兮祸所伏。幽微难明：幽深微妙，难以看清。⑦乃：于是、就。宣寄情志：表达和寄托自己的情意。

永和初，出为河间相。①时国王骄奢，不遵典宪②；又多豪右，共为不轨③。衡下车，治威严，整法度④，阴知奸党名姓，一时收禽⑤，上下肃然，称为政理⑥。视事三年，上书乞骸骨，征拜尚书。⑦年六十二，永和四年卒。

①永和：东汉顺帝的年号。出为河间相：出京城去当河间王刘政的相国。②时国王骄奢，不遵典宪：当时河间王骄横奢侈，不遵守法令制度。时：当时。国王：河间王刘政。典宪：制度法令。③豪右：豪族大户，指权势盛大的家族。不轨：指行动越出常规的事，即违反法纪的事。④下车：官员初到任。治威严：树立威信。治：整治。整法度：整顿法纪制度。⑤阴知奸党名姓，一时收禽：暗中察知奸党分子的姓名，一下子全都逮捕拘押。阴知：暗中察知。⑥上下肃然，称为政理：官民上下都很敬畏恭顺，赞颂河间地区政治清明。肃然：这里是敬畏恭顺不敢为非作歹的意思。政理：政治清明。⑦视事：这里指官员到职工作。乞骸骨：古代官吏因年老请求退职的一种说法。征拜：征召任命。尚书：官名，不同朝代的尚书职权不一样，东汉时是在宫廷中协助皇帝处理政务的官。

【课后实操训练】

翻译下面短文。

张衡性精微，有巧艺。作地动仪，以精铜铸其器，圆径八尺，形似倾樽；其盖穹窿，饰以篆文；外有八龙，首衔铜丸，下有蟾蜍承之。其牙发机，皆隐在樽中，周密无际，如一体焉。地动机发，龙即吐丸，蟾蜍张口受丸，声乃振扬。司者觉知，即省龙机，其余七首不发，则知地震所从起来也。合契若神，观之莫不服其奇丽。自古所来，未尝有也。(司马彪《续汉书》)

第二节　华佗传（节选）

【文化常识】

本篇节选自《三国志·魏书·方伎传》(中华书局1982年版)。

陈寿，字承祚，巴西安汉（今四川南充）人。西晋史学家。陈寿因此被授职为御史治书。撰写魏、蜀、吴《三国志》，共65篇。

《三国志》为记载魏、蜀、吴三国鼎立时期的纪传体国别史，记载了从魏文帝黄初元年到晋武帝太康元年60年的历史。该书取材严谨，文笔质朴。与《史记》《汉书》《后汉书》并称“前四史”。作者取材精审，对史实认真考订，这虽使《三国志》拥有文辞简约的特点，但也造成关键人物史料记载不足的缺点。南朝刘宋裴松之援引大量资料为之作注，弥补了原著史料的不足。

在医学史，华佗主要以创制“麻沸散”、能行开腹手术而被尊称为杰出的外科医学家。然而作为东汉末年至三国时期的一位杰出医学家，其医学成就实际上是多方面的。本篇记述了华佗的医学成就及其不幸遭遇。

【学习任务】

了解关于《三国志》的基本文学常识；积累文中出现的重要文言实词、虚词、通假字、古今字、词类活用、文言句式等，提高文言文阅读能力；学习华佗孜孜不倦的追求、探索精神，提高学习自觉性、主动性；深刻认识中国古代的医学是在实践中不断积累、丰富与发展起来的，正是那些伟大的医者勇于探索，中华古代医学才得以源远流长、博大精深，从而坚定“文化自信”。

华佗，字元化，沛国谯人也，一名旉。①游学徐土，兼通数经。②沛相陈珪举孝廉，太尉黄琬辟，皆不就。③晓养性之术，时人以为年且百岁，而貌有壮容。④又精方药⑤，其疗疾，合汤不过数种，心解分剂⑥，不复称量⑦，煮熟便饮，语其节度⑧，舍去，辄愈。若当灸⑨，不过一两处，每处不过七八壮，病亦应除⑩。若当针⑪，亦不过一两处，下针言：“当引某许⑫，若至，语吾。”病者言“已到”，应便拔针，病亦行差。⑬若病结积在内，当须刳割者⑭，便饮其麻沸散⑮，须臾便如醉死，无所知，因破取。病若在肠中，便断肠湔洗⑯，缝腹膏摩⑰，四五日，差，不痛，一月之间，即平复矣⑱。

①沛国：汉代分封的一个王国。在今安徽、江苏、河南三省交界地区，以宿县为中心。谯：今安徽省亳（bó）县。曹操也是谯县人。②游学徐土，兼通数经：在徐州一带游访名师求学，同时通晓几种经书。游学：游访名师以求学。徐土：指东汉时徐州，下辖郡、国五，分别是东海、下邳郡及琅琊、彭城、广陵国，县六十二。辖境相当于今江苏长江以北及山东南部地区。治所郯（tán）。今山东郯城县。经：指儒家经典著作。③沛相陈珪举孝廉，太尉黄琬辟，皆不就：沛国相陈圭推荐他为孝廉，太尉黄琬征召他，他都不去就任。沛：东汉时的藩王国之一，治所相县，今安徽淮北市相山区，领21县。黄琬（wǎn）：字子琰。东汉中后期名臣，尚书令黄香曾孙、太尉黄琼之孙。董卓掌权，征为司徒，迁太尉，进封阳泉乡侯。与司徒王允等共同谋划诛杀董卓。李傕、郭汜攻入长安，收黄琬下狱，不久即遇害，时年五十二岁。辟：征召。就：就任、任职。④术：方法。养性：养生。且：将近。⑤方药：医方药物。⑥分剂：谓合成汤剂药物的分量及其配伍比例。⑦称：指称重量。量：指量体积。⑧语其节度：告诉病人服药的注意事项。语（yù）：告诉。节度：服药的方法和注意事项。⑨灸：艾灸。中医的一种治疗方法，用燃烧的艾绒熏烧穴位。⑩壮：量词。艾灸一灼为一壮。应除：随即痊愈。⑪针：扎针、针刺。用如动词。⑫当引某许：谓针感（循经络）延伸到某处。许：处所。此指部位。⑬行差：很快痊愈。差，同“瘥”，病愈。下文“差”均是此义。⑭刳：剖开。⑮麻沸散：华佗发明的一种中药麻醉剂，后失传。散：药末。⑯断：切断。湔：洗。⑰膏：名词作状语，用药膏。⑱平复：伤口愈合复原。

故甘陵相夫人有娠六月①，腹痛不安，佗视脉，曰：“胎已死矣。”使人手摸知所在，在左则男，在右则女。人云“在左”，于是为汤下之②，果下男形，即愈。

①故：从前。甘陵：东汉建和二年改清河国置，治所在甘陵县（今山东临清市东北）。辖境相当今河北清河及枣强、南宫各一部分，东临清、夏津、武城及高唐、平原各一部分地。三国魏改为清河郡。②下：使动用法，“使……下”。

府吏儿寻、李延共止[①]，俱头痛身热，所苦正同[②]。佗曰：“寻当下之，延当发汗。”[③]或难其异[④]，佗曰：“寻外实，延内实，故治之宜殊。”[⑤]即各与药，明旦并起。[⑥]

①府吏儿寻、李延共止：郡府中的官吏倪寻、李延一同来就诊。（按：依照全文的本意，共止，当作“一同来就诊”解，才能和下句有因果联系，通过这一细节描写，体现出华佗同病异药的高超医术）止：停留，可引申拜访。儿：“倪”的古姓。②正同：正好相同。③寻当下之，延当发汗：倪寻应当让他下泻，李延应当发汗解表。下：使动用法，“使……下泻”。中医治病的四种方法（汗、吐、下、补）之一，即泄。④或难其异：有人质问他治法为什么不同。难：质问。⑤寻外实，延内实，故治之宜殊：倪寻是外实症，李延是内实症，所以治疗他们的方法应当不同。实：中医分析病症的八种基本类别之一，通常指发病时高热、无汗、大便不通、胸腹胀满等症状。⑥即各与药，明旦并起：马上分别给两人服药，次日早晨他俩的病全都好了。旦：早晨。起：起床，引申为病愈。

故督邮顿子献得病已差，诣佗视脉[①]，曰：“尚虚，未得复，勿为劳事，御内即死[②]。临死，当吐舌数寸。”其妻闻其病除，从百余里来省之[③]，止宿交接[④]，中间三日发病[⑤]，一如佗言。

①故督邮顿子献得病已差，诣佗视脉：原督邮顿子献得病已经好了，他到华佗那里请他诊视脉象。督邮：古代官职名，郡守属吏，代表太守督察县乡，宣达政令兼司法等。诣：到……去；前往。视脉：诊视脉象。②御内：谓与妻子交合。③其妻闻其病除，从百余里来省之：他的妻子听说他的病已经好了，从一百多里外赶来探望他。除：痊愈。省：探望。④止宿交接：住下来住宿就行房事。⑤间：间隔。

彭城夫人夜之厕[①]，虿螫其手[②]，呻呼无赖[③]。佗令温汤近热，渍手其中，卒可得寐，但旁人数为易汤，汤令煖之[④]，其旦即愈。

①之：到。②螫（shì）：刺。③无赖：不可忍耐。④煖：“暖”的异体字。

佗行道，见一人病咽塞[①]，嗜食而不得下，家人车载欲往就医。佗闻其呻吟，驻车往视，语之曰：“向来道边有卖饼家，蒜齑大酢[②]，从取三升饮之，病自当去。”即如佗言，立吐虵一枚[③]，县车边[④]，欲造佗[⑤]。佗尚未还，小儿戏门前，逆见[⑥]，自相谓曰：“似逢我公，车边病是也。”疾者前入坐，见佗北壁县此虵辈约以十数。[⑦]

①病：患……病。②蒜齏：蒜泥。齏（jī）：切碎的姜、葱、蒜等。酢（cù）：“醋”的异体字。③虵：“蛇”的异体字。这里指一种外形像蛇的肠道寄生虫。④县：同“悬”。下文“人命所县”同。

⑤造：前往、到……去。⑥逆见：迎面看到。逆：迎。⑦此蛇辈约以十数：意为这类寄生虫标本大约有数十条。以十数：用十来计算。辈：类。

太祖闻而召佗[1]，佗常在左右。太祖苦头风[2]，每发，心乱目眩。佗针鬲[3]，随手而差。

①太祖：曹操的庙号。曹丕称帝后，追尊曹操为武皇帝（谥号），其孙子曹叡又定曹操的庙号为太祖。②头风：类似神经性头痛。③针：针刺。用如动词。鬲：同膈。膈俞穴。

然本作士人，以医见业，意常自悔。[1]后太祖亲理，得病笃重[2]，使佗专视。佗曰："此近难济，恒事攻治，可延岁月。"[3]佗久远家思归[4]，因曰："当得家书，方欲暂还耳。"[5]到家，辞以妻病，数乞期不反。[6]太祖累书呼，又敕郡县发遣。[7]佗恃能厌食事，犹不上道。[8]太祖大怒，使人往检。若妻信病，赐小豆四十斛[9]，宽假限日；若其虚诈，便收送之。[10]于是传付许狱，考验首服。[11]荀彧请曰："佗术实工，人命所县，宜含宥之。"[12]太祖曰："不忧，天下当无此鼠辈耶？"遂考竟佗。[13]佗临死，出一卷书与狱吏，曰："此可以活人。"吏畏法不受，佗亦不彊，索火烧之。佗死后，太祖头风未除。太祖曰："佗能愈此。小人养吾病[14]，欲以自重，然吾不杀此子，亦终当不为我断此根原耳。"[15]及后爱子仓舒病困[16]，太祖叹曰："吾悔杀华佗，令此儿彊死也。"[17]

①然本作士人，以医见业，意常自悔：然而他本是读书人，凭借医术养活自己，心中常常自悔。士人：读书人。见业："见"当读"现"，是"现"的古字，即凭借医术显露其业。②太祖亲理，得病笃重：后来曹操亲自处理国事，患病十分严重。③此近难济，恒事攻治，可延岁月：这病近于难以治好，不断地进行治疗，可以延长一些寿命。近：大概、近乎。济：救助、拯救。此指治愈。恒事攻治：经常进行治疗。恒：经常、常常。④远家：远离家乡。远：远离。形容词用作动词。⑤当：刚刚、方才。方：正。暂：短时、短期。⑥辞以妻病，数乞期不反：辞以妻病，状语后置。现代顺序一般为"以妻病辞"。辞：推辞、推托。数：多次、屡次。乞期：请求延长假期。反：同"返"。⑦太祖累书呼，又敕郡县发遣：曹操多次写信叫他回去，又命令郡县官吏催发遣送华佗回许都。累：多次、屡次。书：发信、写信。"书"古代作为"书信"，此处名词作状语，发书信。敕：皇帝命令。此作动词。发遣：征发遣返、使离去。⑧佗恃能厌食事，犹不上道：华佗自恃有才能，厌恶吃侍候人的饭，还是不上路。恃能：倚仗才能。厌食事：厌恶吃侍候人的饭。不愿意为曹操一个人服务。⑨信：的确、确实。斛：宋以前十斗为一斛（宋以后五斗一斛）。⑩收：拘捕、逮捕。送：押送。⑪传付：用传车递解交付。传：传车，名词作状语，用传车，表工具。考验：审讯拷打（偏义副词，偏在"考"）。首服：同"首伏"。犹言坦白服罪。⑫荀彧：字文若。曹操的谋士。工：高明。县：同"悬"，维系。含宥：同义复词，宽容、饶恕。⑬考竟：拷问至死，指在狱中处死。⑭养：拖延。⑮原，同"源"。⑯及后：到后来。仓舒：指曹冲。病困：病危。⑰彊死：谓死于非命。指活活死去。彊："强"的异体字。

广陵吴普、彭城樊阿皆从佗学。普依准佗治，多所全济。[1]佗语普曰："人体欲得劳动[②]，但不当使极尔[③]。动摇则谷气得消[④]，血脉流通，病不得生，譬犹户枢不朽是也[⑤]。是以古之仙者为导引之事[⑥]，熊颈鸱顾[⑦]，引輓腰体，动诸关节[⑧]，以求难老。吾有一术，名五禽之戏：一曰虎，二曰鹿，三曰熊，四曰猨，五曰鸟。亦以除疾，并利蹄足，以当导引。[⑨]体中不快，起作一禽之戏，沾濡汗出[⑩]，因上着粉[⑪]，身体轻便，腹中欲食。”

①多所全济：治好的病人多。全：保全。济：救济、救治。指医治好。②人体欲得劳动：人体要得到活动。劳动：运动。③但不当使极尔：只是不应当使它疲劳罢了。但……尔：只是……罢了。④动摇：活动、运动。谷气：中医术语，食物之气。古人谓进食后积聚于人体者。⑤“譬犹”句：譬如门户的转轴不会朽烂就是这个道理。譬犹：譬如。户枢：门轴。户：单扇的门。是也：就是这样。⑥仙者：仙人，长寿的人。古代神与仙有别，神是天生的；仙是凡人甚至动物修炼而成，如八仙。此处的仙指修炼后长寿的人。为：做。导引：古代的一种体育运动，“导”是呼吸吐纳；“引”是运动关节。⑦熊颈鸱顾：像熊一样攀缘直立，像鸱鸟一样左右回顾。熊：像熊一样。鸱：像鸱一样。都是名词作状语，表示比喻。颈：当为“经”，悬挂、攀挂。鸱：猫头鹰类的鸟。顾：回头看。⑧引輓：牵引、伸展。輓：“挽”的异体字，牵引，此谓伸展。诸：众；各。⑨五禽之戏：华佗模仿五种动物的姿态而创造的健身操。禽：鸟兽总称。现代汉语只指禽类，不含兽类。猨：“猿”的异体字。利：形容词的使动用法，使双足灵活自如。蹄：原用于兽足，此指人足。⑩沾濡：湿润的样子。形容汗出浸湿衣服。⑪因：接着。上：体表。着粉：扑粉、敷粉，可以吸汗爽身。

普施行之，年九十余，耳目聪明，齿牙完坚。[①]阿善针术。凡医咸言背及胸藏之间不可妄针[②]，针之不过四分，而阿针背入一二寸[③]，巨阙胸藏针下五六寸[④]，而病辄皆瘳。[⑤]阿从佗求可服食益于人者[⑥]，佗授以漆叶青黏散。漆叶屑一升，青黏屑十四两，以是为率。[⑦]言久服去三虫[⑧]，利五藏，轻体[⑨]，使人头不白。阿从其言，寿百余岁。漆叶处所而有，青黏生于丰、沛、彭城及朝歌云。[⑩]

①耳目聪明：耳聪目明。聪：较早的意义是耳朵听力好，因为字从耳旁。明：引申指眼睛明亮，视力好。齿牙完坚：齿完牙坚。齿：门齿。牙：大牙。齿与牙在古代分别说来，是有区别的。当唇者为齿，相当于切牙、尖牙。当腮部为牙，相当于磨牙。齿易落，故用“完”，“完”是完整之义；牙如果不摇动，坚固耐磨，可称坚。坚：牢固也。②凡：凡是、所有的。妄：胡乱。针：名词活用作动词，扎针。下同。③不过：不能超过。汉代的一寸约等于现代的2.31厘米，三国时的一寸约等于现代的2.42厘米。④巨阙：穴位名。下：指进针。⑤辄：总是、往往、就。瘳：病愈。⑥服食：又名服饵，指服食药物以养生。⑦率：比率。⑧三虫：指蛔虫、赤虫、蛲虫等多种寄生虫。⑨利五脏：有利五脏。轻体：使身体轻便。形容词的使动用法，使……轻。⑩丰：汉代县名。今江苏丰县。沛：汉代县名。今江苏沛县。汉高祖刘邦的祖籍在沛县丰邑（乡），汉初时，丰邑升格为县。朝歌：汉代县名。今河南淇县。

【课后实操训练】

阅读短文，翻译画线的句子。

史称华佗以恃能厌事，为曹公所怒。荀文若请曰：“佗术实工，人命系焉，宜议能以宥。”曹公曰：“忧天下无此鼠辈邪！”遂考竟佗。至仓舒病且死，见医不能生，始有悔之之叹。嗟乎！以操之明略见几，然犹轻杀材能如是。文若之智力地望，以的然之理攻之，然犹不能返其恚。执柄者之恚，真可畏诸，亦可慎诸。

夫以佗之不宜杀，昭昭然不可言也。独病夫史书之义，是将推此而广耳。吾观自曹魏以来，执死生之柄者，用一恚而杀材能众矣。又乌用书佗之事为？呜呼！前事之不忘，期有劝且惩也。而暴者复借口以快意。孙权则曰：“曹孟德杀孔文举矣，孤于虞翻何如？”而孔融亦以应泰山杀孝廉自譬。仲谋近霸者，文举有高名，犹以可惩为故事，矧他人哉？

第三节　陈情表（李密）

【文化常识】

本篇选自《文选》卷三十七，原题《陈情事表》。表，古代臣下呈给帝王的一种文书。本篇是李密向晋武帝司马炎上的表文、奏表。本篇以叙事为主，详细而委婉地叙述了作者和祖母刘氏相依为命的处境；同时，在叙事中包含着作者向晋武帝申述暂时不能应召赴任的衷情，言辞恳切，哀婉动人。“表”这种文体，是对上陈情，有一个让对方接受的交际目的，一定要放到特定的交际环境中，才能理解其中的奥妙，这也是这篇文章情感表达的独特之处。人言“读《出师表》不哭者不忠，读《陈情表》不哭者不孝”。千百年来，人们常以忠则《出师》，孝则《陈情》相提并论，可见李密的《陈情表》具有相当强烈的感人力量。诵读时，要注意体会文中抒发的感情。本篇句式整散结合，音韵和谐。阅读时要加以体会，读出文章的节奏感。

李密，晋初散文家。自幼丧父，母改嫁，赖祖母刘氏抚养长大。李密侍奉祖母甚孝，故以“孝”名于乡里。李密年轻时曾仕蜀汉。公元前263年，司马昭子司马炎（晋武帝）废魏帝曹奂，建立了西晋王朝。晋武帝在建国初年，为笼络人心，征召蜀汉旧臣到洛阳任职，李密是其中之一。李密是亡蜀降臣，如若不应诏，会被误认为“矜守名节”，不与新朝合作，必招杀身之祸。于是写下了《陈情表》这篇表文，婉言辞谢征召。文章言辞恳切，真挚动人。晋武帝读后感动，不但准奏，而且“赐奴婢二人，使郡县供祖母奉膳”。后免官，卒于家中。代表作为《陈情表》。

【学习任务】

积累文中出现的重要文言实词、虚词、通假字、词类活用、文言句式、成语等知识，提高文言文阅读能力；体会作者至真至诚的亲情、忠情、苦情；正确认识“孝”，传承孝敬父母长辈的中华传统美德；背诵课文。

臣密言：臣以险衅，夙遭闵凶。①生孩六月，慈父见背，行年四岁，舅夺母志。②祖母刘愍臣孤弱，躬亲抚养。③臣少多疾病，九岁不行，零丁孤苦，至于成立。④既无叔伯，终鲜兄弟，门衰祚薄，晚有儿息。⑤外无期功强近之亲，内无应门五尺之僮⑥，茕茕孑立，形影相吊⑦。而刘夙婴疾病，常在床蓐，臣侍汤药，未曾废离。⑧

①臣密言：开头先写明上表人的姓名，是表文的格式。当时的书信也是这样。以：因为。险衅：命运不好。险：坎坷。夙：早。这里指幼年时。闵：通“悯”，怜恤、哀伤。凶：形容词用如名词，不幸的事。②生孩：刚生下地。见背：父母或长辈去世。吴敬梓《儒林外史》范进方才说道：“先母见背，遵制丁忧。”夺志：改变志向或意愿。行年：经历的年岁。③愍：怜悯、哀怜。躬：亲自。躬亲：亲自、亲身从事。④不行：不会走路。零丁孤苦：孤独困苦，无依无靠。零丁：亦作“伶仃”，孤独的样子。成立：成人自立。⑤鲜：少。门衰祚薄：意思是门庭衰微，福祚浅薄。祚：福分。息：子。⑥期功强近之亲：指比较亲近的亲戚。古代丧礼制度以亲属关系的亲疏规定服丧时间的长短，服丧一年称“期”，九月称“大功”，五月称“小功”。应门：照应门户。僮：童仆。⑦茕茕：孤独无依的样子。孑：孤单。形容一个人孤孤单单，无依无靠。形影相吊：形容非常孤单，没有伴侣。⑧夙婴：早就为疾病所缠身。婴：缠身。《荀子·富国》：“是犹使处女婴宝珠。”蓐：通“褥”，草褥。废离：指停止服侍。

逮奉圣朝，沐浴清化。①前太守臣逵察臣孝廉，后刺史臣荣举臣秀才。②臣以供养无主，辞不赴命。③诏书特下，拜臣郎中，寻蒙国恩，除臣洗马。④猥以微贱，当侍东宫，非臣陨首所能上报。⑤臣具以表闻，辞不就职。诏书切峻，责臣逋慢。⑥郡县逼迫，催臣上道⑦；州司临门，急于星火。⑧臣欲奉诏奔驰，则刘病日笃；欲苟顺私情，则告诉不许。⑨臣之进退，实为狼狈。

①逮奉圣朝，沐浴清化：到了晋朝建立，我蒙受清明政治的教化。逮：及、到了。奉：敬辞，奉承。清化：清明的政治教化。②察：荐举、推举。秀才：当时地方推举优秀人才的一种科目，这里是优秀人才的意思，与后代科举的“秀才”含义不同。③无主：无人承担。主：主持、做。辞不赴命：辞谢没有接受任命。④拜：授官。郎中：官名。晋时尚书台的属官。寻：不久。除：任命、授职。洗马：古代官名，即太子洗马。秦始置。汉时亦作“先马”。秦汉时为太子的侍从官，出行时为前导，故名。魏沿其制。晋时改掌图籍。⑤“猥以”句：以我这样卑微低贱的人去侍奉太子，这实在不是我杀身捐躯所能够报答朝廷的。猥：自谦之词。微贱：卑微低贱的人，形容词作名词。东宫：太子，因太子居住在东宫。陨首：头落地。⑥切峻：急切严厉。切：急切。峻：严峻、严厉。逋慢：怠慢。⑦逼迫：用压力促使。⑧急于星火：比流星的坠落还要急。指催逼得十分紧迫。星火：流星的光。⑨“臣欲”句：我很想奉命为国奔走效力，但是祖母刘氏的疾病却一天比一天严

重，想姑且迁就自己的私情，但是报告申诉又得不到准许。奔驰：奔走效劳。苟顺：姑且迁就。告诉：报告申诉。

伏惟圣朝以孝治天下①，凡在故老②，犹蒙矜育③，况臣孤苦，特为尤甚。且臣少仕伪朝④，历职郎署⑤，本图宦达，不矜名节⑥。今臣亡国贱俘，至微至陋，过蒙拔擢，宠命优渥，岂敢盘桓，有所希冀。⑦但以刘日薄西山，气息奄奄，人命危浅，朝不虑夕。⑧臣无祖母，无以至今日；祖母无臣，无以终余年。⑨母孙二人，更相为命，是以区区不能废远。⑩

①伏惟：旧时奏疏、书信中下级对上级常用的敬语。②故老：年老而德高的旧臣。③矜育：怜悯抚育。④仕：做官。伪朝：指蜀汉。⑤职：做官。郎署：郎官的衙署。李密在蜀国曾任郎中和尚书郎。⑥本图宦达，不矜名节：本来就希望做官显达，并不顾惜名声节操。矜：自夸、夸耀。⑦“今臣”句：现在我是一个低贱的亡国俘虏，十分卑微浅陋，蒙受过分提拔，恩宠优厚，怎敢犹豫不决而有非分的企求。微：卑微。陋：浅陋。过：过分，指屡次迁升。拔擢：提拔。优渥：优厚。盘桓：徘徊不进的样子。希冀：希望。这里指非分的愿望。⑧“但以”句：只是因为祖母刘氏寿命即将终了，气息微弱，生命垂危，早上不能想到晚上怎样。日薄西山：太阳接近西山。比喻人已经衰老或事物衰败腐朽，临近死亡。薄：迫近。气息奄奄：形容人即将断气、死亡的样子。奄奄：呼吸微弱的样子。危浅：活不长。危：脆弱。浅：指不长。朝不虑夕：早晨不能谋及晚上。这是说随时都可能死亡。⑨无以：没有用来……的（办法）。⑩更相：互相。区区：拳拳，形容感情恳切。废远，废止赡养祖母而远离。

臣密今年四十有四①，祖母刘今年九十有六，是臣尽节于陛下之日长，报养刘之日短也②。乌鸟私情，愿乞终养。③臣之辛苦④，非独蜀之人士及二州牧伯所见明知⑤，皇天后土，实所共鉴⑥。愿陛下矜愍愚诚⑦，听臣微志，庶刘侥幸，保卒余年⑧。臣生当陨首，死当结草。⑨臣不胜犬马怖惧之情，谨拜表以闻。⑩

①有：通“又”，用在整数与零数之间。②报养：报答赡养。③乌鸟私情，愿乞终养：我怀着像乌鸦反哺一样的私情，希望求得奉养祖母到最后。乌鸟：乌鸦。据说乌鸦能反哺其亲，所以常用来比喻人的孝道。④辛苦：辛酸苦楚。⑤二州牧伯：这里指太守逵与刺史荣。二州：梁州和益州。牧：古代称州的长官。伯：长。⑥皇天后土：指天神、地神。鉴：审察、识别。⑦矜愍：怜悯、同情。愚诚：愚拙的至诚之心。⑧听：这里指准许、允许。庶：表示可能或希望。卒：终。⑨生当陨首，死当结草：我活着的时候愿意牺牲生命，死了也要结草衔环来报答陛下的恩情。⑩犬马：名词作状语，像犬马一样。怖惧：恐惧。拜表：拜上奏表。闻：使动用法，使……闻。

【课后实操训练】

翻译下面短文。

李密少仕蜀，为郎。数使吴，有才辩，吴人称之。蜀平，泰始初，诏征为太子洗马。密以祖母年高，无人奉养，遂不应命。乃上疏《陈情表》。帝览之曰：“士之有名，不虚然哉！”乃停召。后刘终，服阕，复以洗马征至洛。司空张华问之曰：“安乐公何如？”密曰：“可次齐桓。”华问其故，对曰：“齐桓得管仲而霸，用竖刁而虫沙。安乐公得诸葛亮而抗魏，任黄皓而丧国，是知成败一也。”次问：“孔明言教何碎？”密曰：“昔舜、禹，皋陶相与语，故得简雅；《大诰》与凡人言，宜碎。孔明与言者无己敌，言教是以碎耳。”华善之。

第四节　兰亭集序（王羲之）

【文化常识】

王羲之，字逸少，琅琊临沂人（今属山东），东晋书法家，有“书圣”之称。官至右军将军，会稽内史，故后世称为“王右军”。他出身于名门望族。王羲之 12 岁时经父亲传授笔法论，“语以大纲”，即有所悟。他小时候从当时的女书法家卫夫人那里学习书法。后来他渡江北游名山，博采众长，观摩学习“兼撮众法，备成一家”，达到了“贵越群品，古今莫二”的高度。

王羲之为《兰亭集》写的序文，原来无题目，今题《兰亭集序》是后人所加。

晋穆帝永和九年（公元前 353 年）农历三月初三，这天天朗气清，惠风和畅。王羲之与谢安、孙绰、谢万之遁、许询及王羲之子侄献之、凝之、涣之、元之等 41 位文人墨客在兰亭修禊雅集。王羲之、孙绰等 26 人当场赋诗，共得 37 篇。王羲之将这些诗句汇集起来，编辑成一本《兰亭集》，并为此集作了一篇序，共 324 字。作者由兰亭盛会写起，极写盛会之“乐”。面对兰亭美景，不由得兴尽悲来，感慨万千，进而展开议论，由己悲人，沟通古今，情景交融，文简而意深，不愧为千古名篇。

【学习任务】

积累文中出现的重要文言实词、虚词、通假字、词类活用、文言句式等知识，常见的文化常识，提高文言文阅读能力；了解由这次集会而生发的人生无常的感慨，理解作者思想感情的脉络，树立正确的人生观；背诵课文。

永和九年①，岁在癸丑，暮春之初②，会于会稽山阴之兰亭③，修禊事也④。群贤毕至，少长咸集。⑤此地有崇山峻岭⑥，茂林修竹⑦；又有清流激湍⑧，映带左右⑨，引以为流觞曲水⑩，列坐其次⑪。虽无丝竹管弦之盛⑫，一觞一咏⑬，亦足以畅叙幽情⑭。

①永和：东晋皇帝司马聃的年号，九年（公元前 353 年）。②暮春：春季的末一个月。暮：晚。③会：集会。会稽：郡名，今浙江西部、江苏东南部一带。山阴：当时的县名，今绍兴越城区。④修禊事也：举行禊礼这件事。禊：古代习俗，人们于阴历三月上旬的巳日（魏以后定为三月三日），

到水边进行消灾求福的活动。⑤群贤：诸多贤士能人。指谢安等名流。毕至：全到。毕：全、都。咸：都。⑥崇山峻岭：高峻的山岭。⑦修竹：高高的竹子。修：高高的样子。⑧激湍：流势很急的水。⑨映带左右：辉映点缀在亭子的周围。映带：映衬、围绕。⑩流觞曲水：用漆制的酒杯盛酒，放入弯曲的水道中任其漂流，杯停在某人面前，某人就引杯饮酒。这是古人一种劝酒取乐的方式。⑪列坐其次：按顺序列坐在曲水之旁。列坐：排列而坐。次：按顺序。⑫丝竹管弦之盛：演奏音乐的盛况。丝竹管弦：琴瑟箫笛等乐器的总称。也指音乐。盛：盛大、盛况。⑬一觞一咏：喝一觞酒作一首诗。⑭幽情：幽深内藏的感情。

是日也，天朗气清，惠风和畅。①仰观宇宙之大，俯察品类之盛②，所以游目骋怀，足以极视听之娱，信可乐也③。

①惠风：和风。②品类之盛：万物的繁多。品类：自然界的万物。③“所以”句：用来纵展眼力，开阔胸怀，尽情享受视和听的乐趣，实在快乐啊。所以：用来。骋：奔驰、敞开。极：穷尽。信：实在。

夫人之相与，俯仰一世①，或取诸怀抱②，悟言一室之内③；或因寄所托，放浪形骸之外④。虽趣舍万殊⑤，静躁⑥不同，当其欣于所遇，暂得于己，快然自足⑦，不知老之将至⑧。及其所之既倦⑨，情随事迁⑩，感慨系之矣⑪。向⑫之所欣，俯仰之间，已为陈迹⑬，犹不能不以之兴怀⑭。况修短随化⑮，终期⑯于尽。古人云：“死生亦大矣。”⑰岂不痛哉！

①夫人之相与，俯仰一世：人与人相交往，很快便度过一生。相与：相处、相交往。俯仰：一俯一仰之间，表示时间的短暂。②取诸：从……中取得。诸：“之于”合音。③悟言：悟，通“晤”，指心领神会的妙悟之言。④或因寄所托，放浪形骸之外：有的人依着自己所爱好的事物，寄托自己的情怀，不受约束，放纵无羁的生活。因：依、随着。寄：寄托。所托：所爱好的事物。放浪：放纵、无拘束。形骸：身体、形体。⑤趣舍万殊：各有各的爱好。趣：通“趋”，趋向、取向。舍：舍弃。万殊：千差万别。⑥静躁：安静与躁动。⑦快然自足：感到高兴和满足。快然：高兴的样子。然：用于形容词词尾，……的样子。⑧不知老之将至：不知道衰老将要到来。语出《论语·述而》：“其为人也，发愤忘食，乐以忘忧，不知老之将至云尔。”⑨及其所之既倦：等到他对所喜爱或得到的事物已经厌倦。及：等到。⑩情随事迁：感情随着事物的变化而变化。⑪感慨系之：感慨随着产生。系：附着。⑫向：过去、以前。⑬陈迹：旧迹。⑭以之兴怀：因它而引起心中的感触。以：因。之：指代“向之所欣……以为陈迹”。兴：发生、引起。⑮修短随化：寿命长短听凭造化。化：自然。⑯期：及、至。⑰死生亦大矣：死生毕竟是件大事啊。语出《庄子·德充符》：“死生亦大矣，而不得与之变，虽天地覆坠，亦将不与之遗。”

每览昔人兴感之由，若合一契①，未尝不临文嗟悼，不能喻之于怀②。固知一死生为虚诞，齐彭殇为妄作③。后之视今，亦犹今之视昔。悲夫！故列叙时人④，录其所述⑤，虽世殊事异⑥，所以兴怀，其致一也。⑦后之览者⑧，亦将有感于斯文。

①契：符契，古代的一种信物。在符契上刻上字，剖而为二，各执一半，作为凭证。②临文嗟悼：读古人文章时叹息哀伤。临：面对。喻：明白。悼：悲痛、哀伤。③固知一死生为虚诞，齐彭殇（shāng）为妄作：本来知道把死和生等同起来的说法是不真实的，把长寿和短命等同起来的说法是妄造的。固：本来、当然。一：把……看作一样；齐：把……看作相等，都用作动词。虚诞：虚妄荒诞的话。殇：未成年死去的人。妄作：妄造、胡说。一生死，齐彭殇，都是庄子的看法。④列叙时人：一个一个记下当时与会的人。⑤录其所述：录下他们作的诗。⑥虽世殊事异：纵使时代变了，事情不同了。虽：纵使。⑦其致一也：人们的思想情趣是一样的。致：情趣。⑧后之览者：后世的读者。

【课后实操训练】

翻译下面短文。

羲之雅好服食养性，不乐在京师，初渡浙江，便有终焉之志。会稽有佳山水，名士多居之，谢安未仕时亦居焉。孙绰、李充、许询、支遁等皆以文义冠世，并筑室东土，与羲之同好。尝与同志宴集于会稽山阴之兰亭，羲之自为之序以申其志。（节选自《晋书·王羲之传》）

第五节　归去来兮辞·并序（陶渊明）

【文化常识】

辞是一种介于诗和散文之间的文体，它富有抒情和浪漫气息，很像诗，但押韵和句式都较诗自由，比散文齐整，且篇幅、字句较长，句中多以“兮”字帮助调节语气，表情达意。

陶渊明，名潜，字渊明，一字元亮，后人称“靖节先生”。东晋文学家。曾祖父陶侃，官至大司马，封长沙郡公。祖父陶茂、父亲陶逸都做过太守。曾任江州祭酒、建威参军、镇军参军、彭泽县令等，后弃官归隐。有《陶渊明集》传世。后代批评家常用“质朴、平淡、自然”来评价陶诗的风格，称其为“田园诗人”。

陶渊明41岁那年，因为生活窘迫，一度担任彭泽令，在官80余日，据《晋书·陶潜传》云：“素简贵，不私事上官。郡遣督邮至县，吏白应束带见之。潜叹曰：‘吾不能为五斗米折腰，拳拳事乡里小人邪！’义熙二年，解印去县，乃赋《归去来》。”

本篇是晋安帝义熙元年作者辞去彭泽令回家时所作，分为“序”和“辞”两部分。“序”叙述了因家贫出仕和弃官归田的经过，交代了写作的缘由。“辞”则抒写了归田的决心，愉快心情和乐趣。通过对田园生活的赞美和劳动生活的歌颂，表明他对当时社会现实，对大自然和隐居生活的向往和热爱，反映了他蔑视功名利禄的高尚情操，也流露出他无可奈何、听天由命的思想情绪。全篇语言流畅，音节和谐，感情真挚，富有抒情味。

【学习任务】

积累文中出现的重要文言实词、虚词、通假字、词类活用、文言句式等知识，提高文言文阅读能力；学习其高洁的理想志趣和坚定的人生追求，树立正确的世界观、人生观、价值观；背诵课文。

余家贫，耕植不足以自给。①幼稚盈室，瓶无储粟，生生所资，未见其术。②亲故多劝余为长吏③，脱然有怀，求之靡途④。会有四方之事，诸侯以惠爱为德⑤，家叔以余贫苦，遂见用于小邑。⑥于时风波未静⑦，心惮远役⑧，彭泽去家百里，公田之利，足以为酒⑨。故便求之。及少日，眷然有归欤之情。⑩何则？质性自然，非矫厉所得。⑪饥冻虽切，违己交病。⑫尝从人事，皆口腹自役。⑬于是怅然慷慨⑭，深愧平生之志。犹望一稔，当敛裳宵逝。⑮寻程氏妹丧于武昌，情在骏奔⑯，自免去职。仲秋至冬，在官八十余日。因事顺心⑰，命篇曰《归去来兮》。乙巳岁十一月也。

①耕植：耕田植桑。自给（jǐ）：满足自己生活。②幼稚：指孩童。瓶：指盛米用的陶制容器，如甏、瓮之类。生生：犹言维持生计。前一“生”字为动词，后一“生”字为名词。资：凭借。术：这里指经营生计的本领。③亲故：亲戚朋友。长吏：地位较高的县级官吏。《汉书·百官公师表》：“秩四百石至二百石，是为长吏。”④脱然：轻快的样子。有怀：有所思念（指有了做官的念头）。靡途：没有门路。⑤会：刚巧。四方之事：指的是各地诸侯战乱之事。诸侯：指地方势力。惠爱：爱惜人才。⑥家叔：指陶夔，当时任太常卿，俸中二千石，掌礼仪祭祀。以：因为。⑦风波：指战乱。⑧心惮远役：心里害怕到远方服役。惮：害怕。役：服役。⑨彭泽：县名。在今江西省湖口县东。公田：供俸禄的田。酒：酿酒。⑩少日：指时间不长。眷然：依恋的样子。归欤之情：辞官回家的心情。欤：语气词。⑪质性自然，非矫厉所得：我的本性坦率自然，不会造作勉强所能够改变的。质性：本性。矫厉：造作勉强。⑫饥冻虽切，违己交病：饥寒虽然急迫，但违背自己本心更使人痛苦。违己：违反自己的意志。交病：指身心都感到痛苦。⑬人事：仕宦生活中的人事交往。皆：都。役：驱使。⑭怅然：失意的样子。慷慨：感慨、感叹。⑮一稔（rěn）：公田收获一次。稔：谷物成熟。敛裳：收拾行装。宵逝：连夜离去。宵：夜晚。⑯寻：不久。程氏妹：嫁到程家的妹妹。情在骏奔：去吊丧的心情像骏马奔驰一样急迫。⑰因事顺心：因辞官而顺遂心愿。

归去来兮，田园将芜胡不归？①既自以心为形役，奚惆怅而独悲？②悟已往之不谏，知来者之可追。③实迷途其未远，觉今是而昨非。④舟遥遥以轻飏⑤，风飘飘而吹衣。问征夫以前路，恨晨光之熹微。⑥

①归去来兮：意思是“回去吧”。来：助词，无义。兮：语气词。芜：荒芜。胡：为什么。疑问代词。②以：让，介词。心为形役：心志被形体所役使。意思是本心不愿出仕，但为了免于饥

寒，违背本意做了官。心：意愿。形：形体，指身体。役：奴役。奚：何、为什么，疑问代词。惆怅：失意的样子。③悟已往之不谏，知来者之可追：认识到过去的错误（指出仕）已经不能挽回，知道未来的事（指归隐）还来得及补救。语出《论语·微子》："往者不可谏，来者犹可追。"谏：挽回。来者：指未来的事情。追：挽救、补救。④实：确实。迷途：指出来做官。其：无实义，置句中起调整音节作用。是：正确。非：错误。⑤舟遥遥以轻飏：船在水面上轻轻地漂荡着前进。遥遥：摇摆不定的样子。以：而。飏：飞扬，形容船行驶轻快的样子。⑥问征夫以前路，恨晨光之熹微：向行人询问前面的路况，遗憾的是天刚刚放亮。征夫：行人。恨：遗憾。熹微：微明，天未大亮。

乃瞻衡宇，载欣载奔。①僮仆欢迎，稚子候门。三径就荒②，松菊犹存。携幼入室，有酒盈樽。③引壶觞以自酌，眄庭柯以怡颜。④倚南窗以寄傲⑤，审容膝之易安⑥。园日涉以成趣⑦，门虽设而常关。策扶老以流憩，时矫首而遐观。⑧云无心以出岫⑨，鸟倦飞而知还。景翳翳以将入，抚孤松而盘桓。⑩

①瞻：望见。衡宇：犹衡门。衡：通"横"。横木为门：形容房屋简陋。横门：隐士居住的用横木为门的简陋居室。《诗经·陈风·衡门》："衡门之下，可以栖迟。"意思是贤者安于贫贱。古代的人们常用"衡门""衡宇"指贫贱者的居处。载欣载奔：一边高兴，一边奔跑。载：语助词，有"且""又"的意思。②三径：汉代蒋诩隐居后，在屋前竹下开了三条小路，只与隐士求仲、羊仲二人交往。后人以"三径"代指隐士所居。就：接近。③盈樽：满杯。④眄庭柯以怡颜：看看院子里的树木，觉得很愉快。眄：斜视，这里有"随便看看"的意思。柯：树枝。怡颜：使脸上现出愉快神色。怡：愉快，这里是使动用法，使愉快。⑤寄傲：寄托傲然自得的情怀。⑥审容膝之易安：深知住在小屋里反而容易安适。审：清楚、了解。容膝：仅能容纳双膝的小屋。形容居室狭小。易安：容易使人安乐。⑦园日涉以成趣：每天在园中散步，成为一种乐趣。园日涉：每日在园中散步。涉：走。⑧策扶老以流憩，时矫首而遐观：拄着拐杖出去，到处走走，随时随地休息，不时抬起头向着远方眺望。策：拄着。扶老：手杖。流憩：指无目的地漫步和随时随地休息。流：周游。憩：休息。矫首：抬头。遐观：远望。⑨云无心以出岫：云气自然而然地从山里冒出。无心：无意地。岫：有洞穴的山，这里泛指山峰。⑩景翳翳以将入，抚孤松而盘桓：阳光黯淡，太阳快落下去了，手扶孤松流连徘徊不愿离去。景：通"影"，日光。翳翳：阴暗的样子。将入：指太阳快落下去。盘桓：徘徊，留恋不去。

归去来兮，请息交以绝游。①世与我而相违，复驾言兮焉求？②悦亲戚之情话，乐琴书以消忧。③农人告余以春及，将有事于西畴。④或命巾车，或棹孤舟。⑤既窈窕以寻壑，亦崎岖而经丘。⑥木欣欣以向荣，泉涓涓而始流。⑦善万物之得时，感吾生之行休。⑧

①请息交以绝游：让我同外界断绝交游。息交：断绝交游。②复驾言兮焉求：还要驾车出去追求什么？驾：驾车，这里指驾车出游去追求想要的东西。驾言：驾车出游。言：语气助词。焉求：何求，追求什么。求：指求官。③悦：意动用法，以……而愉快。情话：知心话。乐：意动用法，以……为乐。④将有事于西畴：将要到西边的田里去春耕。有事：指耕种之事。畴：田地。

⑤或命巾车：有时坐着有布篷的小车。或：有时。巾车：有布篷的小车。或棹孤舟：有时划着一只小船。棹：桨，这里用作动词，用桨划。⑥既窈窕以寻壑，亦崎岖而经丘：既要探寻幽深的沟壑，又要走过那高低不平的山丘。窈窕：水路深远曲折。⑦欣欣、向荣：都是草木滋长茂盛的意思。涓涓：水流细微的样子。⑧善：形容词活用为动词，喜欢、羡慕。行休：将要结束。指死亡。

已矣乎！[①]寓形宇内复几时？[②]曷不委心任去留？[③]胡为乎遑遑欲何之？[④]富贵非吾愿，帝乡不可期。[⑤]怀良辰以孤往，或植杖而耘耔。[⑥]登东皋以舒啸，临清流而赋诗。[⑦]聊乘化以归尽[⑧]，乐夫天命复奚疑[⑨]！

①已矣乎：犹言算了吧。助词“已”“矣”连用，加强感叹语气。②寓形宇内复几时：身体寄托在天地间还能有多少时候？意思是说，活在世上还能有多久？寓形：寄托身体。宇内：天地间。③曷不：何不。委心：随自己的心意。去留：指生死。④胡为：为什么。遑遑：心神不定的样子。何之：到哪里去。⑤帝乡：天帝之乡。指仙境。期：期望、期求。⑥怀：留恋、爱惜。良辰：指上文所说万物得时的春天。孤往：独自外出。植杖：把手杖插在地上。耘：田地里除草。耔：在苗根培土。⑦皋：泛指高冈、高地。舒啸：放声长啸。“啸”是撮口发出长而清越的声音。⑧聊：姑且。乘化：随顺着大自然的运转变化。化：造化，指自然。归尽：到死。尽：指死。⑨乐夫天命复奚疑：乐天安命，还疑虑什么呢？

【课后实操训练】

阅读短文，分析文中虚词“以”“之”“其”的用法、词类活用现象。

先生不知何许人也，亦不详其姓字，宅边有五柳树，因以为号焉。闲静少言，不慕荣利。好读书，不求甚解；每有会意，便欣然忘食。性嗜酒，家贫不能常得。亲旧知其如此，或置酒而招之；造饮辄尽，期在必醉。既醉而退，曾不吝情去留。环堵萧然，不蔽风日；短褐穿结，箪瓢屡空，晏如也。常著文章自娱，颇示己志。忘怀得失，以此自终。

赞曰：黔娄之妻有言：“不戚戚于贫贱，不汲汲于富贵。”其言兹若人之俦乎？衔觞赋诗，以乐其志，无怀氏之民欤？葛天氏之民欤？（陶渊明《五柳先生传》）

第六节 师说（韩愈）

【文化常识】

“说”是一种议论文体，一般陈述自己对某事物的见解，可以先叙后议，也可以先议后叙。中学时学过的《马说》《捕蛇者说》《爱莲说》等都属于这种文体。“说”的古义为陈述和解说，因而对这类文体，都可按“解说……的道理”来理解。“师说”的意思应为“解说关于‘从师’的道理”。

本篇是中国古代专论教师的名篇，是韩愈写给其学生李蟠的。作者通过古今师风、学风的对比，论述了教师的作用和从师求学的原因，说明了能者为师的道理，批判了士大夫耻学于师的风气，也赞扬了乐于从师的风尚。

韩愈，字退之，河南河阳（今河南孟州南）人。其自称“昌黎韩愈”，世称“韩昌黎”。他25岁中进士，29岁以后步入仕途，曾任监察御史、刑部侍郎、潮州（今广东潮安）刺史、国子博士、兵部侍郎、吏部侍郎等职。政治上较有作为。

韩愈是唐代古文运动的倡导者。他反对六朝以来浮华艳丽的文风，竭力主张“文以载道”，提出了“惟陈言之务去”“辞必己出”的口号，对后世影响深远。有《昌黎先生集》40卷传世。他的散文题材广泛，内容深刻，形式多样，语言质朴，风格刚健，气势雄壮，因此苏轼赞他“文起八代之衰”。他被后人尊为“唐宋八大家”之首。

【学习任务】

积累文中出现的重要文言实词、虚词、通假字、词类活用、区别古今异义词语、文言句式等知识，提高文言文阅读能力；树立尊师重教的思想，培养谦虚好学的风气。

古之学者必有师。①师者，所以传道受业解惑也。②人非生而知之者③，孰能无惑？惑而不从师，其为惑也④，终不解矣。生乎吾前，其闻道也固先乎吾，吾从而师之⑤；生乎吾后，其闻道也亦先乎吾，吾从而师之。吾师道也⑥，夫庸知其年之先后生于吾乎⑦！是故无贵无贱无长无少⑧，道之所存，师之所存也⑨。

①之：结构助词，的。可不译。学者：求学的人。②师者，所以传道受业解惑也：老师是用来传授道理、教授学业、解答疑难问题的人。所以：用来……的，……的凭借。受：通“授”，传授。道：道理，此处指儒家的思想。③生而知之：生下来就懂得道理。之：指知识和道理。④从：跟从。其为惑也：他所存在的疑惑。⑤乎：相当于“于”，与下文“先乎吾”的“乎”相同。前者译为“在”，后者译为“比”。闻：听见，引申为知道、懂得。固：本来。师之：以之为师。“师”是名词的意动用法。“以……为师”。⑥师道：学习道理。师：名词用作动词。⑦夫庸知其年之先后生于吾乎：哪里去考虑他的年龄比我大还是小呢？庸：岂、难道。知：了解、知道。年：这里指年龄。之：结构助词，无实在意义。⑧是故：因此、所以。无：无论、不分。⑨道之所存，师之所存也：道理存在的地方，老师也就在那里。意思是谁懂得道理，谁就是自己的老师。所存：名词性词组，相当于“存在的地方”。

嗟乎，师道之不传也久矣，欲人之无惑也难矣！①古之圣人，其出人也远矣②，犹且从师而问焉③；今之众人④，其下圣人也亦远矣⑤，而耻学于师⑥。是故圣益圣，愚益愚⑦，圣人之所以为圣，愚人之所以为愚⑧，其皆出于此乎⑨？爱其子，择师而教之；于其身也，则耻师焉，惑矣。⑩彼童子之师⑪，授之书而习其句读者⑫，非吾所谓传其道解其惑者也。句读之不知，惑之不解⑬，或师焉，或不焉，小学而大遗⑭，吾未见其明也。巫医乐师百工之人⑮，不耻相师⑯。士大夫之族，曰师曰弟子云者⑰，则群聚而笑之。

问之，则曰："彼与彼年相若也，道相似也。位卑则足羞，官盛则近谀。"⑱呜呼！师道之不复可知矣。巫医乐师百工之人，君子不齿⑲，今其智乃反不能及，其可怪也欤⑳！

①师道：从师的风尚。之：结构助词，用于主谓之间，取消句子独立性，不译。也：表语气停顿。②出人：超出一般人。③犹且：尚且、还。④众人：一般人。⑤下：低于。⑥耻学于师：以向老师学习为耻。耻：形容词意动用法，以……为耻。于：介词，向。⑦圣益圣，愚益愚：圣人更加圣明，愚人更加愚昧。益：更加、越发。⑧之所以：……的原因。⑨其：语气助词，表揣测，"大概"。⑩于其身也：对于他自己。则：连词，表转折，却。耻：形容词意动用法，以……为耻。惑：糊涂。⑪彼：远指代词，那、那些。⑫授之书而习其句读（dòu）者：教给他书，（帮助他）学习其中的文句。之：指童子。习：使……学习。其：指书。句读：文辞休止和停顿处。⑬句读之不知，惑之不解：宾语前置。"之"是宾语前置的标志。应是"不知句读，不解惑之"。⑭或师焉，或不焉，小学而大遗：有的从师，有的不（从师）。意思是不知句读的倒要从师，不能解惑的却不从师，小的方面倒要学习，大的方面（却）放弃了。或：无定代词，可译成"有的"。师：从师学习。两个"焉"：句末语气词。小：形容词作名词，小的方面。大：形容词作名词，大的方面。⑮巫医：古代巫和医不分。乐师：以演奏音乐为职业的人。百工：各种工匠。之：代词，这些。⑯不耻相师：以互相从师学习为耻。耻：形容词意动用法，以……为耻。相：互相。师：名词活用作动词，从师学习。⑰之族：这类人。族：类。云者：有"如此如此"的意味，此译为"等等"。⑱位卑则足羞，官盛则近谀：（以）地位低（的人为师），就感到耻辱；（以）官职高（的人为师），就近乎谄媚。谀：阿谀、奉承。位卑：地位低下的人。官盛：官职高的人。⑲不齿：不值得提起，表示极端鄙视。齿：提及。⑳乃：竟然。反：反而。及：赶上。其：难道，表反问。

圣人无常师。①孔子师郯子、苌弘、师襄、老聃。②郯子之徒③，其贤不及孔子。孔子曰：三人行，则必有我师。是故弟子不必不如师，师不必贤于弟子④，闻道有先后，术业有专攻⑤，如是而已。

①圣人无常师：圣人没有固定的老师。常：固定的。②师：名词的意动用法，以……为师。郯子：春秋时郯国（今山东省郯城县境）的国君，相传孔子曾向他请教官职。苌弘：东周敬王时候的大夫，相传孔子曾向他请教古乐。师襄：春秋时鲁国的乐官，名襄，相传孔子曾向他学琴。老聃（dān）：老子。相传孔子曾向他学习周礼。③之徒：这类。④不必：不一定。于：介词，比。⑤闻道：懂得道理。攻：学习、研究。

李氏子蟠①，年十七，好古文，六艺经传皆通习之②，不拘于时，学于余③。余嘉其能行古道④，作师说以贻之⑤。

①李氏子蟠（pán）：李家的孩子名蟠。李蟠：韩愈的弟子，唐德宗贞元十九年进士。②古文：指先秦及秦汉散文。六艺：指六部儒家经典。经：儒家经典。传：古称解释经文的著作为传。③不拘于时：指不受当时以求师为耻的不良风气的束缚。于：被。④余嘉其能行古道：赞许他能遵行古人从师学习的风尚。嘉：赞许、嘉奖。古道：指古人从师之道。⑤以：目的连词，用来。贻：赠送，赠予。

【课后实操训练】

阅读短文，翻译画线的句子。

孟子称“人之患在好为人师”。由魏晋氏以下，人益不事师。今之世不闻有师，有辄哗笑之，以为狂人。独韩愈奋不顾流俗，犯笑侮，收召后学，作《师说》，因抗颜而为师。世果群怪聚骂，指目牵引，而增与为言辞。愈以是得狂名，居长安，炊不暇熟，又挈挈而东，如是者数矣。屈子赋曰：“邑犬群吠，吠所怪也。”仆往闻庸蜀之南，恒雨少日，日出则犬吠，予以为过言。前六七年，仆来南，二年冬，幸大雪逾岭，被南越中数州，数州之犬，皆苍黄吠噬，狂走者累日。至无雪乃已。然后始信前所闻者。今韩愈既自以为蜀之日，而吾子又欲使吾为越之雪，不以病乎？非独见病，亦以病吾子。然雪与日岂有过哉？顾吠者犬耳。度今天下不吠者几人，而谁敢怪于群目，以召闹取怒乎？

第七节　无标点白文选·四

漁父（《楚辭》）

屈原既放遊於江潭行吟澤畔顏色憔悴形容枯槁漁父見而問之曰子非三閭大夫與何故至於斯屈原曰舉世皆濁我獨清眾人皆醉我獨醒是以見放漁父曰聖人不凝滯於物而能與世推移世人皆濁何不淈其泥而揚其波眾人皆醉何不餔其糟而歠其釃何故深思高舉自令放為屈原曰吾聞之新沐者必彈冠新浴者必振衣安能以身之察察受物之汶汶者乎寧赴湘流葬於江魚之腹中安能以皓皓之白而蒙世俗之塵埃乎漁父莞爾而笑鼓枻而去乃歌曰滄浪之水清兮可以濯吾纓滄浪之水濁兮可以濯吾足遂去不復與言

桃花源記（東晉·陶淵明）

晉太元中武陵人捕魚為業緣溪行忘路之遠近忽逢桃花林夾岸數百步中無雜樹芳草鮮美落英繽紛漁人甚異之複前行欲窮其林林盡水源便得一山山有小口仿佛若有光便舍船從口入初極狹才通人複行數十步豁然開朗土地平曠屋舍儼然有良田美池桑竹之屬阡陌交通雞犬相聞其中往來種作男女衣著悉如外人黃發垂髫並怡然自樂見漁人乃大驚問所從來具答之便要還家設酒殺雞作食村中聞有此人鹹來問訊自雲先世避秦時亂率妻子邑人來此絕境不復出焉遂與外人間隔問今是何世乃不知有漢無論魏晉此人一一為具言所聞皆歎惋餘人各複延至其家皆出酒食停數日辭去此中人語雲不足為外人道也既出得其船便扶向路處處志之及郡下詣太守說如此太守即遣人隨其往尋向所志遂迷不復得路南陽劉子驥高尚士也聞之欣然規往未果尋病終後遂無問津者

墨池記（北宋·曾鞏）

臨川之城東有地隱然而高以臨於溪曰新城新城之上有池窪然而方以長曰王羲之之墨池者荀伯子臨川記雲也羲之嘗慕張芝臨池學書池水盡黑此為其故跡豈信然邪方羲之之不可強以仕而嘗極東方出滄海以娛其意於山水之間豈其徜徉肆恣而又嘗自休於此邪羲之之書晚乃善則其所能蓋亦以精力自致者非天成也然後世未有能及者豈其學不如彼邪則學固豈可以少哉況欲深造道德者邪墨池之上今為州學舍教授王君盛恐其不章也書晉王右軍墨池之六字於楹間以揭之又告於鞏曰願有記推王君之心豈愛人之善雖一能不以廢而因以及乎其跡邪其亦欲推其事以勉其學者邪夫人之有一能而使後人尚之如此況仁人莊士之遺風餘思被於來世者何如哉慶曆八年九月十二日曾鞏記

將進酒（唐·李白）

君不見黃河之水天上來奔流到海不復回君不見高堂明鏡悲白髮朝如青絲暮成雪人生得意須盡歡莫使金樽空對月天生我材必有用千金散盡還複來烹羊宰牛且為樂會須一飲三百杯岑夫子丹丘生將進酒杯莫停與君歌一曲請君為我傾耳聽鐘鼓饌玉不足貴但願長醉不願醒古來聖賢皆寂寞惟有飲者留其名陳王昔時宴平樂鬥酒十千恣歡謔主人何為言少錢徑須沽取對君酌五花馬千金裘呼兒將出換美酒與爾同銷萬古愁

第九章　古代汉语的修辞方式

【学习任务】

学习本章，要了解古汉语中常见的修辞方式，如引用、譬喻、代称、并提、互文、倒置、委婉、省略等，能从具体的文言文与句中辨识出这些修辞现象，从而提高文言文阅读能力。理解古代汉语的修辞格蕴含的中华优秀传统文化内核：如“委婉”中体现出中华民族谦逊、礼让的传统美德。

古代汉语里的修辞方式很多。本章选了一些比较重要的，有助于提高阅读古书能力的修辞方式来谈，目的是帮助读者了解这些修辞方式，从而提高古书阅读能力。同时，能理解修辞格蕴含的中华优秀传统文化内核。

一、引用

“引用”可以分为三类：引文、引事、引言。

（一）引文

引用见于典籍的书面文字。有“明引、暗引、化引”之分。

1. 明引

明引是指引文时说明了出处。具体如下：

（1）（士季）稽首而对曰：“人谁无过？过而能改，善莫大焉。”诗曰：“靡不有初，鲜克有终。”夫如是，则能补过者鲜矣。（《左传·宣公二年》）

（2）诗云：“礼义之不愆，何恤人之言？”水至清则无鱼，人至察则无徒。（东方朔《答客难》）

2. 暗引

暗引是指引文时没有说明出处，直接引用。举例如下。

（1）宾戏主人曰：盖闻圣人有一定之论，烈士有不易之分，亦云名而已矣。故太上有立德，其次有立功。夫德不得后身而特盛，功不得背时而独彰。（班固《汉书·传·叙传上》）

“太上有立德，其次有立功。”出自《左传·襄公二十四年》。

（2）阳子将为禄仕乎？古之人有云："仕不为贫，而有时乎为贫。"谓禄仕者也。（韩愈《争臣论》）

"仕不为贫，而有时乎为贫"出自《孟子·万章下》。

（3）青青子衿，悠悠我心。但为君故，沉吟至今。（曹操《短歌行》）

"青青子衿，悠悠我心"出自《诗经·郑风·子衿》。

3. 化引

化引又称"化用"，指对所引原文、愿意进行了改造，使之融入自己的话中。

"化引"对直引而言。直引无论明引、暗引用的都是原意，化引则不一定符合原意，甚至反原意而用之。具体如下：

（1）山气日夕佳，飞鸟相与还。此中有真意，欲辩已忘言。（陶渊明《饮酒其五》）

"飞鸟相与还"等三句分别化用《管子》《楚辞》《庄子》中的语句，说明真心归隐和归隐的乐趣。《管子·宙合》："夫鸟之飞也，必还山集谷。"《楚辞·哀郢》："狐死必首丘，念旧居也。"《庄子·外物》："言者所以在意，得意而忘言。"

（2）百忧感其心，万事劳其形。有动乎中，必摇其精。（欧阳修《秋声赋》）化用《庄子·在宥》："心静必清，无劳女形，无摇女精，乃可以长生。"

（二）引事

所谓引事，就是引用历史故事或古人事迹来证实自己的观点、看法，又叫"稽古、用典"。具体如下：

1. 明引（明显是引用）

虽然未说明出处，但可以明显看出是引用。具体如下：

（1）冯唐易老，李广难封。屈贾谊于长沙，非无圣主；窜梁鸿于海曲，岂乏明时？（王勃《滕王阁序》）

（2）昔卫灵公与雍渠同载，孔子适陈；商鞅因景监见，赵良寒心；同子参乘，袁丝变色：自古而耻之。（司马迁《报任安书》）

2. 化引（将所引的人或事融入自己的话中）

表面上是普通的语句，如果不熟悉有关历史则很难看出其中的引用。具体如下：

（1）酌贪泉而觉爽，处涸辙以犹欢。（王勃《滕王阁序》）"贪泉"化引晋吴隐之到广州石门贪泉，赋诗"古人云此水，一歃怀千金。 试使夷齐饮，终当不易心"；"涸辙"化引庄周与鲋鱼的故事，要激西江之水而不愿以斗升之水来救涸辙之鱼。

（2）他日趋庭，叨陪鲤对。（王勃《滕王阁序》）"趋庭、鲤对"化引《论语·季氏》："（孔子）尝独立，（孔）鲤趋而过庭。（子）曰：'学诗乎？'对曰：'未也。''不学诗，无以言。'鲤退而学诗。他日，又独立，鲤趋而过庭。（子）曰：'学礼乎？'对曰：'未也。''不学礼，无以立。'鲤退而学礼。闻斯二者"的故事。

（三）引言

所谓引言，是指引用并非出自书本，而是流传于民间的名言、格言、俗语、谚语、歌谣等，以便增强文章的表现力、说服力。具体如下：

（1）野语有之曰："闻道百，以为莫己若者，我之谓也。"（《庄子·秋水》）

（2）楚人谚曰："得黄金百，不如得季布一诺。"（《史记·季布列传》）

（3）故渔者歌曰："巴东三峡巫峡长，猿鸣三声泪沾裳。"（郦道元《水经注》）

二、譬喻

譬喻是通过两类本质不同的事物之间的相似点来打比方、以此喻彼的一种修辞方法。譬喻有三个要素：本体（被譬喻的事物）、喻体（用来打比方的事物）、喻词（表示本体和喻体之间的关系的词）。

（一）明喻

明喻也称作"直喻、明比"等，特点是本体、喻体、喻词都出现，古汉语中常用的喻词有"如、若、犹、似、类、譬若"等。具体如下：

（1）譬若鹡鸰，飞且鸣矣。（东方朔《答客难》）

（2）怒而飞，其翼若垂天之云。（《庄子·逍遥游》）

（3）孔子独立郭东门。郑人或谓子贡曰："东门有人，其颡似尧，其项类皋陶，其肩类子产，然自要以下不及禹三寸。"（《史记·孔子世家》）

（4）处若忘，行若遗，俨乎其若思，茫乎其若迷。（韩愈《答李翊书》）

（5）问君能有几多愁，恰似一江春水向东流。（李煜《虞美人》）

（二）暗喻

暗喻又称"隐喻、暗比"等，把本体直接说成喻体，表面上看不出是比喻。在古汉语中，本体和喻体之间常用"为、作"一类的词连接，或干脆不用，以判断句的形式出现。具体如下：

（1）如今人方为刀俎，我为鱼肉，何辞为？（《史记·项羽本纪》）

（2）君者，舟也；庶人者，水也。（《荀子·王制》）

（3）长史张昭等曰："曹公，豺虎也。"（《资治通鉴·汉纪》）

（三）借喻

借喻又称"借比"，其特点是本体、喻词都不出现，直接用喻体代替本体。具体如下：

（1）宰予昼寝。子曰："朽木不可雕也，粪土之墙不可圬也。于予与何诛？"（《论语·公冶长》）借"朽木""粪土之墙"喻宰予。

（2）子曰："岁寒然后知松柏之后凋也！"（《论语·子罕》）借"松柏"喻君子。

（3）陈涉太息曰："嗟乎！燕雀安知鸿鹄之志哉？"（《史记·陈涉世家》）借"燕雀"喻胸无大志的人，借"鸿鹄"喻志向远大的人。

（4）颜渊虽笃学，附骥尾而行益显。（《史记·伯夷列传》）以"骥尾"喻圣人之后。

（四）博喻

博喻又称"连比、连喻、联喻"等，其特点是连用几个喻体从不同角度去说明一个本体。具体如下：

（1）是以泰山不让土壤，故能成其大；河海不择细流，故能就其深；王者不却众庶，故能明其德。（李斯《谏逐客书》）连用"泰山不让土壤，故能成其大"等三个比喻说明秦国应该广纳人才。

（2）有如兔走鹰隼落，骏马下注千丈坡。断弦离柱箭脱手，飞电过隙珠翻荷。（苏轼《百步洪二首》其一）连用七个极快的动作为比喻来形容轻舟在百步洪急流中飞驰的情景：像兔子跑，像飞鹰疾落，像骏马下坡，像弦断离柱，像箭射脱手，像闪电过隙，像露珠翻荷。

三、借代

"借代"又叫"代称"，指不直接称呼某人或某事物，而是临时借用与某人或某事物有内在联系的词语来称呼他（它）。

（一）以事物的性状、特征来指代该事物

借事物的形貌、衣饰等特征指代事物。具体如下：

（1）黄发垂髫，并怡然自乐。（陶渊明《桃花源记》）"黄发"指代老人，"垂髫"指代儿童。

（2）君不见，高阳酒徒起草中，长揖山东隆准公。（李白《梁父吟》）"隆准公"指代汉高祖刘邦，因为《史记》讲到汉高祖相貌"隆准而龙颜"。

（3）冠带缙绅之人，圜桥门而观听者盖亿万计。（《后汉书·儒林传》）"冠带缙绅"借指士族、官吏。

（4）正是客心孤迥处，谁家红袖倚江楼。（杜牧《南陵道中》）"红袖"借指美女。

（5）折芳馨兮遗所思。（《楚辞·九歌·山鬼》）"芳馨"指代香花。

（6）左牵黄，右擎苍，锦帽貂裘，千骑卷平冈。（苏轼《江城子》）"黄"指代黄狗，"苍"指代苍鹰。

这些都是属于借形貌、衣饰的特征指代某种事物的情况。

（二）以事物的所在、所属代本体

（1）发闾左适戍渔阳九百人，屯大泽乡。（《史记·陈涉世家》）“闾左”本义是里门之左，秦代平民百姓居闾里之左，以“闾左”指代百姓。

（2）我已无家寻弟妹，君今何处访庭闱。（杜甫《送韩十四江东觐省》）“庭闱”为父母所居之处，借以指代双亲。

（3）阡陌交通，鸡犬相闻。（陶渊明《桃花源记》）“鸡犬”指代鸡犬之声，鸡犬之声属鸡犬所有，这是借事物之所指属代事物。

（4）蔼蔼桑麻交，公侯为等伦。（杜甫《寄薛郎中璩诗》）“桑麻”种植于田园，为田园之所有，故杜甫借“桑麻”指代田园，“桑麻交”即田园之交。

（三）以事物的原料、所凭借的工具代本体

（1）我二十五年矣，又如是而嫁，则就木焉。（《左传·僖公二十三年》）

（2）许子以釜甑爨，以铁耕乎？（《孟子·滕文公上》）

上面例句中的“木”指棺材，“铁”指家具，都是以原材料代物，也就是有的著作所说的“以质代物”。

（3）父死不葬，爰及干戈，可谓孝乎？（《史记·伯夷列传》）

（4）韩公文至高，孟长于五言，时号“孟诗韩笔”。（赵璘《因话录》）

上面两句，第一句中的“干戈”本为兵器，这里指代“战争”；第二句中“笔”本为书写工具，这里指代“散文”，是为借工具代物。

（四）以小名代大名，借大名代小名

（1）“行秋成岁后传于王。”（《史记·梁孝王世家》）“秋”，本为季节名，但在句中代年，这是以小名代大名的表达方式。

（2）梁惠王曰：“晋国，天下莫强焉，叟之所知也。及寡人之身，东败于齐，长子死焉，西丧地于秦七百里，南辱于楚。寡人耻之。”（《孟子·梁惠王上》）“梁惠王”即魏惠王。魏本建都安邑，后迁大梁，故称梁惠王，借“梁”代“魏”，是以小名代大名。战国时代，晋已分为韩、赵、魏三国，时称“三晋”。魏仅为“三晋”之一，梁惠王在谈论魏国昔日的强盛时，称“晋国，天下莫强焉”，不称“魏国，天下莫强焉”，借“晋”代“魏”，这可以说是以大名代小名。

（五）以事物的部分代事物的整体

（1）“孤帆远影碧空尽，唯见长江天际流。”（李白《黄鹤楼送孟浩然之广陵》）“帆”，原指“船帆”，这里诗人以“帆”代指整个船。

（2）“旧时王谢堂前燕，飞入寻常百姓家。”（刘禹锡《乌衣巷》）六朝时王、谢二族世代为显宦，后来就成为高门望族的代称。

（六）以抽象事物代具体事物

将军身被坚执锐，伐无道，诛暴秦。（司马迁《陈涉世家》）

该句借抽象的“坚”和“锐”来代指具体的盔甲和武器。

（七）以客观存在的具体事物去代替概括抽象的事物

（1）“无丝竹之乱耳，无案牍之劳形。”（刘禹锡《陋室铭》）以音乐器材“丝竹”作为音乐的代称。

（2）“中军置酒饮归客，胡琴琵琶与羌笛。”（《白雪歌送武判官归京》）“胡琴”是一种弦乐器，在竹弓上系马尾毛，放在两弦之间拉动；“琵琶”弦乐器，用木做成，下部长圆形，上有长柄，有四根弦；“羌笛”羌族管乐器，双管并在一起，每管各有六个音孔，上端装有竹黄口哨，竖着吹。这里诗人用“胡琴”“琵琶”“羌笛”指代音乐。

（八）以官职、人名、地名、民族代本体

（1）座中泣下谁最多？江州司马青衫湿。（白居易《琵琶行》）用官职“江州司马”代指作者本人。

（2）何以解忧，唯有杜康。（曹操《短歌行》）“杜康”为古代造酒者，曹操以“杜康”代酒。

（3）前军夜战洮河北，已报生擒吐谷浑。（王昌龄《从军行》）句中的“吐谷浑”是古代少数民族，在今甘肃、青海一带，这里用民族名称来代指吐谷浑族的首领。

（4）僵卧孤村不自哀，尚思为国戍轮台。（陆游《十一月四日风雨大作》）“轮台”地名，代指西北边疆地区。

（九）以结果代原因

（1）汗牛塞屋，富贵家之书。（《黄生借书说》）因为书多，使运载书籍的牛流汗不止，储藏书籍的房子也塞满了，“汗牛”“塞屋”均代书。

（2）汉皇重色思倾国，御宇多年求不得。（白居易《长恨歌》）“倾国”，佳人貌美，倾倒了举国上下的人，以“倾国”代佳人。

四、并提（合叙）

把两件相关的事情合并在一起表达的修辞方式叫“并提”。需要从意义搭配上加以辨别。具体如下：

（1）夫种、蠡无一罪，身死亡。（《史记·韩信卢绾列传》）夫种无罪，身死；夫蠡无罪，逃亡。

（2）自非亭午夜分，不见曦月。（《水经注·巫山、巫峡》）亭午见曦，夜分见月。

（3）齐、楚遣项它、田巴将兵随市救魏。（《汉书·魏豹传》）齐派田巴，楚派项它。

（4）繁启蕃长于春夏，畜积收藏于秋冬。（《荀子·天论》）蕃于春，长于夏；收于秋，藏于冬。

（5）水火不积，则晖润不博。（《荀子·天论》）水不积，则润不博，火不积，则晖不博。

五、互文（互文见义、互见）

互文是指在连贯的话语中，上文省去下文出现的词语，下文也省去上文出现的词语，在理解时必须使上下文义互相呼应、互相补充，这就叫互文。

（一）单句互文

（1）秦时明月汉时关，万里长征人未还。（王昌龄《出塞》）“秦”与“汉”互文，即“秦汉时明月秦汉时关”。

（2）烟笼寒水月笼沙，夜泊秦淮近酒家。（杜牧《泊秦淮》）此句应理解为烟雾笼罩着寒水也笼罩着沙；月光笼罩着沙也笼罩着寒水。

（3）将军白发征夫泪。（范仲淹《渔家傲·秋思》）多年征战在外，将军已满头白发，想起家乡就满眼泪痕，随将军出征的士兵也一样满头白发、满眼泪痕。

（4）不嫁余家即聘周。（辛弃疾《鹧鸪天·戏题村舍》）不是嫁、娶余家，就是嫁、娶周家。

（二）双句互文

（1）将军百战死，壮士十年归。（《木兰诗》）“将军”与“壮士”互文，即“将军壮士百战死，将军壮士十年归”。

（2）当窗理云鬓，对镜帖花黄。（《木兰辞》又名《木兰诗》）这两句为互文，当窗亮敞，对镜顾影是理云鬓、帖花黄的共同条件，意指“当窗、对镜理云鬓帖花黄”。

（3）岐王宅里寻常见，崔九堂前几度闻。（杜甫《江南逢李龟年》）“见”与“闻”互文，表示我常在岐王宅与崔九堂里见到你，并且听到你的歌声。不能理解为在岐王宅只见人而不闻歌，在崔九堂只闻歌而不见人。

（4）将军角弓不得控，都护铁衣冷难着。（岑参《白雪歌送武判官归京》）“将军”与“都护”互文，表示天气寒冷，将军和都护的角弓都无法张开，铠甲都冷得无法穿上。

互文的作用，主要是避免行文的单调平板，或适应文体（主要是诗歌）表达的需要。值得注意的是，对于古文中互文这一修辞方式，只有使上下文互相补充，才能准确地理解文意，如果拘泥于字面，则难以准确而完整地理解。

（5）不以物喜，不以己悲；居庙堂之高则忧其民，处江湖之远则忧其君。（范仲淹

《岳阳楼记》）这例中两处运用了互文的修辞方式。“不以物喜，不以己悲”中的“物”与“己”互文，即“不以物己喜，不以物己悲”，意思是不因外物好和自己得意而喜，不因外物不好和自己失意而悲。如果拘泥于字面，就会理解为不因外物好而喜，不因自己失意而悲。“居庙堂之高则忧其民，处江湖之远则忧其君”中的“忧其民”与“忧其君”互文，即“居庙堂之高则忧其君忧其民，处江湖之远则忧其君忧其民”，意思是无论是“居庙堂之高”，还是“处江湖之远”，都“忧其君”“忧其民”。如果拘泥于字面，就会理解为在朝廷做官就忧其民而不忧其君，不在朝廷做官则忧其君而不忧其民。这样一来，人们就会产生疑问：在朝廷做官就忧其民吗？由此可见，对于运用了互文修辞方式的句子，是不能拘泥于字面去理解的。

六、夸饰（夸张）

“夸饰”又叫夸张。夸饰是一种为了增加语言的生动性、形象性而采用极度形容性语词的修辞方法。

（1）谁谓河广，曾不容刀。（《诗经·卫风·河广》）

（2）晏子对曰：“齐之临淄三百闾，张袂成阴，挥汗成雨，比肩继踵而在，何为无人？”（《晏子春秋·晏子使楚》）

（3）头发上指，目眦尽裂。（《史记·项羽本纪》）

（4）白发三千丈，缘愁似个长。（李白《秋浦歌》）

（5）燕山雪花大如席。（李白《北风行》）

（6）十旬休假（xiá），胜友如云；千里逢迎，高朋满座。（王勃《滕王阁序》）

七、错位

由于对仗、平仄、押韵等的要求而故意使一些词序颠倒，这就叫错位。

城阙辅三秦，风烟望五津。（王勃《送杜少府之任蜀州》）

应是“三秦辅城阙，望五津风烟”，然而这样一来，既不对仗，又不合平仄，也不押韵。因此，为了合律而倒言“城阙辅三秦，风烟望五津”。

八、委婉

不直言其事，故意把话说得含蓄、婉转一些，即“委婉”。

（一）避粗俗

（1）权起更衣，肃追于宇下。（《资治通鉴·汉纪·五十七》）古人忌讳说不雅观和粗俗的事，于是用“更衣”作为“上厕所”的避讳语。

（2）即阳为病狂，卧便利。(《汉书·玄成列传》)“便利”是大小便的委婉说法，因为大小便是人的羞耻之事，不便明说，用便利来代替大小便。

（二）避忌讳

（1）一旦山陵崩，长安君何以自托于赵？(《战国策·赵策四》)

（2）愿及未填沟壑而托之。(《战国策·赵策四》)

（3）宫车一日晏驾，是事之不可知者一也。(《史记·范雎蔡泽列传》)

（4）先帝创业未半，而中道崩殂。(诸葛亮《前出师表》)

古人忌讳说不吉利的事，如病和死等，于是这里用“山陵崩、填沟壑、晏驾、崩殂”作为“死”的避讳语。都是对帝王死亡的讳辞，与一般委婉语不同，除避忌讳之外，还有尊君的意思。

（5）生孩六月，慈父见背。(李密《陈情表》)“慈父见背”婉指父亲去世。

（6）百岁之后，归于其居。(《诗经·唐风·葛生》)“百岁之后”婉指去世。

在古代汉语中，关于“死”的委婉用法较多，如“驾崩”“仙逝”“晏驾”“物故”“见背”“圆寂”“寿终”“失怙”“归天”等，都是“死”的委婉表达。

（三）避冒犯

（1）寡君勾践乏无所使，使其下臣种，不敢彻声闻于天王，私于下执事。(《国语·勾践栖会稽》)“寡君”是文种称自己的国君，意为寡德之君；“下臣”是文种自称，意为才能低下的臣子。这是用含有贬义色彩的词语或表示卑贱身份的词语来表示谦称。“天王”在春秋时用以尊称天子，这里是指吴王，这是用表示高贵身份的词语来表示对吴王的尊敬；“下执事”是吴王手下办事的人，这里用的是“因卑以达尊”的方法来表示对吴王的尊敬，其实还是指吴王。

（2）二圣北狩之痛，汉唐之所未有也。(陈亮《上孝宗皇帝第一书》)宋徽、钦二帝被金俘虏并囚禁在北方，算得上是宋朝的奇耻大辱，不宜直说，只好用体面的“北狩”一词来替代，把被俘说成是到北方打猎。

（四）交际辞令

古人在日常交际、军事谈判时，为了使语气缓和客气，不使对方直接受到刺激而难堪，多把话说得含蓄委婉。这类交际辞令刚柔并济、不卑不亢，既有理有节，又不失分寸。

（1）相如曰：“五步之内，相如请得以颈血溅大王矣！”(《史记·廉颇蔺相如列传》)这句表面上是蔺相如说用脖子里的血溅在秦王身上，实际上是要和秦王拼命。过于直露的话语容易刺激对方，用委婉的说法可以避免把事情弄得太僵。

（2）今治水军八十万众，方与将军会猎于吴。(《资治通鉴·汉纪·五十七》)曹操没有直接跟孙权说“我带八十万大军和你决一死战”，而是用“想再跟你在一起打一次猎”的委婉说法来表示。

（3）孟武伯问：“子路仁乎？”子曰：“不知也。”（《论语·公冶长》）孔子所说的“不知也”，表面上是说自己不了解具体情况，实际上是他不愿明说子路未见仁慈这层意思。

（4）昭王之不复，君其问诸水滨。（《齐桓公伐楚》）要说的是关于昭王南巡而未归一事，“我”不负责任。然而并不直说，而是用“君其问诸水滨”来婉转地表达。

九、省略

省去某些句子成分的修辞方式叫作“省略”。

（一）省略主语

郤夏曰：“射其御者，君子也。”公曰：“谓之君子而射之，非礼也。”

（ ）射其左，（ ）越于车下。（《左传·鞌之战》）

（二）省略宾语、兼语

明日，子路行，以（ ）告（ ）。（《论语·子路从而后》）

（三）省略述语

一鼓作气，再（ ）而衰，三（ ）而竭。（《庄公十年》）

（四）省略“曰”字

曰：“为国以礼，其言不让，是故哂之。”（ ）“唯求则非邦也与？”（ ）“安见方六七十如五六十而非邦也者？”（ ）“唯赤则非邦也与？”（ ）“宗庙会同，非诸侯而何？赤也为之小，孰能为之大？”（《子路曾皙冉有公西华侍坐》）

十、排比

把三个或三个以上结构相同或相似、语义相关、语气相同的句子或词组排列在一起使用，这种修辞方式叫排比。具体如下：

（1）子曰：“好学近乎知，力行近乎仁，知耻近乎勇。”（《礼记·中庸》）

（2）今陛下致昆山之玉，有随和之宝，垂明月之珠，服太阿之剑，乘纤离之马，建翠凤之旗，树灵鼍之鼓。此数宝者，秦不生一焉，而陛下说之。（李斯《谏逐客书》）

（3）故祸莫憯于欲利，悲莫痛于伤心，行莫丑于辱先，诟莫大于宫刑。（司马迁《报任安书》）

（4）由其中以望，则山之高，云之浮，溪之流，鸟兽之遨游，举熙熙然回巧献技，以效兹丘之下。（柳宗元《钴鉧潭西小丘记》）

【课后实操训练】

一、指出下列各句中所用的修辞手法。

1. 杨意不逢，抚凌云而自惜；钟期既遇，奏流水以何惭。(王勃《滕王阁序》)

2. 故渔者歌曰：“巴东三峡巫峡长，猿鸣三声泪沾裳。”(郦道元《巫峡》)

3. 生孩六月，慈父见背；行年四岁，舅夺母志。(李密《陈情表》)

4. 自非亭午夜分，不见曦月。(郦道元《巫峡》)

5. 朽木不可雕也，粪土之墙不可圬也。(《论语·公冶长》)

6. 花径不曾缘客扫，蓬门今始为君开。(杜甫《客至》)

7. 北风卷地白草折，胡天八月即飞雪。忽如一夜春风来，千树万树梨花开。散入珠帘湿罗幕。狐裘不暖锦衾薄。将军角弓不得控，都护铁衣冷难着。(岑参《白雪歌送武判官归京》)

8. 当窗理云鬓，对镜帖花黄。(《木兰诗》)

9. 谚所谓“室于怒市于色”者，楚之谓矣。(《左传·昭公十九年》)

10. 清清泠泠，愈病析酲，发明耳目，宁体便人。(宋玉《风赋》)

11. 今已失老母，方寸乱矣。(《三国志·蜀书·诸葛亮传》)

12. 今治水军八十万众，方与将军会猎于吴。(《资治通鉴·汉纪·五十七》)

13. 繁启蕃长于春夏，畜积收藏于秋冬。(《荀子·天论》)

14. 使人意夺神骇，心折骨惊。(江淹《别赋》)

15. 不以物喜，不以己悲。(范仲淹《岳阳楼记》)

16. 一登龙门，则声价十倍。(李白《与韩荆州书》)

17. 淮谓河广，曾不容刀！《诗经·河广》)

18. 及三闾橘颂，情采芬芳。(刘勰《文心雕龙·情采》)

19. 香稻啄馀鹦鹉粒，碧梧栖老凤凰枝。(杜甫《秋兴八首》)

20. 吾以布衣提三尺，取天下。(《汉书·高帝本纪》)

二、标点、翻译下面短文。

自三峡七百里中两岸连山略无阙处重岩叠嶂隐天蔽日自非亭午夜分不见曦月至于夏水襄陵沿溯阻绝或王命急宣有时朝发白帝暮到江陵其间千二百里虽乘奔御风不以疾也春冬之时则素湍绿潭回清倒影绝巘多生怪柏悬泉瀑布飞漱其间清荣峻茂良多趣味每至晴初霜旦林寒涧肃常有高猿长啸属引凄异空谷传响哀转久绝故渔者歌曰巴东三峡巫峡长猿鸣三声泪沾裳(郦道元《水经注》)

第十章　文选·五

第一节　桂州裴中丞作訾家洲亭记（柳宗元）

【文化常识】

柳宗元，字子厚，汉族，河东（今山西运城永济市一带）人，世称“柳河东”“河东先生”。21 岁考取进士。他和刘禹锡一同参加王叔文领导的“永贞革新”，失败后，被贬为永州司马，迁柳州刺史。因官终柳州刺史，又称“柳柳州”。与韩愈同为唐代“古文运动”的倡导者，文学成就很高。为唐宋八大家之一，与韩愈并称为“韩柳”，与刘禹锡并称“刘柳”，与王维、孟浩然、韦应物并称“王孟韦柳”。著有《河东先生集》。诗文作品达 600 余篇，其文的成就大于诗。

訾家洲是桂林城东漓江中的一个沙洲，简称訾洲。总面积约 0.51 平方千米，周环数里，与象鼻山隔江相望。唐代桂管观察使裴行立曾在此修筑亭台楼阁，营建风景。时柳宗元任柳州刺史，应邀为之作记。惜原碑与洲上当年之建筑，早已毁坏无存。

裴行立，绛州稷山（今山西新绛）人。因平定李錡叛乱，擢任沁州刺史，后改蕲州刺史、迁安南经略使、桂管观察使、安南都护等。唐制，观察使、经略使多兼有御史中丞衔，故以中丞相称。

文章赞美了桂林的秀丽风光，记叙了裴行立在訾家洲作亭的经过和登临訾家洲亭观览桂林山水的特殊感受，并把修建园林与庆贺朝廷平定淮蔡的胜利联系起来，热情而不露痕迹地赞颂了裴行立的行事。

【学习任务】

积累文中出现的重要文言实词、虚词、通假字、文言句式等知识，提高文言文阅读能力；了解文中所描写的桂林山水的自然景观，感受祖国山河的秀美，培养家国情怀；欣赏精彩的写景片段，品味形象而优美的语言，陶冶审美情趣，逐步提高鉴赏能力。

大凡以观游名于代者①，不过视于一方②，其或傍达左右，则以为特异。至若不骛远③，不陵危④，环山洄江⑤，四出如一，夸奇竞秀，咸不相让，遍行天下者，惟是得之。

①游名：此指观赏游览之所。名：得名、著称。②视：通“示”。③骛远：跑得很远。骛：马快跑。④陵危：攀登高险之地。陵：登、攀登。⑤洄江：江流回绕。洄：逆流。

桂州多灵山，发地峭坚，林立四野。①署之左曰漓水②，水之中曰訾氏之洲。凡峤南之山川③，达于海上，于是毕出，而古今莫能知。

①桂州：唐代州名，治所在今广西桂林市。②署：此指桂州府衙门。③峤南：山南，此指越城峤（即今越城岭）以南。

元和十二年，御史中丞裴公来莅兹邦①，都督二十七州事。盗遁奸革，德惠敷施，期年政成②，而富且庶。当天子平淮夷，定河朔③，告于诸侯，公既施庆于下，乃合僚吏，登兹以嬉。观望悠长，悼前之遗④。于是厚货居氓⑤，移于闲壤。伐恶木，刜奥草⑥，前指后画，心舒目行。忽焉如飘浮上腾，以临云气。万山面内，重江束隘，联岚含辉⑦，旋视其宜⑧，常所未睹，倏然互见⑨，以为飞舞奔走，与游者偕来。

①元和十二年：公元 817 年，元和为唐宪宗李纯的年号。这一年裴行立被贬为桂州刺史兼桂管观察使。②期年：一周年。③河朔：指黄河以北之地。④观望悠长，悼前之遗：观望良久，深痛此地过去失于开拓。悠：语气助词，无义。⑤氓：通“民”。⑥伐恶木，刜奥草：伐掉恶木，砍光荒草。刜：砍。奥草：荒草。⑦岚：山林中的雾气。含辉：含蕴光辉。⑧其宜：都很适宜。⑨倏：迅速、很快。

乃经工庀材①，考极相方②。南为燕亭，延宇垂阿，步檐更衣③，周若一舍。北有崇轩，以临千里。左浮飞阁，右列闲馆。比舟为梁④，与波升降。苞漓山，涵龙宫⑤，昔之所大，蓄在亭内。日出扶桑⑥，云飞苍梧⑦。海霞岛雾，来助游物。其隙则抗月槛于回溪⑧，出风榭于篁中⑨。昼极其美，又益以夜，列星下布，灏气回合⑩，邃然万变⑪，若与安期、羡门接于物外⑫。则凡名观游于天下者，有不屈伏退让，以推高是亭者乎？

①庀（pǐ）：具备、备办。②考极相方：考察星象，选择方位。相：择。③延宇垂阿，步檐更衣：亭檐上举，栋梁下垂，又有步廊及休息之室。步檐：屋外之步廊。更衣：更衣之室，指换衣休息之所。④比舟为梁：将船连接起来当作桥梁。比：联。梁：桥。⑤苞：通“包”。《庄子·天运》：“充满天地，苞裹六极。”漓山：又名象山，在桂林东南，漓江流经其下。龙宫：龙隐洞，在桂林城东七星岩瑶光峰山脚，仰视洞顶有一条石槽，像神龙飞去后留下的全身痕迹，故称。⑥日出扶桑：太阳从扶桑升起。《淮南子》：“日出于旸谷，浴于咸池，拂于扶桑。”扶桑：东夷地名。一说扶桑，神话中树木名。《山海经·海外东经》云：“汤谷上有扶桑，十日所浴。”郭璞注：“扶桑，木也。”⑦苍梧：山名，在今广西梧州。⑧抗：高。月槛：月阑、月晕。⑨出风榭于篁中：风榭：高榭。榭：建在高台上的敞屋。篁：竹林。⑩灏气回合：灏（hào）气：洁白盛大之气。回：旋转。合：汇聚。

意为天边的白气旋转聚合。⑪邃：深、远。⑫安期、羡门接于物外：安期、羡门均为传说中的古代仙人。《列仙传》云：安期生，琅琊阜乡人。《史记》云：始皇之碣石，燕人卢生求羡门。物外：犹言世外。

既成以燕①，欢极而贺，咸曰：昔之遗胜概者，必于深山穷谷，人罕能至，而好事者后得，以为己功。未有直治城，挟阛阓②，车舆步骑，朝过夕视，讫千百年，莫或异顾，一旦得之，遂出于他邦，虽博于物、辩于口，莫能举其上者。然则人之心目，其果有辽绝特殊而不可至者耶？盖非桂山之灵，不足以瑰观③；非是州之旷，不足以极视；非公之鉴④，不能以独得。噫！造物者之设是久矣，而尽之于今，余其可以无藉乎？⑤

①燕：通“宴”。②阛（huán）阓（huì）：市区。阛：市区的墙。阓：市区的门。③瑰：奇伟、珍贵。④鉴：此指照察的能力。⑤藉：《全唐文》及何焯校本作“籍”，记载。

【课后实操训练】

阅读短文，翻译下面画线的句子。

余尝评桂山之奇，宜为天下第一。士大夫落南者少，往往不知，而闲者亦不能信。余生东吴，而北抚幽蓟，南宅交广，西使岷峨之下，三方皆走万里，所至无不登览。太行、常山、衡岳、庐阜皆崇高雄厚，虽有诸峰之名政尔魁然大山峰云者，盖强名之，其最号奇秀，莫如池之九华，歙之黄山，括之仙都，温之雁荡，夔之巫峡，此天下同称之者，然皆数峰而止耳，又在荒绝僻远之濒，非几杖间可得，且所以能拔乎其萃者，必因重冈复岭之势，盘亘而起，其发也有自来。桂之千峰，皆旁无延缘，悉自平地崛然特立，玉笋瑶篸，森列无际，其怪且多如此，诚当为天下第一。韩退之诗云：“水作青罗带，山如碧玉篸。”柳子厚《訾家洲记》云：“桂州多灵山，发地峭竖，林立四野。”黄鲁直诗云：“桂岭环城如雁荡，平池苍玉忽嵯峨。”观三子语意，则桂山之奇固在目中，不待余言之赘。顷尝图其真形，寄吴中故人，盖无深信者，此未易以口舌争也。山皆中空，故峰下多佳岩洞，有名可纪者三十余所，皆去城不过七八里，近者二三里，一日可以遍至。（范成大《桂海虞衡志》序）

第二节 前赤壁赋（苏轼）

【文化常识】

苏轼，字子瞻，号东坡居士，眉州眉山（今属四川）人。北宋文学家。少负才名，博通经史。父苏洵，弟苏辙均以文名著称，而以苏轼成就最大。后人称他们父子为“三苏”，均位列“唐宋八大家”。宋仁宗嘉祐二年，苏轼中进士。宋神宗熙宁年间，王安石实行变法，苏轼因反对新法而外调杭州通判，转任密、徐、湖州知州。元丰二年因讽刺新法的诗句，而被捕下狱，后贬为黄州团练副使，因筑室于东坡而自号东坡居士。哲宗继位，一度被召回家，等哲宗亲政，苏轼再一次遭贬到惠州，后又到琼州。徽宗即位后，遇赦北还，建中靖国元年，途中“卒于常州，年六十六”，葬于汝州郏城县（今河南郏县）。

元丰二年，苏轼因作诗讽刺王安石新法（“乌台诗案”），被捕入狱。次年出狱后，被贬黄州团练副使。为排遣内心郁闷，他泛舟赤壁，先后写下了前后《赤壁赋》和《念奴娇·赤壁怀古》。

本篇是前《赤壁赋》，作于宋神宗元丰五年。它记述了作者与朋友月夜泛舟游赤壁的所见所感，以作者的主观感受为线索，通过主客问答的形式，表现了作者政治上受挫后惆怅苦闷和抑郁的心情，同时显示出作者自我解脱的旷达胸襟。文章由游起兴，由景生情，由情入理，意脉突出，行文流畅自如，是光照千古的名篇。

【学习任务】

了解苏轼被贬黄州的有关背景和“赋”的文体特点；积累文中出现的重要文言实词、虚词、通假字、词类活用、古今异义词、文言句式等知识，提高文言文阅读能力；感悟其乐观、旷达、豪放的文风，正确评价苏轼在文中所反映的人生感慨和生活态度；培养旷达乐观、勇于面对坎坷战胜困难的精神。

壬戌之秋，七月既望，苏子与客泛舟游于赤壁之下。①清风徐来，水波不兴，举酒属客，诵明月之诗，歌窈窕之章。②少焉，月出于东山之上，徘徊于斗牛之间。③白露横江，水光接天。④纵一苇之所如，凌万顷之茫然。⑤浩浩乎如冯虚御风，而不知其所止⑥，飘飘乎如遗世独立，羽化而登仙⑦。

①壬戌：宋神宗元丰五年（公元 1082 年）。望：月满的名称。阴历小月十五日、大月十六日的清晨，日在东，月在西，遥遥相望。既望：望日的第二天。苏子：作者自称。泛舟：乘船。②徐：舒缓地。兴：起、作。属客：斟酒劝客人喝。属：通“嘱”，此处引申为“劝请”的意思。明月之诗：指曹操《短歌行》，诗中有“明明如月，何时可掇”和“月明星稀，乌鹊南飞”的句子。窈窕之章：指《诗经·周南·关雎》，诗中有“窈窕淑女，君子好逑”之句。③少焉：过了一会儿。徘徊：逗留不前。斗牛：二十八星宿中的斗宿和牛宿。④白露：指白茫茫的水汽。横江：笼罩江面。横：横贯。⑤纵：任凭。一苇：像一片苇叶那么小的船，形容较小的船。《诗经·卫风·河广》：“谁谓河广，一苇杭（航）之。”所如：所往。凌：越过。茫然：旷远的样子。⑥浩浩：无边无际。冯：通“凭”，乘。虚：引申指天空。御：驾御（驭）。⑦遗世独立：遗弃尘世，独自存在。羽化：成仙。登仙：飞升仙境。

于是饮酒乐甚，扣舷而歌之。①歌曰：“桂棹兮兰桨，击空明兮溯流光②；渺渺兮予怀，望美人兮天一方。”[3]客有吹洞箫者，倚歌而和之。[4]其声呜呜然，如怨如慕，如泣如诉[5]；余音袅袅，不绝如缕[6]，舞幽壑之潜蛟，泣孤舟之嫠妇[7]。

①于是：在这时。于：在。扣舷：敲打着船边，指打节拍。舷：船的两边。②桂棹兰桨：对划船工具的美称。棹：划船的长桨。桂、兰都是香木。击：划破、划开。空明：指月光映照的清澈江水。溯：逆流而上。空明：月光浮动的江水。流光：指江面浮动的月光。③渺渺：悠远的样子。美人：古人常用来作为圣主贤臣或美好理想的象征。④箫：管乐器的一种。倚歌：依照歌曲的声调和节拍。倚：随、循。和：同声相应，唱和。⑤怨：哀怨。慕：眷恋。⑥余音：尾声。袅袅：声音悠扬婉转的样子。缕：细丝线。⑦舞、泣：都是动词用作使动。幽壑：这里指深渊。潜：潜藏。蛟：蛟龙。嫠：孤居的妇女，这里指寡妇。

苏子愀然，正襟危坐而问客曰[1]：“何为其然也？”[2]客曰：“‘月明星稀，乌鹊南飞’，此非曹孟德之诗乎？[3]西望夏口，东望武昌[4]，山川相缪，郁乎苍苍[5]，此非孟德之困于周郎者乎[6]？方其破荆州，下江陵[7]，顺流而东也，舳舻千里，旌旗蔽空，酾酒临江，横槊赋诗[8]，固一世之雄也，而今安在哉！况吾与子渔樵于江渚之上，侣鱼虾而友麋鹿。[9]驾一叶之扁舟，举匏樽以相属。[10]寄蜉蝣于天地[11]，渺沧海之一粟[12]。哀吾生之须臾，羡长江之无穷。[13]挟飞仙以遨游，抱明月而长终。[14]知不可乎骤得，托遗响于悲风。”[15]

①愀然：脸色变得忧愁。正襟危坐：整理好衣服，端正地坐着。危坐：端坐。②何为其然也：为什么箫声这样哀怨呢？何为：为何，为什么。其：指代箫声。然：这样。③曹孟德：曹操，字孟德。这里所引诗句见其《短歌行》。④夏口：三国东吴孙权建国，筑城屯兵于黄鹄山（今蛇山），因为此地正对着夏水，所以取名为夏口，在今湖北武昌。武昌：今鄂州城区。孙权于魏黄初二年自公安迁来鄂县，取“以武而昌”之义，改鄂县为武昌县。吴黄龙元年四月，孙权即帝位于武昌。⑤山川相缪：山河接壤连绵不绝。缪：通“缭”，环绕。郁乎苍苍：草木茂盛苍翠。⑥周郎：周瑜，三国时东吴的名将，在二十四岁时被授予建威中郎将，故吴中人又称其周郎。⑦方：当。其：指代曹操。破荆州：公元前208年曹操南击荆州，当时荆州刺史刘表已死，刘表的儿子刘琮投降曹操。荆州：在今湖北、湖南一带。江陵：今湖北江陵县。⑧舳舻：船尾和船头的并称。泛指首尾相接的船只。酾酒：斟酒。横槊：横执长矛。槊：长矛。⑨况吾与子渔樵于江渚之上，侣鱼虾而友麋鹿：何况我和您在江中小州上捕鱼打柴，和鱼虾做伴侣，与麋鹿交朋友。渔：打鱼。樵：砍柴。渚：江中小州。侣、友：都是名词意动用法。“以……为侣”“以……为友”。⑩扁舟：小船。匏樽：用葫芦瓢做的酒器。属：“通”嘱，劝请。⑪蜉蝣：一种昆虫，成虫褐绿色，有翅，只有几小时的生存期。此句比喻人生之短暂。⑫渺：小。沧海：大海。一粟：一颗米粒。此句比喻人类在天地之间较为渺小。⑬须臾：片刻，时间较短。⑭挟：携同。这里有一起做伴的意思。长终：直到永远。⑮骤：数次，屡次得到。遗响：余音，指箫声。悲风：秋风。

苏子曰：“客亦知夫水与月乎？逝者如斯，而未尝往也；[1]盈虚者如彼，而卒莫消长也。[2]盖将自其变者而观之，则天地曾不能以一瞬；[3]自其不变者而观之，则物与我皆无尽也，而又何羡乎？[4]且夫天地之间，物各有主，苟非吾之所有，虽一毫而莫取。[5]惟江上之清风，与山间之明月，耳得之而为声，目遇之而成色，取之无禁，用之不竭。是造物者之无尽藏也⑥，而吾与子之所共适。”⑦

①逝：流逝的时光。斯：此，指江水。而未尝往也：但始终没有流走。意思是江水虽然不停地滚滚东流，但是始终还是一江流水，不会消失。②盈虚者如彼，而卒莫消长也：时圆时缺得就像这月，终究没有增减。盈虚：月亮的圆缺。彼：那，指代月亮。卒：副词，最终。消长：消减和增长。消：减少。长：增长。意思是月亮虽然有圆有缺，月亮还是月亮。③盖将自其变者而观之，则天地曾不能以一瞬：从事物变化的一面看来，天地间万事万物时刻在变动，连一眨眼的工夫都不停止。盖：这里表示假设语气。将：如，若。曾不能：固定词组，连……都不够。曾：连……都。一瞬：一眨眼的工夫。④物与我皆无尽：万物同人们一样都是永恒的。何羡：羡何。何：疑问代词作宾语，前置。⑤且夫：连词，表示递进关系，再说。苟：假设连词，如果。毫：细长而尖的毛，代指较微小的东西。⑥是造物者之无尽藏也：这是大自然的无穷的宝藏。造物者：原意指“天”。就是现在所说的“大自然”。无尽藏：出于佛家语的“无尽藏海”（像海之能包罗万物）。⑦适：享受。

客喜而笑，洗盏更酌。①肴核既尽，杯盘狼藉。②相与枕藉乎舟中，不知东方之既白。③

①洗盏更酌：洗净酒杯，重新斟酒再喝。更：副词，复，再。酌：斟酒喝。②肴核：荤菜和果品。既：已经。核：带核的果品。狼藉：凌乱的样子。③枕藉：相互枕着垫着。藉：草编的垫子。这里作动词，垫靠。既白：已经发白。

【课后实操训练】

翻译下面短文中画线的句子。

（吴、蜀联军）进，与操遇于赤壁。时操军众已有疾疫，初一交战，操军不利，引次江北。瑜等在南岸，瑜部将黄盖曰：“今寇众我寡，难与持久。操军方连船舰，首尾相接，可烧而走也。”乃取蒙冲斗舰十艘，载燥荻枯柴，灌油其中，裹以帷幕，上建旌旗，豫备走舸，系于其尾。先以书遗操，诈云欲降。时东南风急，盖以十舰最著前，中江举帆，余船以次俱进。操军吏士皆出营立观，指言盖降。去北军二里余，同时发火，火烈风猛，船往如箭，烧尽北船，延及岸上营落。顷之，烟炎张天，人马烧溺死者甚众。瑜等率轻锐继其后，雷鼓大震，北军大坏，操引军从华容道步走，遇泥泞，道不通，天又大风，悉使羸兵负草填之，骑乃得过。羸兵为人马所蹈藉，陷泥中，死者甚众。刘备、周瑜水陆并进，追操至南郡。时操军兼以饥疫，死者太半。操乃留征南将军曹仁、横野将军徐晃守江陵，折冲将军乐进守襄阳，引军北还。

第三节 游褒禅山记（王安石）

【文化常识】

王安石，字介甫，号半山，谥文，封荆国公。世人又称王荆公。汉族，北宋抚州临川人（今江西省抚州市），北宋著名政治家、思想家、文学家、改革家，唐宋八大家之一。传世文集有《王临川集》《临川集拾遗》等。其诗文各体兼擅，词虽不多，但亦擅长，且有名作《桂枝香》等。

本篇是王安石 34 岁时在任舒州通判辞职回家探亲，在归途中游览了褒禅山后，以追忆形式写下的一篇游记。它不重在表现山水之美，而是在记游的基础上用酣畅的笔墨进行大量议论，说明要成就一番事业，需要有坚定的志向和顽强的毅力，并提出治学必须采取“深思而慎取”的态度。在当今社会也具有现实意义。

【学习任务】

了解作者的生平事迹；积累文中出现的重要文言实词、虚词、通假字、辨析一些词性活用的情况、古今异义词、文言句式等知识，提高文言文阅读能力；认识本篇所阐发的治学、处事都必须有百折不挠的意志和“深思慎取”才能获得成功的道理，明白这两者在当今时代的借鉴意义。

褒禅山亦谓之华山①，唐浮图慧褒始舍于其址②，而卒葬之③；以故其后名之曰“褒禅”④。今所谓慧空禅院者，褒之庐冢也。⑤距其院东五里，所谓华阳洞者，以其乃华山之阳名之也。⑥距洞百余步，有碑仆道⑦，其文漫灭⑧，独其为文犹可识曰“花山”⑨。今言“华”如“华实”之“华”者，盖音谬也。⑩

①褒禅山：位于安徽省马鞍山市含山县。青峰环绕，有山有洞，风景秀丽。②浮图：梵语（即古印度语）的音译，也写作“浮屠”或“佛图”，本意是佛或佛教徒，这里指和尚。这里是对得道高僧的敬称。慧褒：唐代高僧。舍：名词用如动词，筑舍定居。址：山脚。③卒：死。葬之：“葬于之”的省略。④名：名词用如动词，取名，称呼。褒：指慧褒和尚。禅：梵语“禅那”的缩写，意为“静思”，指佛家追求的一种境界，后来泛指有关佛教的人和事，这里指禅师（过去对和尚的尊称）。⑤慧空禅院：寺庙名。禅院：佛寺。庐冢：也作“庐墓”。古时为了表示孝顺父母或尊敬师长，在他们死后，为守护坟墓而盖的屋舍，叫作“庐冢”。这里指慧褒的弟子在慧褒墓旁盖的屋舍。庐：屋舍。冢：坟墓。⑥阳：指山的南面或水的北面。⑦仆道：“仆于道”的省略。仆：向前跌倒，也泛指倒下。⑧其文漫灭：碑文模糊。文：指碑文。下文“独其为文”的“文”指碑上残存

的文字。漫灭：模糊、磨灭。⑨独其为文犹可识曰“花山”：只有从它残存的字还可以辨认出“花山”的名称。为：有。⑩言：说，这里是“念”“读”的意思。盖音谬也：大概是由于读音错误。盖：承接上文，解释原因，有“大概”的意思。谬：错误。

其下平旷，有泉侧出，而记游者甚众，所谓前洞也。①由山以上五六里，有穴窈然②，入之甚寒，问其深③，则其好游者不能穷也④，谓之后洞。余与四人拥火以入⑤，入之愈深，其进愈难，而其见愈奇⑥。有怠而欲出者，曰：“不出，火且尽。”⑦遂与之俱出。盖余所至，比好游者尚不能十一⑧，然视其左右，来而记之者已少。盖其又深，则其至又加少矣。⑨方是时，余之力尚足以入，火尚足以明也。⑩既其出⑪，则或咎其欲出者⑫，而余亦悔其随之而不得极夫游之乐也⑬。

①平旷：空旷。侧：名词作状语，从旁边。记游：指在洞壁上题诗文留念。②山：这里借全体代部分，指山路。窈然：深远幽暗的样子。③深：形容词用如名词，指深浅。④其：那些。穷：形容词作动词，穷尽，走到尽头。⑤拥：持。火：这里借指火把。以：连词，而。⑥其：这里是第一人称代词，我们。见：动词用如名词，指见到的景色。⑦怠：懈怠、松劲。且：将。尽：完。⑧盖：语词，也有“大概”的意思。不能十一：不及十分之一。不能：不及、不到。⑨其至又加少：那些到的人更加少。至：动词用如名词，指到达的人。加少：更加少。⑩方是时：正当这个时候。方：当，正在。是时：这时，指决定从洞中退出的时候。明：形容词用如动词，照明。⑪其：我们。⑫或：有人。咎：责怪。其：那个。⑬其：自己。极：尽，尽兴。夫：代词，那。

于是余有叹焉。①古人之观于天地、山川、草木、虫鱼、鸟兽，往往有得②，以其求思之深而无不在也③。夫夷以近④，则游者众；险以远，则至者少。而世之奇伟、瑰怪，非常之观⑤，常在于险远，而人之所罕至焉，故非有志者不能至也。有志矣，不随以止也⑥，然力不足者，亦不能至也。有志与力，而又不随以怠⑦，至于幽暗昏惑而无物以相之，亦不能至也⑧。然力足以至焉，于人为可讥⑨，而在己为有悔⑩；尽吾志也而不能至者，可以无悔矣，其孰能讥之乎⑪？此余之所得也。

①叹：动词用如名词，感慨。焉：句末语气词，啊。②观：观察。得：心得、收获。③以其求思之深而无不在也：因为他们探究、思考得深入而且广泛。求思：探究和思考。无不在：没有不探究、思考到的。意思是没有什么事物不在探究、思考的范围内。④夷：平坦。以：连词，同“而”。⑤奇伟：奇特怪异。瑰怪：壮丽奇特。非常：不同凡响，不寻常。⑥随以止：“随之以止”的省略。之：指“怠而欲出者”。以：连词，而。⑦随以怠：“随之以怠”的省略。⑧至于：抵达、到达。昏惑：使人迷乱，这里用作名词，指使人迷乱的地方。无物以相之：没有外物帮助他。物：与“己”相对，指己身之外的各种客观事物、条件等。相：动词，辅佐、帮助。⑨力足以至焉：下面省去“而不至”之类的话，意思是自己的体力足可到达却没有到达。焉：兼词，相当于“于此”。于人为可讥：在别人（看来）是可以嘲笑的。⑩有悔：有所悔恨。⑪其：加强反问语气的副词，难道。

余于仆碑①，又以悲夫古书之不存②，后世之谬其传而莫能名者③，何可胜道也哉④！此所以学者不可以不深思而慎取之也。⑤

①仆碑：倒下来的石碑。②又以悲夫古书之不存：又感叹古代刻写的文献未能存留。悲：感叹。③后世之谬其传而莫能名者：弄错了它的流传，而没有人能够说明白的。谬其传：以谬误相传，也就是“以讹传讹”的意思。莫：没有人。④胜：尽。也哉：表示感叹的语助词，“哉”的前面加“也”字，加重感叹的语气。⑤此所以学者不可以不深思而慎取之也：这就是学者不可不深入思考而谨慎地采取的缘故。此所以：这就是……的缘故。之：它（指流传的文字材料）。

四人者①：庐陵萧君圭君玉，长乐王回深父，余弟安国平父、安上纯父②。至和元年七月某日，临川王某记。③

①四人者：（同游的）四个人。②庐陵：今江西省吉安。萧君圭，字君玉。长乐：今福建长乐。王回，字深父。父：通“甫”，与下文“平父”“纯父”的“父”相同。安国平父、安上纯父：王安国，字平父。王安上，字纯父。安国、安上都是王安石的弟弟。③至和元年：公元1054年。至和：宋仁宗赵祯年号。王某：王安石自称。古人作文起稿，写到自己的名字，往往只写“某”或在“某”上冠姓，待以后誊写时才把姓名写出。根据书稿编的文集，也常保留“某”的字样。

【课后实操训练】

翻译下面短文。

夫桂之洞穴最多，南有白龙，北有石门，回穴据其东，隐山在其西，皆唐名流之所尝游也。观其咏歌序刻，莫不极道其胜概而叹前人之所遗者。斯岩之景，亦冠绝矣，而乃独遗之，是真可叹也已。岂当时忽于寻访而不见耶？将唐人所谓天作而地藏之，必待君子而后显耶？余生长东吴，号为山水中，如天台、雁荡，最为奇观，然未有过此者也。邦人乐公之德政，而愿以曾公名其岩，以比甘棠之思，余故为书之，且以告后人，收入为图经盛事云。公名布，字子宣。其年九月二十六日，管勾本路常平、前江山县丞刘谊记。

第四节　无标点白文选·五

後赤壁賦（北宋·蘇軾）

是歲十月之望步自雪堂將歸於臨皋二客從予過黃泥之阪霜露既降木葉盡脫人影在地仰見明月顧而樂之行歌相答已而歎曰有客無酒有酒無肴月白風清如此良夜何客曰今者薄暮舉網得魚巨口細鱗狀如松江之鱸顧安所得酒乎歸而謀諸婦婦曰我有鬥酒藏之久矣以待子不時之需於是攜酒與魚複遊於赤壁之下江流有聲斷岸千尺山高月小水落石出曾日月之

幾何而江山不可複識矣予乃攝衣而上履巉岩披蒙茸踞虎豹登虯龍攀棲鶻之危巢俯馮夷之幽宮蓋二客不能從焉劃然長嘯草木震動山鳴穀應風起水湧予亦悄然而悲肅然而恐凜乎其不可留也反而登舟放乎中流聽其所止而休焉時夜將半四顧寂寥適有孤鶴橫江東來翅如車輪玄裳縞衣戛然長鳴掠予舟而西也須臾客去予亦就睡夢一道士羽衣蹁躚過臨皋之下揖予而言曰赤壁之遊樂乎問其姓名俯而不答嗚呼噫嘻我知之矣疇昔之夜飛鳴而過我者非子也邪道士顧笑予亦驚寤開戶視之不見其處

岳陽樓記（宋·範仲淹）

慶曆四年春滕子京謫守巴陵郡越明年政通人和百廢俱興乃重修岳陽樓增其舊制刻唐賢今人詩賦於其上屬予作文以記之予觀夫巴陵勝狀在洞庭一湖銜遠山吞長江浩浩湯湯橫無際涯朝暉夕陰氣象萬千此則岳陽樓之大觀也前人之述備矣然則北通巫峽南極瀟湘遷客騷人多會於此覽物之情得無異乎若夫淫雨霏霏連月不開陰風怒號濁浪排空日星隱曜山嶽潛形商旅不行檣傾楫摧薄暮冥冥虎嘯猿啼登斯樓也則有去國懷鄉憂讒畏譏滿目蕭然感極而悲者矣至若春和景明波瀾不驚上下天光一碧萬頃沙鷗翔集錦鱗游泳岸芷汀蘭鬱鬱青青而或長煙一空皓月千裏浮光躍金靜影沉璧漁歌互答此樂何極登斯樓也則有心曠神怡寵辱偕忘把酒臨風其喜洋洋者矣嗟夫予嘗求古仁人之心或異二者之為何哉不以物喜不以己悲居廟堂之高則憂其民處江湖之遠則憂其君是進亦憂退亦憂然則何時而樂耶其必曰先天下之憂而憂後天下之樂而樂乎噫微斯人吾誰與歸時六年九月十五日

第十一章　古书阅读

第一节　古书的注释

【学习任务】

了解古书注解的类型；掌握古书注解的常用术语；学会利用古注阅读古书，并在此基础上培养阅读古注的能力。培养实事求是的学术探究精神。

一、为什么要读古注

古书的注释按时间划分可以分为古注和今注两大类（大体清代以前的注释叫古注。对古书注解工作，一般又称为“训诂”）。今注吸收了前人的研究成果，一般说来观点比较正确。科学性较强，而且使用现代汉语，通俗易懂，但阅读古书仅仅借助今注是远远不够的，原因如下：

（1）古代的传注家距古书成书时代近，如汉代注先秦之书，仅有数百年，其语言变化不大，典章制度尚存，加之他们学识渊博，学风扎实，他们作注一般说来切合实际，可信可靠。这些古注都是今注的基础和依据。今注有的比较简单，不同注本对某些问题的诠释也不同，为了更准确、深入地理解古籍的内容，需要阅读古注。

（2）有许多古书至今没有今注。我国的古代典籍浩如烟海，只有一小部分的今注，对多数没有今注可参考的古书在阅读时必须借助古注。

（3）中文专业的学生是专门学习研究我国各代语言文学的，应当具备利用古注阅读古书的能力，这是一项基本的训练和要求。

二、古注的类型

古书的注解由于作注的角度不同，侧重点不同，因此有不同的体式和名称。大致可以分为传注体、义疏体、章句体、集解体等。

（一）传注体

一种以解释词义为主的古注类型，多用于解释古书正文。属于传注体的注释，名称繁多，常见的有传、注、笺、诂、训等名称。

传有传过、传通之意。《说文解字》："传，遽也。"段玉裁注："传者，今之驿马。"本义是古代传递公文信件的驿车和驿马，引申为传通、传述的意思。孔颖达曰："传通其义也。"秦汉时，把儒家的"六经"称为"经"，把解释经的叫作"传"。例如，《毛诗诂训传》(以下简称《毛传》)；《尚书》孔安国传；后人解释《春秋》，有《春秋左氏传》《春秋公羊传》《春秋谷梁传》(三者合称"春秋三传")，《左传》多补充史实，文字较多；《公羊》《谷梁》多解释词语。一般说"传"偏重于内容的解说，意思的阐发。

"注"意为流注、注明，注释古书时，是指使文意如水之流注，畅通明晓。古书注释称"注"的很多，如郑玄《周礼注》《仪礼注》等。

"笺"是对传文进行补充订正的一种注释。《说文解字》："笺，表识书也。"例如，《诗经》《郑笺》。《郑笺》就是郑玄以《毛诗》为依据、对《毛传》进行补充和订正的注释。郑氏对《毛传》隐晦简略的地方，加以阐明，还把不同于《毛传》的意见写出来，以表示有别于已有的注释，标作"笺"，后人称为《郑笺》。

郑玄《毛诗笺》(节录)：桃之夭夭。灼灼其华。兴也桃有华之盛者夭夭其少壮也灼灼华之盛也笺云兴者踰时妇人皆得以年盛时行也○少诗照反。("笺云"前为《毛传》，后为《郑笺》，○后为后人从唐代陆德明《经典释文》里找来的反切注音)

（二）义疏体

亦称注疏体此类注释体例多为汉代以后的注释家所用。"义疏体"是一种"经""注"兼释的体例。"义疏"就是疏通经文及注文的意思。"经"指经典原文，"注"指前人(多指汉代注释家)注释。"疏"又叫"正义"。例如，《春秋左传正义》就是唐代孔颖达在晋代杜预注的基础上对《春秋左氏传》作的疏(正义)，是比较典型的义疏体。"义疏"的文字在唐代以前是和被疏的"经""传"分开刊行、各自成书的，宋代将两者合而为一。今存中华书局影印阮刻本《十三经注疏》即此。

十三经注疏《诗经·周南·桃夭》(节录)：之子于归。 宜其室家。之子嫁予也于往也宜以有室家无踰时者笺云宜者谓男女年时俱当○当丁浪反〔疏〕桃之至室家。("笺云"前为毛传，后为郑笺，○后为后人从陆德明《经典释文》里找来的反切注音。〔疏〕是孔颖达疏)

（三）章句体

"章句"是离章辨句、分析章节句读的意思，它是在训释名物的基础上发展起来的一种注释方式。除解释字词外，着重于逐句逐章串讲、分析大意。章句于每章之末还有章旨，总括该章主旨。例如，东汉赵岐《孟子章句》、王逸《楚辞章句》。

例如，王逸《楚辞章句》，原文：日月忽其不淹兮，春与秋其代序。【王（逸）注：代，更也。序，次也。言日月昼夜常行，忽然不久，春往秋来，以次相代。言天时易过，人年易老也。】

言日月昼夜常行，忽然不久，春往秋来，以次相代。

——串讲文意

言天时易过，人年易老也。

——点明诗句含意

（四）集解体

集解体注释是汇集众说并加上编者自己意见的一种注释。它包括集注、集传、集释等，如何晏的《论语集解》，朱熹的《孟子集注》，郭庆藩的《庄子集释》。

例如，魏何晏的《论语集解》，原文：学而时习之，不亦说乎？【马（融）曰：子者，男子之通称。谓孔子也。王（肃）曰：时者，学者以时诵习之。诵习以时，学无废业，所以悦怿。】有朋自远方来，不亦乐乎？【集解：包（咸）曰：同门曰朋。〇乐音洛。】

三、古书注释的内容及方法

（一）古书注释的内容

1. 注音

古书注音的对象，主要是一些多音多义词。注音的方法常用反切和直音，有时也以“读若”“读如”“如字”等用语指出读音。具体如下：

《诗经·秦风·黄鸟》：“黄鸟，哀三良也。国人刺穆公以人从死，而作是诗也。”郑笺：“三良，三善臣也，谓奄息、仲行、针虎。从死，自杀以从死。”音义：“行，户郎反，下皆同。针，其廉反，徐又音针。从死，上才容反。”上面的注文中，陆德明给“行、针、从”的注音释用反切方法。“行，户郎反”说明这里的“行”读 háng，不读 xíng。“下皆同”是说下文中的“行”的读音与此相同。“从死，上才容反”，是说“从死”的上字“从”读才容反。“针，其廉反”说明“针”在这里读作 qián。“徐又音针”是陆德明引用东晋徐邈的注音，说明“针”还读作 zhēn。徐邈在这里注音用的是直音法。

2. 正字

正字即改正传抄过程中的错讹字。

《礼记·乐记》：“武王克殷反商。”郑玄注：“‘反’当为‘及’字之误。”

3. 释义

释义即给字词注音释义，以扫除读书障碍。

（1）《诗经·卫风·氓》：“氓之蚩蚩，抱布贸丝。”《经典释文》注音：“蚩，尺之反；贸，莫豆反。”

（2）《孟子·滕文公下》：“勇士不忘丧其元。”赵（岐）注：“勇士，义勇者也。元，首也。”

4. 析句读

析句读即为避免读破句或误解文义而先断句。

《左传·僖公二十三年》：“曹共公闻其（指晋公子重耳）骈胁，欲观其裸。浴，薄而观之。”孔颖达疏：“断‘其裸’以上为句。”“裸谓赤体无衣也。骈胁非裸不见，故欲观其裸。伺其浴，乃逼迫以观之。”（骈胁：肋骨连在一起）

5. 通文义

通文义即串讲难理解的句子或段落。

《孟子·告子下》：“人恒过，然后能改，困于心，衡于虑，而后作。”赵注：“人常以有谬思过行，不得福，然后乃更其所为，以不能为能也。困瘁于心。衡，横也。横塞其虑于胸中，而后作为奇计异策，愤激而说也。”

6. 释典故、考名物

释典故、考名物即解释典故、名物、礼俗等。

（1）贾谊《吊屈原赋》：“莫邪为钝兮铅刀为铦。”李善注：“《吴越春秋》曰：干将者与欧冶同师，俱作剑。阖闾得而宝之，以故使干将造剑二枚，一曰干将，二曰莫邪。莫邪干将妻名也。”李善注详细说明了原文“莫邪”的典故。

（2）《史记·秦始皇本纪》载：“（秦始皇）二十三年，秦王复召王翦击荆。”张守节作《正义》：“秦号楚为荆者，以庄襄王名子楚，讳之，故言荆。”

（3）《左传·隐公元年》：“命子封帅车二百乘以伐京。”杜预注：“古者兵车一乘甲士三人，步卒七十二人。”

（二）古书注释的方法

1. 释词的方法

（1）形训：从分析字形入手解释词义。郑玄笺《诗经·小雅·皇皇者华》云：“中和谓忠信也。”孔颖达疏：“于文，人言为信，谓言不虚也。”

（2）声训：利用音同或音近词来释义。《孟子·滕文公上》：“设为庠序学校以教之。庠者，养也；校者，教也；序者，射也。夏曰校，殷曰序，周曰庠；学则三代共之，皆所以明人伦也。”

（3）义训：用同义近义词训释，或对词义作界说描述等。《周礼·大宰》：“大宰之职，掌建邦之六典。”郑玄注云：“典，常也，经也，法也。王谓之礼经，常所秉以治天下也。”

2. 通句的方法

（1）串讲：在释词基础上综合起来贯通全句句义。《楚辞·离骚》：“日月忽其不淹兮，春与秋其代序。”王逸注：“淹，久也。代，更也。序，次也。言日月昼夜常行，忽然不久，春往秋来，以次相待。言天时易过，人年易老也。”

（2）释句：就深入理解全句的问题加以解说。《诗经·鄘风·定之方中》：“升彼虚矣。以望楚矣。望楚与堂。景山与京。”毛亨传：“虚，漕虚也，楚丘有堂邑者。景山，大山。京，高丘也。”孔颖达疏：“言其有山林之饶，高丘之阻，不可居处。”

3. 拓展释义的方法

（1）解事：补叙、讲述事实或说明用典出处等。《世说新语·德行篇》：“陈仲举言为士则，行为世范，登车揽辔，有澄清天下之志。”刘孝标注曰：“《汝南先贤传》曰：‘陈蕃，字仲举，汝南平舆人。有室荒芜不扫除。曰：大丈夫当为国家扫天下。值桓汉之末，阉竖用事，外戚豪横。及拜太傅，与大将军窦武谋诛宦臣，反为所害。’”

（2）评说：对史事等情况加以评论，以便加深理解。《三国志·魏书·武帝纪》：“公曰：‘夫刘备，人杰也，今不击，必为后患。’”裴松之注云：“孙盛《魏氏春秋》云：答诸将曰：‘刘备，人杰也，将生忧寡人。’臣松之以为史之记言，既多润色，故前载所述有非实者矣，后之作者又生意改之，于失实也，不亦弥远乎？”（裴松之认为“今不击，必为后患”为失实之言）

四、术语

读古书的旧注，除了熟悉古注的体例、内容和注解的方法外，还要对古人做注解时用来解释字词等的术语有所了解。古人解释词义等往往从不同的角度采用不同的方式来进行，为了把这些丰富多彩的内容区分开来，人们创造并运用了一系列的术语（一般称训诂术语）。下面介绍一些常用的术语。

（一）“衍”和“脱”

1.“衍”

“衍”又称“衍文”或“衍字”，用以指明古籍中因传抄、刻印误加的字。

（1）《诗经·蒹葭》：“蒹葭采采，白露未已。”《毛传》：“未已犹未止也。”阮元《校勘记》：“段玉裁云：‘此犹字衍。’”

（2）《潜夫论·思贤第八》：“上医医国，其次下医医疾。”汪继培笺：“‘下医’二字衍。”《晋语》“医和曰：‘上医医国，其次疾人。’”彭铎校正：“《晋语》‘人’字衍。”

2.“脱”

“脱”（有时作“夺”或“敚”）又称“脱文”，也叫“夺字”，指古籍因传抄、刻印而脱落的文字，如《诗经·桃夭》：“之子于归，宜其家人。”郑玄笺：“家人犹室家也。”孔颖达疏：“桓公十八年《左传》曰：‘女有家，男有室’，室家谓夫妇也。此云‘家人’，家犹夫也，犹妇也。”阮元《校勘记》：“‘犹妇’上当脱‘人‘字。”

这两个术语实际是用于校勘的，此外常用于校勘的术语还有“当作”“当为”等，此不赘述。

（二）“曰”“为”“谓之”

这三个术语意义和用法相同，都是直陈词义解释词语，使用时被解释的词总是放在这三个术语的后面，相当于“叫作”“称为”。具体如下：

（1）《诗经·关雎》：“关关雎鸠，在河之洲。”《毛传》：“水中可居者曰洲。”

（2）《诗经·凯风》：“凯风自南，吹彼棘心。”《毛传》：“南风谓之凯风。”

（3）《吕氏春秋》：“昔秦缪公兴师以袭郑。”高诱注：“不鸣钟鼓密声曰袭。”

（4）《战国策·西周策》：“周君迎之以卒。”高诱注：“百人为卒。”

这三个术语在连续解释两个以上词语时，通常可以用来分别同义词、近义词的细微差别，如《战国策·卫策》：“妇上车，问：‘骖马谁马也？’御曰：‘借之’，新妇谓仆曰：‘拊骖，无笞服。’”高诱注：“两旁曰骖，辕中曰服。”《吕氏春秋·季夏》：“是月也，命妇官染采，黼黻文章，必以法故，无差忒。”高诱注：“白与黑谓之黼，黑与青谓之黻，青与赤谓之文，赤与白谓之章。”《论语·为政》：“君子周而不比，小人比而不周。”《集解》引孔安国注：“忠信为周，阿党为比。”

（三）“谓”“之谓”

这两个术语意义相同，相当于现代汉语的“是说”“说的是”等，常用来对被解释的词语加以说明，或对比喻、影射的事物加以解释。区别是形式不同：“谓”放在被解释词的后面，“之谓”常放在一句解释的结尾处，如《诗经·墓门》序：“陈佗无良师傅，以至于不义。”《毛传》：“不义者，谓弑君而自立。”

《论语·述而》：“子曰：‘志于道，据于德，依于仁，游于艺。’”朱熹注：“志者，心之所之之谓也，傅者，得也，得其道于心而不失之谓也，依者，不违之谓，游者，玩物适情之谓。”

（四）“貌”“之貌”

这两个术语一般用在动词或形容词的后面，说明被解释的词是表示某种性质或状态的形容词，相当于现代汉语的“……的样子”，如《诗经·大雅》：“四牡彭彭。”孔疏：“彭彭，行貌。”《尔雅·释训》：“番番，矫矫，勇也。”郭璞注：“皆勇壮之貌。”

（五）“犹”

“犹”是较常见的术语，用法很复杂，这里只学习其较为常用的用法。“犹”一般是用近义词作注，或以引申义训释本义，注释词和被释词的词语意义并不相同，只是近似。段玉裁在《说文解字注》中说：“凡汉人作注云：‘犹’者，皆义隔而通之。”所谓“通之”，是说注释者体会上下文之意，然后随文立训，用“犹”字联系两者词义，使读者更易理解，相当于现代汉语的"如同""等于说""跟……一样"，如《礼记·学记》："就贤体远，足以动众。"郑玄注："就谓躬下之；体犹亲也。"《战国策·西周策》："楚请道于二周之间，以临韩魏。"高诱注："临，犹伐也。"

（六）"之言""之为言"

这两个术语意义相同，是用声音相同或相近的词来注解，也就是所谓的"声训"，《礼记·曲礼下》："自世妇以下，自称曰婢子。"郑玄注："婢之言卑也。"《论语·学而》："子曰：'学而时习之，不亦说乎？'"朱熹注："学之为言效也。"

古人用声训，必求语音相同或相近（古音），古人用声训多是为了探求语源，或寻求同源词，即说明这个词的来源，如《论语·季氏》："吾恐季孙氏之忧愁，不在颛臾，而在萧墙之内也。"郑注："萧之言肃也，墙谓屏也，君臣相见之礼至屏而加肃敬焉，是以谓之萧墙。"《说文解字》："卯，冒也，二月万物冒地而出。"段注："《律书》曰：'卯之为言茂也，言万物茂也。'"

古人注释常用这种方法，但声训往往带有主观随意性，牵强附会的情况也不少，应加以注意。

（七）"读为""读曰""读若""读如"

这几个术语都是用来注明音读的，"读为"和"读曰"作用相同，一般用来说明假借，即用本字解释借字，具体如下：

（1）《书经·尧典》："播时百谷。"郑玄注："时读曰莳（移栽）。"

（2）《汉书·楚元王传》："颜注：'罢，读曰疲。'"又《田叔传》："注：罢，读为疲。"读为、读曰互用。

上例都用读为或读曰来说明假借字，既注了音，又释了义。

"读若"和"读如"的主要作用是注音，体例一般为"某，读若（如）某"，或"某，读若（如）某某之某"，如《说文解字》："冲（chōng），涌摇也。从水中，读若动。"《说文解字》："芨，堇草也。从草及声，读若急。"《周礼·大宰》："以利得民。"郑玄注："利，读如'上思利民'之利，谓以政教利之。"

有时，"读若（如）"也可以用本字说明假借字，如《礼记·儒行》："虽危，起居竟信其志。"郑玄注："信，读若屈伸之伸，假借也。"

《吕氏春秋·诬徒》："从师苦而欲学之功也，从师浅而欲学之深也。"高诱注："苦，读如盬，不精致也。"

总之，读为、读曰一般是用来说明假借字，读若、读如一般用来注音（主要功能），有时也用本字来说明假借字。

第二节　古书的标点

【学习任务】

学习标点文言文的一些基本方法，以及标点古文的一些基本要求。着力培养给古文标点断句的能力，能够综合运用古代汉语的知识，正确地标点中等难易程度的文言文。培养实事求是的学术探究精神，自觉传承中华优秀传统文化，坚定文化自信。

一、标点古文的意义

“句读”是“句”和“读”的合称。古代的文章或书，是从上往下、从右往左排列汉字的，字与字之间没有标点符号，一个紧挨一个。古人读书时，根据句意和语气，在必须停顿的地方，用简单的符号标记一下，以便识别。如果一句话完了，古人就在这句话最后一个字的右边，加上一个点或圆圈，叫作“句”；如果一句话未完，但朗读时需要在某字后面停顿一下，就在这个字的下面加个点，叫作“读”，读作“dòu”（即后来的“逗”）；两者合称，叫作“句读”。

古人非常重视断句训练。《礼记·学记》中记载：“一年视离经辨志。”即学生入学一年就要考核“离经辨志”的能力。所谓“离经”，是指离析经文文句，也就是断句；所谓“辨志”，是指辨析文句内容。韩愈《师说》：“彼童子之师，授之书而习其句读也。”一个小孩的老师主要就是给他讲书，并让他熟悉句读，可见古代从“童子”的时候就要进行句读的训练。

刻书有句读是从宋朝开始的，但直至清末，加句读的书数量较少。1919 年推行新式标点符号以后，零星地印了一些加标点符号的古籍。中华人民共和国成立后，标点古籍的工作有了很大发展，但我国古籍浩如烟海，已经标点的，只占很小比例。读未经标点的古籍，仍需自己断句。即使已经标点的，也不免会有标点错误。因此，培养标点古文的能力，对正确断句标点和判断标点正误，都是十分必要的。标点古文是一项综合训练。给古文白文加标点符号，要综合运用各方面的知识，才能正确解决或大致正确地解决遇到的各种具体问题。因此，标点白文的实践过程是个提高阅读能力的过程。标点有误，反映出对原文的理解必定有错误。只有反复考察原文，辩证思索各种因素，才能判断出标点正误，纠正错误的标点。因此，判断标点正误与改正错误标点的实践，更能有效提高阅读能力。

二、标点古文的原则

（一）必须合乎情理，注意文章的整体关系

文章是统一的整体，每句话的意义都与它前后文句的意义有密切联系，都是为表达全篇的中心思想服务的。因此，不仅要注意本句标点后意义是否合乎逻辑，还必须顾及段和篇，以检验标点是否得当。如果标点后有地方讲不通，不合情理；或从局部看似乎可通，但与前后文意相抵触，不符合文章的整体意义，那就说明标点必然有误。

（1）而田单乃令城中人食，必祭其先祖于庭。(《史记・田单列传》）这样标点，表面看来无误，但吃饭也要下命令，不合乎情理。其实，“食”字属后一句，“人”字后用逗号或冒号，“食”字后逗号取消，便文理通顺了。正确的标点是，“田单令城中人，食必祭其先祖于庭”。

（2）李氏子蟠，好古文六艺经传，皆通习之。(韩愈《师说》）意思也能通，但仔细推敲，就不够合理了。因为韩柳的古文运动，提倡的是先秦两汉的散文，“六艺经传”只是其中的一部分，如果仅仅好六艺经传，是不值得韩愈这样褒奖的。更何况只有“六艺经传”才分科，才能称为“通习”，这里说的李蟠“通习”的是六经的经文和传文，这些在当时是必读书目，所以才要“通习”之。正确的标点应该是，“李氏子蟠，好古文，六艺经传皆通习之”。

（3）齐师败绩。公将驰之。刿曰：“未可。”下视其辙，登轼而望之，曰：“可矣。”遂逐齐师。(《左传・庄公十年》）如果细心观察，就会发现“登轼而望之”这句话不合情理。“轼”是古代车厢前面用来扶手的横木，人如何能登在它的上面而远望呢？“登”指登上兵车，和前句的“下”（下了兵车）相对，“轼”在这里用如动词，是扶着车前横木的意思。前句“下视其辙”也应该相应的改为“下，视其辙”。正确的标点应该是，“齐师败绩。公将驰之。刿曰：‘未可。’下，视其辙，登，轼而望之，曰：‘可矣。’遂逐齐师”。

（二）必须注意分析语言的各个方面

文章的内容是通过书面语言表达的，标点古文时要注意文字、词汇、语法、语音、修辞各方面，否则就会因误解语言而导致标点失误。致误的原因有以下几点：

1. 不明词义

因不明词义而致误的，具体如下

（1）项籍少时，学书不成，去学剑，又不成。“去学剑”合成一句是错误的，这是按现代义理解而导致的标点错误。“去”的古义是离开，与现代义相反。上面一段意思是，项籍少年时，学书不成，就抛开不学；又学剑，也没有学成。正确的标点是，项籍少时，学书不成，去；学剑，又不成。

（2）生乎吾前，其闻道，也固先乎吾，吾从而师之；生乎吾后，其闻道，也亦先乎吾，吾从而师之。（韩愈《师说》）这句的错误是把句中表提顿的“也”误认为现代汉语中的副词“也”了。错断之后，“也固先乎吾”如果还勉强说的过去的话，“也亦先乎吾”就讲不通了。

2. 不明语法

因不明语法而致误的，具体如下：

（1）问今是何世，乃不知有汉，无论魏晋。此人一一为具言，所闻皆叹惋。（陶渊明《桃花源记》）问题所在是“所闻”。“所闻”是“所”字结构，“所”指代“闻”的对象，即渔人闻知的汉和魏晋间的情况。它不可能指代“闻”这一行为的主动者——听渔人讲话的村中人。 如果指村中人，只能说“闻者”。由于不明白“者”字结构和“所”字结构的用法，因而出错。正确的标点是，问今是何世，乃不知有汉，无论魏晋。此人一一为具言所闻，皆叹惋。

（2）诸垒相次土崩，悉弃其器甲，争投水死者十余万，斩首亦如之。（《资治通鉴·卷一百四十六》）按照上例的断句来理解，把“投水死者”看成“者”结构，作宾语，“争投水死者”，争相投水死的人十余万，说不通。因为败军士卒“争投水”是为了逃命。如果投水也是死，又何必呢？与原意相违背。所以正确的标点是，诸垒相次土崩，悉弃其器甲，争投水，死者十余万，斩首亦如之。

（3）将军何不还兵与诸侯为从，约共攻秦，分王其地，南面称孤；此孰与身伏𫓧质，妻子为僇乎？（《史记·项羽本纪》）此段中的“孰与”，是表示比较的固定词组，这里是比较“分王其地，南面称孤”与“身伏𫓧质，妻子为僇乎”的，因此“身伏𫓧质”和“妻子为僇”间不应逗断，当用顿号。

3. 不明修辞

因不明修辞而致误的，具体如下：

尧禅舜立为帝。尝见害，未有非；立为帝，未有是前时未到，后则命时至也。（王充《论衡·祸虚篇》）

除“尧禅舜”后当用逗号而未用一处不妥外，“未有是”后不用句号，就与不注意古汉语修辞方法有关。原文明显以“尝见害，未有非”与“立为帝，未有是”相对，用对偶句。此段正确标点是，尧禅舜，立为帝。尝见害，未有非；立为帝，未有是。前时未到，后则命时至也。古人行文，往往爱用对偶。了解这一点，有助于识辨古书的句读。

4. 不明音韵

因不明音韵而致误的，具体如下：

夫功者难成而易败，时者难得而易失也。时乎，时不再来。愿足下详察之。（司马迁《史记·淮阴侯列传》）

“时”“来”同属古韵“之”部，“时乎时，不再来”是押韵的。标点者没有注意到这一用韵情况，标点为散句，意思虽可讲通，但不能正确传达出蒯通劝说韩信时的情态语气。

正确的标点是，时乎时，不再来！愿足下详察之。

上述诸例说明，不注意或不了解古代汉语的各个方面，是造成标点错误的主要原因。标点时必须充分考虑古汉语的各个方面，这是标点古文的主要原则。

（三）必须注意当时的社会生活与典章制度

要正确标点古文，还应了解古代社会。不注意或不了解古代社会生活与典章制度，也常会导致标点错误。具体如下：

（1）初令郡国举孝、廉各一人，从董仲舒之言也。（《汉书·武帝纪》）“孝廉”是汉代推举官吏的一种科目，而不是两科。“各一人”是指每一郡、国各推荐一名孝廉，而不是推举孝一人、廉一人。

（2）彗星复见西方。十六日，夏太后死。这里是说彗星再在西方出现，总共十六天。夏太后不是十六号去世的。因为古人是用干支记日的，在《史记》中，数字和“日”连用总是说多少天，而不是说某月某日。所以正确的标点是，彗星复见西方十六日，夏太后死。

（3）故有所览，辄省记通籍。后俸去书来，落落大满。（袁枚《黄生借书说》）“省记”等于“记得”。“通籍后，俸去书来”，是说通籍后有俸可以买书。过去中了进士的，他的名字就上通到朝廷了，叫作“通籍”。标点者不知道什么是通籍，所以弄错了。所以正确的标点是，故有所览，辄省记。通籍后，俸去书来，落落大满。

三、标点古文的方法

（一）总览全篇，抓住大意

标点古文的操作步骤是，拿到一篇没有标点符号的古文，先要仔细阅读，能读懂其意思；然后，根据一些明显的标志（如虚词、对话等），把容易分辨的句子先断开，逐渐缩小范围；再对不易断开的地方，要认真推敲每个词的含义和可能的用法，并联系上下文的意思和句式的特点，确定在适当的地方断句；最后，根据语意、语气等情况，在断句的地方，加上相应的标点符号。

孟子谓戴不胜曰子欲子之王之善与我明告子有楚大夫于此欲其子之齐语也则使齐人傅诸使楚人傅诸（《孟子·滕文公下》）

反复阅读可以发现“谓……曰 ”是古汉语的常用格式，句尾语气词“与”“也”常是一句话的结尾，同时有名词和代词“孟子”“戴不胜”“子”“王”“我”等，这些词在句子中，多作主语或宾语，这样就初步知道这段古文的意思了，反复阅读全文就可以较准确地断开句子，并且加上适当的标点。

（二）抓文言句式

古代汉语中，判断句、被动句、疑问句、反问句、感叹句等的结构都比较稳定，各自都使用相应的关联词或语气词，文言文中的句式特别是文言文的固定结构可以帮助人们断句。比如，“……者，……也”是典型的判断句式（有些省略“者”或“也”的判断句，或表示判断关系的词，如“为、乃、即、则”等，都可以为人们断句提供帮助）；“如……何”“奈……何”“若……何”“何……焉为”“无乃……乎”等，是疑问句的固定结构；“诚……则……”“苟……则……”“使……则……”“若……则……”等，是假设句的固定结构；“何……之有”“何有于……”“……于何有”“何以……为”“何……为”“不亦……乎”“非……而何”“非……而谁”“非……如何”“庸……乎”等，是反问句的固定结构；“为……所……”“受……于……”“见……于……”等，是被动句式固定结构；“宁……其宁……”“宁……无……”“与其……毋宁……”等，是选择句中的固定结构；“有……者”常用于句子的开头，“惟……是……”“其……之谓乎”是宾语前置的固定结构；“尚……况……”“尚犹……而况……”“犹尚……况……”“犹……况……”等，多为递进语句的固定结构。

（三）根据句子首尾常见的词语判断句子

1.句首常见的词语

古文中，句子的开头可以用哪些类型的词语，不可以用哪些类型的词语，都是有规律的。如果断句时会找句头，熟悉句子开头常见的词语，断句就容易不少。例如，“盖”“夫”“且夫”“若夫”“今夫”等常作发语词领句；“是时”“昔者”“曩”“曩者”“向者”“既已”“既而”“已而”“俄而”“俄顷”“顷之”“顷间”“方今”“有顷”“乃今”等时间副词常领句；“其唯”“岂特”“岂独”“岂徒”“然则”“故夫”“大抵”“得无”“得微”“得毋”“何为”“曷为”“胡为”“何以”“奚以”“胡以”“何其”“何故”“未尝”等复音虚词常领句；“臣”“窃”“仆”“愚”“妾”“孤”“寡人”等谦词和“公”“君”“卿”“子”“足下”“吾子”“陛下”“殿下”等敬词也常领起句子。

2.句尾常见的词语

如同句子的开头有一些常用词领句一样，有一些词语只能用于句尾或主要用于句尾，注意发现、利用这些词语，也是断句的捷径。例如，“欤”“耶”“乎”“哉”“也”“矣”“焉”“耳”“兮”等语气词，或只能用于句尾，或主要用于句尾，或表示疑问语气，或表示感叹语气，或表示判断语气，或表示陈述语气，或表示限止语气，等等。一些复音虚词也常用在句尾，如“何如”“奈何”“若何”“也夫”“已矣”“矣哉”“云尔”“云云”“也乎”“也已”“也已矣”“也哉”“矣乎”等。

（四）根据独立的词语或词组判断句子

古文中有一些词语、词组，具有相对的独立于句子、句群之外的特性，断句时可以把它们单断出来。“嗟夫”“呜呼”“嘻”等，都是用于句子之前的叹词；“故曰”“由此观之”“由是观之”“此所谓”“其所谓”“要之”等是概括之词，有过渡衔接、承上启下、概括归纳的作用。具体如下：

（1）嗟乎！师道之不传也久矣！（韩愈《师说》）

（2）呜呼！师道之不复，可知矣！（韩愈《师说》）

（五）根据句中常见的惯用词语判断句子

1.从表序数和表顺序的词语判断句子

古文中常有表序数和表顺序的词语，这些词语对认识叙事的顺序、说理的层次，对如何判断句子、断开句群，都是重要的标志。

夫立策决胜之术，其要有三：一曰形，二曰势，三曰情。（《资治通鉴·汉纪二》）

2.通过句中表疑问的词语判断句子

古文中表疑问的句子大都用疑问代词或表疑问的语气词，如“何（曷、盍）”“胡”“奚”“安”“焉”“谁”“孰”，通过这些词语比较容易判断句子。

3.从表言词语判断句子

古代汉语常用的表言词语有“曰”“言”“谓”“告”等，通过它们可以判断说话人、说话的内容或引言的内容。

庄暴见孟子，曰：“暴见于王，王语暴以好乐，暴未有以对也。”曰：“好乐何如？”孟子曰：“王之好乐甚，则齐国其庶几乎！”（《孟子·梁惠王下》）

（六）根据修辞判断句子

以特定文例为参考。古人写作往往有自己特定的行文规则和语言风格，比如整齐的句式，丰富的修辞（特别是对偶、排比、反复、互文等），掌握这些行文规则和语言风格，可以帮助断句。具体如下：

齐王使使者问赵威后。书未发，威后问使者曰：“岁亦无恙耶？民亦无恙耶？王亦无恙耶？”使者不说，曰：“臣奉使使威后，今不问王，而先问岁与民，岂先贱而后尊贵者乎？”威后曰：“不然。苟无岁，何以有民？苟无民，何以有君？故有舍本而问末者耶？”（《战国策》）

这一段文字之中，“苟无岁，何以有民？苟无民，何以有君？”是对偶；“岁亦无恙耶？民亦无恙耶？王亦无恙耶？”是排比。根据这样的语言特点，确定句读也就容易多了。

综上所述，标点古文，涉及古汉语语言、古代文史等多方面的知识，所以它不是单纯的技巧问题，而是反映了综合运用各方面知识的能力。要切实提高标点古文的能力，必须自觉而经常地进行古文标点的实践，多做这方面的练习。标点古文，必须坚持严肃认真的态度。在掌握古文标点知识的基础上，如能严肃认真地反复实践，标点古文的能力一定会有所提高。

【课后实操训练】

标点下面短文。

1. 吴郡陈遗家至孝母好食铛底焦饭遗作郡主簿恒装一囊每煮食辄贮录焦饭归以遗母后值孙恩贼出吴郡袁府君即日便征遗已聚敛得数斗焦饭未展归家遂带以从军战于沪渎败军人溃散遁入山泽无以为粮有机馁而死者遗独以焦饭得活时人以为纯孝之报也

2. 邹孟轲母号孟母其舍近墓孟子之少时嬉游为墓间之事踊跃筑埋孟母曰此非吾所以居处子乃去舍市旁其嬉游为贾人炫卖之事孟母又曰此非吾所以处吾子也复徙居学宫之旁其嬉游乃设俎豆揖让进退孟母曰真可以处居子矣遂居及孟子长学六艺卒成大儒之名

第三节　古文今译

【学习任务】

学会翻译文言文的基本方法，以及翻译古文的基本要求。应着力培养用规范的现代汉语翻译文言文的能力。培养实事求是的学术探究精神，坚定文化自信。

一、翻译文言文的要求

（一）“信”

所谓“信”，就是译文必须准确，必须忠实地表达原文的意思，不能以翻译者本人的意思来改变或替代原文的意思。具体如下：

（1）（薛）讷曰：“义仓本备水旱，安可绝众人之仰私一家？”

薛讷说：“义仓本来是为水灾准备的，怎么能断绝众人的信仰满足一家的私欲呢？”

存在的问题：“备水旱”，指防备水灾、旱灾，译文漏译了“旱”字；“仰”，仰仗、依靠，这里误译为“信仰”。

正确翻译：薛讷（上书）说：“义仓的粮食本是用来防备水灾和旱灾的，怎么可以断绝众人的依靠而偏私一家呢？”

（2）刘悛，字士操，彭城安上里人也。父勔于大桁战死，悛时疾病，扶伏路次，号哭求勔尸。

画线句译文：父亲参与大桁之战而战死，刘悛那时身患疾病，有人搀扶着走过来，大哭着请求父亲刘勔的尸体。

存在的问题：“路次”是“路旁”意，这里漏译了；“求……尸”，“求”译得不准确；“号哭”的主语不明，让读者误以为是“有人”，而不是刘悛。

正确的译文：他父亲刘勔在大桁战死，刘悛当时也身患疾病，被人扶到路边，大声痛哭着寻求刘勔的尸身。

（二）“达”

“达”要求在准确的基础上做到明白通顺，既要使句子完美无缺保留原文的语气，又要避免语句的呆板、带文言气。具体如下：

蚓无爪牙之利，筋骨之强。(《荀子·劝学》)

译文：蚯蚓没有爪子和牙齿的锋利，筋骨的强壮。

这个译句没有按定语后置的特点来译，正确的翻译应该是：蚯蚓没有锋利的爪子和牙齿，强壮的筋骨。让译文更符合现代汉语的表达习惯。这就是“达”的要求。

（三）“雅”

“雅”指译文要优美自然，使译文生动、形象、完美地表达原文的写作风格。

得道者多助，失道者寡助。(《孟子·公孙丑下》)

这句话如果直译则不太顺畅，可以采用意译的方法使句子更通顺。此句译为，“能施行‘仁政’的君主，帮助支持他的人就多，不施行‘仁政’的君主，帮助支持他的人就少”。这样的翻译就是“雅”的要求。

二、古文今译的原则

（一）实事求是

翻译文言文时从内容到风格、语气都要保持原文原貌，不能只求大概或随意加工。

（二）规范

翻译文言文时必须用规范的现代汉语，不能文理不通或用方言来翻译。

（三）通俗

译文必须做到通俗易懂，不能半文半白。

三、古文翻译的形式

传统的文言翻译，其形式有直译和意译两种。

直译就是按照文言文和现代文的词语对应关系来译。标准是原文和译文之间，字字有着落，句句相照应。

意译就是在把握原文内容的基础上，用自己的话把它表达出来，在古今词语和句子的对应关系上不做严格要求，译文要求生动传神。

一般说来，直译适用于散文的翻译，意译适用于诗歌等韵文的翻译。

事实上，无论翻译散文还是韵文，两种翻译形式都会用到。

卒相与欢，为刎颈之交。

——《史记·廉颇蔺相如列传》

直译：终于互相和好，成了割脖子的朋友。

意译：终于互相和好，成了誓同生死的朋友。

今沛公先破秦入咸阳，毫毛不敢有所近。

——《史记·项羽本纪》

直译：现在沛公进入咸阳，连一根毫毛都不敢接近。

意译：现在沛公进入咸阳，秋毫无犯。

帝高阳之苗裔兮，朕皇考曰伯庸。

——屈原《离骚》

感时花溅泪，恨别鸟惊心。

——杜甫《春望》

这两组句子虽然都是韵文，但又不能意译，只能分别直译：

我是高阳帝的后代啊，我的父亲叫伯庸。

感伤国事，看到花开不禁潸然泪下，内心惆怅怨恨，听到鸟鸣，竟觉得那叫声也很揪心。

四、古文翻译的具体方法

（一）对译

文言文以单音词为主，译成现代文，一般都要变成双音词。对译，就是以原来的单音词为一个语素，另外再加一个语素，组成联合式或附加式双音词，来翻译原文中的单音词。

犹不改。宣子骤谏。公患之，使鉏麑贼之。晨往，寝门辟矣。盛服将朝，尚早，坐而假寐。(《左传·宣公二年》)

译文：晋灵公仍然没有改正。赵盾多次劝谏，晋灵公感到厌烦，派鉏麑刺杀赵盾。鉏麑一大早就去了赵盾的家，卧室的门开着，赵盾穿戴好礼服，准备上朝，时间还早，和衣坐着打盹。

（二）替换

即将文言语句中的字词，转换成字面意思与之不同的现代汉语中的词语。具体如下：

肉食者鄙，未能远谋。

——《左传·庄公十年》

译文：做官的人浅薄，不能深远地谋划。

屈原者，名平，楚之同姓也。为楚怀王左徒。博闻强志，明于治乱，娴于辞令。

——《史记·屈原贾生列传》

译文：屈原，名字叫平，是楚王的同姓。担任楚怀王的左徒。（他）知识广博，记忆力很强，明了国家治乱的道理，擅长外交辞令。

（三）调整

这一方法主要针对文言文中特殊的句式来说的。对于特殊的句式，在翻译时必须按照现代汉语的习惯，对原来的语序做适当调整，使之符合现代文的表达方式。

吾谁欺？欺天乎？

——《论语·子罕》

译文：我欺骗谁呢？欺骗老天吗？

这是一个宾语前置句，翻译时应把宾语移到“欺”的后面，译为我欺骗谁呢？欺骗老天吗？

少焉，月出于东山之上，徘徊于斗牛之间。

——苏轼《前赤壁赋》

介词结构“于……”常放在谓语动词后作补语，这类补语按现代汉语习惯是放在谓语动词前作状语的。

译文：不久，明月从东山后升起，在斗宿与牛宿之间来回移动。

客有吹洞箫者。

——苏轼《前赤壁赋》

这是一个定语后置句，翻译时对原来的语序做适当调整。

译文：有会吹洞箫的客人

纵一苇之所如，凌万顷之茫然。

——苏轼《前赤壁赋》

这是一个定语后置句。

译文：放纵一片苇叶似的小船随意漂浮，越过浩瀚的茫茫江面。

（四）增补

原文如果是一些省略句，那么翻译时应当注意把它补充完整。

1. 补充省略的成分

如果是省略句，则首要考虑补充省略的成分，具体如下：

（1）永州之野产异蛇，（蛇）黑质而白章，（蛇）触草木，（草木）尽死。（省主语）（柳宗元《捕蛇者说》）

译文：永州的野外出产一种奇特的蛇，它有着黑色的身体白色的花纹；如果（蛇）碰到草木，（草木）全都枯死。

（2）（师）位卑（者）则足羞，（师）官盛（者）则近谀。（省略谓语动词）（韩愈《师说》）

译文：（以）地位低（的人为师），就觉得羞耻，（以）官职高（的人为师），就近乎谄媚了。

2. 补充简略的表达方式

（1）木受绳则直，金就砺则利。（《荀子・劝学》）

译文：木材用墨线量过再经辅具加工就能取直，刀剑在磨刀石上磨过就能变得锋利。

（2）人有亡鈇者，意其邻之子。视其行步，窃鈇也；颜色，窃鈇也；言语，窃鈇也；动作态度，无为而不窃鈇也。（《列子・说符》）

译文：有个人丢失了他的斧头，怀疑是他邻居的儿子偷去的。他看那人走路的样子，像个偷斧的；看他面部的表情，像个偷斧的；听那人的言谈话语，像个偷斧的；再看那人的举止神态，没有哪一点不像是偷斧的。

3. 补充必要的关联词语

蚓无爪牙之利，筋骨之强，上食埃土，下饮黄泉，用心一也。（《劝学》）

译文：蚯蚓没有锐利的爪子和牙齿，强健的筋骨，（却）能向上吃到泥土，向下喝到地下的泉水，（这是由于）它用心专一。

（五）删略

删略一法，主要是指如何处理文言文中的某些虚词而说的。例如，文言文中有大量的句首、句中、句尾语气词。另外，文言文中有很多表敬副词，对于这类现代文已不存在的虚词，翻译时只好把它们删掉。

生乎吾前，其闻道也固先乎吾，吾从而师之；生乎吾后，其闻道也亦先乎吾，吾从而师之。（韩愈《师说》）

译文：出生在我之前的人，他懂得的道理本来就比我早，我跟从他学习，拜他为师；出生在我之后的人，如果他懂得道理也比我早，我也跟从他，拜他为师。

原句中的“也”是句中语气助词，起到舒缓语气的作用，没有实在意义。在翻译时可以去掉。在文言文中有些只表示停顿、凑足音节，或者起语气作用的助词，或者起连接作用的虚词，它们没有实在的意义，虽然在原文中是必不可少的，但在翻译时，因为没有相当的词可以用来表示它，应该删除不译。比如，表示判断的“者”和“也”或“……者也”“者……也……”，在翻译时应该从译句中去掉，并在适当的地方加上判断词“是”。

（六）保留

保留就是把文言文中的某些词语原封不动地照搬到译文中来。这种应该保留的词语，主要有两个方面：一是古今通用的词语，如“天、地、山、水、人、马、牛、羊、红、黄、绿、蓝、大、小、多、少”等；二是古代的那些专有名词，包括人名、地名、国名、朝代名、年号、日期、官职名、典章制度的名称等。

（1）庆历四年春，滕子京谪守巴陵郡。（范仲淹《岳阳楼记》）

译文：庆历四年的春天，滕子京被贬到巴陵郡做太守。“庆历四年”为年号，“巴陵郡”是地名，可直接保留。

（2）冯唐易老，李广难封。（王勃《滕王阁序》）

译文：冯唐容易衰老，李广立功无数却难得封侯。冯唐、李广是表示人名的词语，保留不译。

（3）乃遗罴铁券，云城全当授本州刺史。（《周书·王罴传》）

译文：于是颁赐给王罴铁券，说只要荆州城完整就一定授予本州刺史一职。“铁券”“刺史”是分别表示物名、官职名的词语，在翻译时均应给予保留。

（七）注意原文中的词类活用、文言句式

古代汉语的一些词类不像现代汉语那样任职明确固定，词类活用的现象十分普遍，对这些活用的词，翻译时必须准确辨识，把它们活用的词性和意义准确地翻译出来。

（1）晋军函陵，秦军氾南。（《左传·僖公三十年》）

译文一：晋军在函陵，秦军在氾南。

译文二：晋国军队驻扎在函陵，秦国军队驻扎在氾水以南。

译文一没有把名词用作动词的两个“军”字翻译出来，译文二才符合原作的意思。

（2）失期，法皆斩。（《史记·陈涉世家》）

译文一：不按期限，法律都要杀头。

译文二：超了期限，按照法律规定，都要判杀头。

译文一没有把名词“法”字活用作状语的用法和意义翻译出来，译文二符合原作的意思。

（3）止子路宿，杀鸡为黍而食之，见其二子焉。（《论语·微子》）

译文一：老者挽留子路住宿，杀鸡做黍米饭招待子路，子路拜见了老者的两个儿子。

译文二：老者挽留子路住宿，杀鸡做黍米饭给子路吃，并让自己的两个儿子拜见子路。

译文一没有把用作使动的“食”和“见”准确译出，把“拜见”施受双方颠倒了。译文二准确地翻译了这两个词。

（4）臣实不才，又谁敢怨？（《左传·成公三年》）

译文一：我实在没有什么才能，又有谁敢怨恨呢？

译文二：我实在没有才能，又敢怨恨谁呢？

译文一未能理解古代汉语疑问代词作宾语往往前置的语法现象，结果把作宾语的疑问代词“谁”译成了兼语。译文二才恰如原意，符合现代汉语的语序。

（八）注意原文中被后世当作成语的句子或词组

文言材料中被后世当作成语的句子或词组，译文有的应按其固有意义译成白话，而不能照抄原文。具体如下：

夫战，勇气也。一鼓作气，再而衰，三而竭。（《左传·庄公十年》）

译文一：作战，就是勇气的较量。一鼓作气是最好的进攻时机，第二次击鼓士气就会有所衰减，第三次击鼓士气就泄尽了。

译文二：作战，就是勇气的较量。第一次击鼓能使士气振作，第二次击鼓士气就会有所衰减，第三次击鼓士气就泄尽了。

译文一没有注意后世作为成语的“一鼓作气”在原文表示的仍是短句本来的意思，违背了古文今译的要求。译文二在这方面符合今译的要求。

（九）注意原文中的文化专名

对古代文化专名，今译时一般情况下可以直接转述而不必翻译，对比较生僻难懂的历史文化专用语，今译时应把它们翻译成今人易于理解的说法。

（十）注意修辞，恰当意译

文言文中常见的修辞手法有比喻、借代、互文等，翻译含有这些修辞手法的句子大都不能采用直译的方式，而应根据其修辞手法的特点进行意译。

1.比喻的翻译

（1）明喻译为“像……一样”。例如，“天下云集响应，赢粮而景从”（《过秦论》）中的“云”“响”“景”都使用了比喻的修辞手法，分别译为“像云一样”“像回声一样”“像影子一样”。

（2）暗喻译为“像……一样＋……比喻义”。例如，“夫秦王有虎狼之心”，可译为“秦王有像虎狼一样凶狠的心肠”。

（3）借喻在翻译时需把喻体还原成本体，译出它所比喻的事物。

2. 借代的翻译

古代汉语与现代汉语在借代的使用上差别很大，在古代汉语中，如果把借代直译过来，会让人不易理解和接受，所以借代应意译，译为它所代指的人或物。例如，“缙绅”本义是指古代大臣上朝将手板插在腰带里，如果出现在句中，应译成它的借代义“做官的人”。

3. 夸张的翻译

（1）状态、程度方面的夸张，在翻译时前面要加上“像要”或“快要”。例如，“相如因持璧却立，倚柱，怒发上冲冠”中的“怒发上冲冠”，可译为“因愤怒而使头发竖起，像要顶起帽子”。

（2）数量方面的夸张，可把数量词换成表示“多”“高”“大”等的副词或形容词。例如，“军书十二卷，卷卷有爷名”（《木兰诗》），可译为“征兵的名册很多卷，每卷都有父亲的名字”。

4. 互文的翻译

互文又叫“互辞”，前后两句或两个短语意义相互交叉，互为补充，翻译时要把两部分结合起来。例如，“主人下马客在船”（《琵琶行并序》），应译为“我和客人都下了马，然后上船”。

5. 委婉的翻译

古人为了避粗俗、避忌讳、图吉利，或出于外交的需要，有时故意不直陈其事，而把话说得很含蓄，这就是委婉。翻译时应还原其本来的意思。例如，“季氏将有事于颛臾”中的“有事”，特指发动战争。

6. 用典的翻译

古人为了使文章典雅，言简义丰，常常会引用典故。翻译典故常采用点义法，即不照抄典故，只点明典故的内涵。例如，“请洒潘江，各倾陆海云尔”（《滕王阁序》），这里引用了钟嵘《诗品》中“陆（机）才如海，潘（岳）才如江”的说法来赞美与会宾客，可以译成“请各位宾客施展潘岳、陆机一般如江似海的才华，写出优秀的作品吧”。

【课后实操训练】

标点、翻译下面短文。

1. 还珠洞即伏波山前麓滨江弯起欲张中垂二石莹结如磨一不及地线许志称有紫白二蛟相向弗之类也左右石转相通如夹道后有数穴相传昔有渔父从穴深入睹物如犬熟寐旁有一珠拾归或谓曰此龙珠也恐触其怒戒令还之故名又云名由马伏波载薏苡经此误谓珠也皆不可知洞中独宋刻最多其下皆平石悬水上若与波上下余友少微边子从西蜀至谓蜀山虽崇峻选洞逊西粤矣

2. 公孙仪相鲁而嗜鱼一国尽争买鱼而献之公孙仪不受其弟子谏曰夫子嗜鱼而不受者

何也对曰夫唯嗜鱼故不受也夫即受鱼必有下人之色有下人之色将枉于法枉于法则免于相虽嗜鱼此不必致我鱼我又不能自给鱼即无受鱼而不免于相虽嗜鱼我能长自给鱼此明夫恃人不如自恃也明于人之为己者不如己之自为也

3. 景公之时雨雪三日而不霁公被狐白之裘坐堂侧陛晏子入见立有间公曰怪哉雨雪三日而天不寒晏子对曰天不寒乎公笑晏子曰婴闻古之贤君饱而知人之饥温而知人之寒逸而知人之劳今君不知也公曰善寡人闻命矣乃令出裘发粟与饥寒令所睹于涂者无问其乡所睹于里者无问其家循国计数无言其名士既事者兼月疾者兼岁孔子闻之曰晏子能明其所欲景公能行其所善也

第十二章　文选·六

第一节　秋声赋（欧阳修）

【文化常识】

欧阳修，字永叔，北宋文学家、史学家，“唐宋八大家”之一。宋仁宗天圣八年（1030 年）中进士，并被任命为西京推官。1034 年，欧阳修被召试学士院，授官宣德郎，回京返朝，升为馆阁校勘。参与编修《崇文总目》。景祐元年（1034 年）因支持范仲淹的政治改革主张被贬为夷陵（今湖北宜昌）县令。康定元年（1040 年），欧阳修被召回京，复任馆阁校勘，编修《崇文总目》，后奉命知谏院。庆历三年（1043 年），范仲淹、韩琦、富弼等人推行“庆历新政”，欧阳修参与革新。庆历五年（1045 年），范、韩、富等相继被贬，欧阳修上书分辨，于是被贬知滁州，后又改知扬州、颍州等地。皇祐元年（1049 年）回朝，先后任翰林学士、史馆修撰等职。熙宁四年（1071 年）六月，以太子少师的身份辞职。居颍州。熙宁五年（1072 年），欧阳修在家中逝世，享年六十六岁。追封为太子太师，谥文忠。

欧阳修继承了韩愈“文以载道”的精神，弘扬了唐代古文运动传统，成了北宋中期的文坛领袖。他的散文多以议论为主，切中时弊，说理畅达，抒情婉转，造诣很高。他在诗词创作和史传编写、诗文评论等方面也有很高的成就。一生著述繁富，成绩斐然。他曾参与合修《新唐书》，并独撰《新五代史》，又编《集古录》，有《欧阳文忠集》传世。

此赋写于 1059 年秋，作者此时虽然位高权重，但宦海沉浮 20 多年，经历了太多的风浪。

40 岁的时候，他就白发萧疏，现在五十多岁，身体、心态更已进入了人生的秋天。正因为他对秋意的独特情感，发而为文，便秋思满纸，秋思遥深。他在赋中描写了孤寂的山川，草木凋零的凄凉，借“有声之秋”抒写了对人事忧心劳形，自为戕贼，无时非秋的“无声之秋”的悲感，最后归结出全篇主旨：“念谁为之戕贼，亦何恨乎秋声！”全赋的韵律乍起乍落，恍如游龙蜿蜒，首尾回环，充满了美妙的旋律，不愧为佳作。

【学习任务】

积累文中出现的重要文言实词、虚词、通假字、词类活用、古今异义词、文言句式等知识，提高文言文阅读能力；通过吟咏对文章进行鉴赏，从而进一步丰富自己的情感世界，提高文学素养；体味作者对人生的感叹，培养热爱生命的情感。

欧阳子方夜读书①，闻有声自西南来者，悚然而听之②，曰："异哉！"初淅沥以萧飒③，忽奔腾而砰湃④；如波涛夜惊，风雨骤至。其触于物也，鏦鏦铮铮⑤，金铁皆鸣；又如赴敌之兵，衔枚疾走⑥，不闻号令，但闻人马之行声。予谓童子："此何声也？汝出视之。"童子曰："星月皎洁，明河在天⑦，四无人声，声在树间。"

①欧阳子：作者自称。方：正在。夜：名词作状语，在夜里。②悚（sǒng）然：惊惧的样子。③初淅沥以萧飒：起初是淅淅沥沥的细雨带着萧飒的风声。淅沥：形容轻微的声音如风声、雨声、落叶声等。以：表并列，而。淅沥：细雨声。萧飒：风吹树木的声音。④砰湃：同"澎湃"，形容大雨倾盆，洪水汹涌的声音。⑤触于：碰在。鏦鏦（cōng）铮铮：金属相击的声音。⑥衔枚：古时行军或袭击敌军时，让士兵衔枚以防出声。枚：形似竹筷，衔于口中，两端有带，系于脖上。疾走：快跑。⑦明河：银河。

余曰："噫嘻悲哉！此秋声也，胡为而来哉？盖夫秋之为状也①：其色惨淡②，烟霏云敛③；其容清明，天高日晶④；其气栗冽⑤，砭人肌骨⑥；其意萧条，山川寂寥⑦。故其为声也，凄凄切切，呼号愤发。丰草绿缛而争茂，佳木葱茏而可悦⑧；草拂之而色变，木遭之而叶脱；其所以摧败零落者，乃其一气之余烈⑨。

①秋之为状：秋天所表现出来的意气容貌。状：情状，指下文所说的"其色""其容""其气""其意"。②惨淡：黯然无色。③烟霏：烟气浓重。霏：飞散。云敛：云雾密聚。敛：收、聚。④日晶：日光明亮。晶：明亮。⑤栗冽：寒冷。通"溧"。寒、凉。⑥砭（biān）：古代用来治病的石针，这里有刺的意思。⑦萧条：寂寞冷落，没有生气。寂寥：寂静，空旷。⑧绿缛（lǜ rù）：碧绿繁茂。葱茏：青翠茂盛的样子。⑨摧败：折断、凋落。一气：指构成天地万物的浑然之气。天地万物的变化都是"一气"运行的结果。余烈：余威。

夫秋，刑官也①，于时为阴②：又兵象也，于行为金③，是谓天地之义气，常以肃杀而为心④。天之于物，春生秋实。故其在乐也，商声主西方之音，夷则为七月之律。⑤商，伤也；物既老而悲伤。夷，戮也；物过盛而当杀。

①刑官：执掌刑狱的官。《周礼》把官职按天、地、春、夏、秋、冬分为六类，称为六官。秋天有肃杀之气，所以把刑官分属于秋，执掌刑法。②于时为阴：在季节上属于阴。古以春夏温暖为阳，秋冬寒凉为阴。③又兵象也，于行为金：秋是兵器和用兵的象征，在五行中属于金。《礼记·月令》："季秋之月，……天子乃教于田猎、以习五戎。"汉末郑玄注："五戎，谓五兵，弓矢、殳、矛、戈、戟也。"古代把秋季和五行中的金相配，古代征伐多在秋天，所以秋又是兵象。④是谓天地之义气，常以肃杀而为心：这就是所谓天地间的刚正之气，常常把肃杀作为心志。义气：严凝之

气。义：刚正。⑤商声主西方之音，夷则为七月之律：商声是代表西方的一种声音，夷则属于七月的音律。商：五声音阶宫、商、角、徵、羽中，与秋相应的是商声；古代称十二个高度不同的标准音为十二律，并与十二个月相配。夷则是十二律之一，与七月相配。

嗟乎，草木无情，有时飘零。①人为动物，惟物之灵。百忧感其心，万事劳其形。有动于中，必摇其精。②而况思其力之所不及，忧其智之所不能；宜其渥然丹者为槁木，黟然黑者为星星。③奈何以非金石之质④，欲与草木而争荣？念谁为之戕贼⑤，亦何恨乎秋声！”

①有时：有固定时限。②有动于中，必摇其精：内心被外物触动，就一定动摇心中的精气。③渥然：脸色红润的样子。黟（yī）然：形容黑的样子。星星：鬓发花白的样子。④奈何：为何。非金石之质：指人体不能像金石那样长久。⑤戕（qiāng）贼：残害。

童子莫对，垂头而睡。但闻四壁虫声唧唧，如助余之叹息。

【课后实操训练】

阅读下面短文，并完成 1 ～ 2 题。

陈宏谋，字汝咨，广西桂林人。为诸生，即留心时事，闻有邸报至，必借阅之。自题座右，谓“必为世上不可少之事，为世人不能作之事”。雍正元年恩科，世所谓春秋乡会。宏谋举乡试第一，成进士，改庶吉士，授检讨。四年，授吏部郎中。监生旧有考职，多以人代。世宗知其弊令自首而州县吏藉察访为民扰宏谋疏请禁将来宽既往召见征诘再三申论甚晰乃允其奏以是知其能宏谋外任三十余年历行省十有二莅官无久暂，必究人心风俗之得失，及民间利病当兴革者，分条钩考，次第举行。诸州县村庄河道，绘图悬于壁，环复审视，兴作皆就理。察吏甚严，然所劾必择其尤不肖者一二人，使足怵众而止。在云南，立义学七百余所，令苗民得就学，教之书。其后边人及苗民多能读书取科第，宏谋之教也。在天津，屡乘小舟咨访水利，得放淤法，水涨挟沙行，导之从堤左入、堤右出。如是者数四，沙沉土高，沧、景诸州悉成沃壤。在陕西，募江、浙善育蚕者导民蚕，久之利渐着。高原恒苦旱，劝民种山薯及杂树，凿井二万八千有奇，造水车，教民用以灌溉。陕西无水道，滩险仅行小舟。宏谋令疏凿，行旅便之。既至福建，岁歉米贵，内地仰食台湾，而商舶载米有定额，奏弛其禁以便民。又疏言福建民嚣竞多讼，立限月为稽核，以已未结案件多寡，课州县吏勤惰。又言福建地狭民稠，多出海为商，年久例不准回籍。请令察实内地良民或已死而妻妾子女愿还里者，不论年例，许其回籍。从之。三十二年，授东阁大学士，兼工部尚书。三十四年，以病请告，迭谕慰留。三十六年春，病甚，允致仕，加太子太傅，食俸如故。上东巡，觐天津行在，六月，行至兖州韩庄，卒于舟次，年七十六。赐祭葬，谥文恭。（节选自《清史稿·陈宏谋传》）

1. 对文中画波浪线部分断句。

2. 把文中画横线的句子翻译成现代汉语。

第二节　游桂林诸山记（袁枚）

【文化常识】

桂林山水具有“山青、水秀、洞奇、石美”的特点。本篇抓住桂林山水的特点，以写栖霞山洞为主，兼叙其他景点，用语不多，却深得山水之神髓；同时，在比喻素描中间杂以议论，使景色栩栩如生，而又充满理趣。

袁枚，字子才，号简斋，钱塘（今浙江杭州市）人。乾隆四年进士。历官溧水、江宁、江浦、沭阳等地知县。他曾隐居于南京小仓山随园，号随园，时称随园先生。袁枚是一位博学多才、著作丰富的诗人和学者。他与赵翼、蒋士铨并称诗坛三大家。其著作有《小仓山房集》《随园诗话》等。袁枚曾两次游桂，对桂林山水多有题咏。

【学习任务】

积累文言知识，提高文言文阅读能力；了解文中所描写的桂林山水的自然景观，感受祖国山河的秀美，培养家国情怀；欣赏精彩的写景片段，品味形象而优美的语言，陶冶审美情趣，逐步提高鉴赏能力。

凡山离城辄远，惟桂林诸山离城独近。余寓太守署中，晡食后即于于焉而游。①先登独秀峰，历三百六级诣其巅②，一城烟火如绘。北下至风洞③，望七星岩④，如七穹龟团伏地上⑤。

①晡（bū）食：晚餐。于于：行动悠然自得的样子。②独秀峰：一名紫金山，在桂林王城内。诣：至。③北下至风洞：从独秀峰下来，抵叠彩山之风洞。风洞：风洞山，一名叠彩山，在市区偏北。山上有风洞岩。④七星岩：原指普陀山之七星岩，这里是借指整个七星山。⑤穹：大。

次日过普陀，到栖霞寺。①山万仞壁立②，旁有洞，道人秉火导入。初尚明，已而沉黑窅渺。③以石为天，以沙为地，以深壑为池，以悬崖为幔，以石脚插地为柱，以横石牵挂为栋梁。未入时，土人先以八十余色目列单见示，如狮、驼、龙、象、渔网、僧磬之属④，虽附会亦颇有因。至东方亮，则洞尽可出矣。计行二里余，俾昼作夜⑤，倘持火者不继，或堵洞口，如三良殉穆公之葬⑥，永陷坎窞中⑦，非再开辟不见白日。吁，其危哉！所云亮处者，望东首正白开门⑧，趋往扪之，竟是绝壁。方知日光从西罅穿入⑨，反映壁上作亮，非门也。世有自谓明于理、行乎义，而终身面墙者，率类是矣。⑩

①栖霞寺：在七星岩山麓。1944年11月，日寇攻打桂林，炮击七星岩，栖霞寺尽成废墟。②

山万仞：形容山很高。仞：古代长度单位，周制为八尺；汉制为七尺。东汉末则为五尺六寸。③窅渺：深远广袤。④僧磬：佛教的一种打击乐器，形状像钵。⑤俾昼作夜：把白天当成夜晚。出自《诗经·大雅·荡》："式号式呼，俾昼作夜。"俾：使。昼：白天。⑥三良殉穆公之葬：秦穆公死，以其臣奄息、仲行、针虎三人殉葬。三人均为当时著名贤士，故秦人作《黄鸟》诗哀之，称之为"三良"。⑦坎窞：地坑。窞：深坑。⑧望东首正白开门：望过去好像东方发白，仿佛打开了一扇门。⑨罅：裂缝、缝隙。⑩面墙：《尚书·周官》："不学墙面。"孔安国传："人而不学，其犹正墙而立。"喂人如果不学，就像面对墙壁站着，一无所见。后以"面墙"比喻不学。《晋书·凉武昭王传》："面墙而立，不成人也。"率：副词，大概。

次日往南薰亭。[1]堤柳阴翳[2]，山溪远萦绕，改险为平，别为一格。

①南薰亭：在市北虞山山半，宋代张拭建，抗战时期，该亭已全毁。②翳：遮蔽、覆盖。

又次日游白龙洞。[1]洞甚狭，无火不能入。垂石乳如莲房半烂[2]，又似郁肉漏脯[3]，离离可摘[4]。疑人有心腹肾肠，山亦如之。再至刘仙岩[5]，登阁望斗鸡山，两翅展奋，但欠啼耳。腰有洞，空透如一轮明月。

①白龙洞：原本作"木龙洞"，据下文，"木"字，当为"白"字之误，因改。白龙洞在南溪山半山腰，洞口高约五六丈，深约一里，因洞顶有一石槽，形如龙脊，石壁洁白，故称。②莲房：莲蓬，因各孔分隔如房，故名。半烂：半开。③郁肉漏脯：不新鲜或腐败变质的肉食。④离离：繁茂貌。⑤刘仙岩：在南溪山的南麓半山之间。

大抵桂林之山，多穴，多窍，多耸拔，多剑穿虫啮。[1]前无来龙，后无去踪，突然而起，戛然而止[2]，西南无朋，东北丧偶，较他处山尤奇。余从东粤来，过阳朔，所见山业已应接不暇，单者，复者，丰者，杀者[3]，揖让者，角斗者，绵延者，斩绝者，虽奇鸧九首、獾疏一角[4]，下足喻其多且怪也。得毋西粤所产人物[5]，亦皆孤峭自喜[6]，独成一家者乎？

①剑穿：此指石缝。虫啮：此指岩石被溶蚀后形成的石芽等。②戛然而止：形容突然中止。③杀：细小、瘦削。④奇鸧：鸧鸹。"黑枕黄鹂"的别称。獾疏：动物名，亦称"猪獾"。⑤西粤：粤西，指今广西壮族自治区。古代广东、广西属于百粤之地，所以按其方位分别称之为粤东（或东粤）、粤西（或西粤）。⑥孤峭：孤傲独立，不与众人和同。《隋书·萧吉传》："吉性孤峭，不与公卿相沉浮。"

记丙辰余在金中丞署中[1]，偶一出游，其时年少，下省山水之乐。今隔五十年而重来，一丘一壑，动生感慨，矧诸山之可喜可愕者哉？[2]虑其忘，故咏以诗；虑未详，故又足以记。

①丙辰：指乾隆元年（1736 年）。②矧：何况。

【课后实操训练】

翻译下面短文。

山谷诗云："桂岭连城如雁荡，平地苍玉忽嵯峨。"唐人谓："两地不如阳朔好，碧莲峰里住人家。"雁山屡游矣，桂山得雁山之秀，雁山不若桂山之多。若置诸大龙湫、龙鼻泉之侧，则雄伟之气亡矣。桂山之高，曾不及雁山之半，故无尊雄之势，谓可与相颉颃者过矣。乃若阳朔诸山，唯新林铺左右十里内极可赏爱，青山绿水，团栾映带，烟霏不敛，空翠扑人，面面相属。人住其间，真住莲花心也。桂林负郭诸山，颇不及耳。夫其尖翠特立，无不拔地而起，绵延数百里，望之不见首尾，亦云盛哉！（周去非《岭外代答》）

第三节　无标点白文选·六

靈　渠（《嶺外代答》）

湘水之源本北出湖南融江本南入廣西其間地勢最高者靜江府之興安縣也昔始皇帝南戍五嶺史祿於湘源上流漓水一派鑿渠逾興安而南注於融以便於運餉蓋北水南流北舟逾嶺可以為難矣祿之鑿渠也於上流砂磧中疊石作鏵觜銳其前逆分湘水為兩依山築堤為溜渠巧激十裏而至平陸遂鑿渠繞山曲凡行六十裏乃至融江而俱南今桂水名漓者言離湘之一派而來也曰湘曰漓往往行人於此銷魂自鏵觜分水入渠循堤而行二裏許有泄水灘苟無此灘則春水怒生勢能害堤而水不南以有灘殺水猛勢故堤不壞而渠得以溜湘餘水緩達於融可以為巧矣渠水繞迤興安縣民田賴之深不數尺廣可二丈足泛千斛之舟渠內置斗門三十有六每舟入一斗門則複閘之俟水積而舟以漸進故能循崖而上建瓴而下以通南北之舟楫嘗觀祿之遺跡竊歎始皇之猜忍其餘威能罔水行舟萬世之下乃賴之豈唯始皇祿亦人傑矣因名曰靈渠

袁家渴記（柳宗元）

由冉溪西南水行十裏山水之可取者五莫若鈷鉧潭由溪口而西陸行可取者八九莫若西山由朝陽岩東南水行至蕪江可取者三莫若袁家渴皆永中幽麗奇處也楚越之間方言謂水之反流者為渴音若衣褐之褐渴上與南館高嶂合下與百家瀨合其中重洲小溪澄潭淺渚間廁曲折平者深黑峻者沸白舟行若窮忽又無際有小山出水中山皆美石上生青叢冬夏常蔚然其旁多岩洞其下多白礫其樹多楓柟石楠楩櫧樟柚草則蘭芷又有異卉類合歡而蔓生轇轕水石每風自四山而下振動大木掩苒眾草紛紅駭綠蓊葧香氣沖濤旋瀨退貯溪穀搖颺葳蕤與時推移其大都如此餘無以窮其狀永之人未嘗遊焉餘得之不敢專也出而傳於世其地主袁氏故以名焉

参考文献

[1] 王力 . 古代汉语：校订重排本 [M]. 北京：中华书局，1999.

[2] 郭锡良，唐作藩，何九盈，等 . 古代汉语：修订本 [M]. 北京：商务印书馆，1999.

[3] 荆贵生 . 古代汉语：第 3 版 [M]. 武汉：武汉大学出版社，2011.

[4] 洪波 . 立体化古代汉语教程 [M]. 北京：高等教育出版社，2005.

[5] 易国杰，黎千驹 . 古代汉语第 2 版 [M]. 北京：高等教育出版社，2011.

[6] 何乐士，敖静浩，王克仲，等 . 古代汉语虚词通释 [M]. 北京：北京出版社，1985.

[7] 迟铎 . 古代汉语虚词词典 [M]. 北京：商务印书馆国际有限公司，2010.

[8] 杨伯峻 . 古汉语虚词 [M]. 北京：中华书局，1981.

[9] 康瑞琮 . 古代汉语语法 [M]. 上海：上海古籍出版社，2008.

[10] 王力 . 诗词格律概要 [M]. 北京：北京出版社，2002.

参考文献

[illegible]